广东社科系列文集

开放引领国家未来

第五届中国南方智库论坛论文集

王晓 ◎ 主编

中国社会科学出版社

图书在版编目（CIP）数据

开放引领国家未来：第五届中国南方智库论坛论文集／王晓主编．
—北京：中国社会科学出版社，2017.12

（广东社科系列文集）

ISBN 978-7-5203-1381-0

Ⅰ.①开… Ⅱ.①王… Ⅲ.①社会科学—文集 Ⅳ.①C53

中国版本图书馆 CIP 数据核字（2017）第 273465 号

出 版 人	赵剑英
责任编辑	马　明
责任校对	王　龙
责任印制	王　超

出　　版	中国社会科学出版社
社　　址	北京鼓楼西大街甲 158 号
邮　　编	100720
网　　址	http://www.csspw.cn
发 行 部	010-84083685
门 市 部	010-84029450
经　　销	新华书店及其他书店

印　　刷	北京君升印刷有限公司
装　　订	廊坊市广阳区广增装订厂
版　　次	2017 年 12 月第 1 版
印　　次	2017 年 12 月第 1 次印刷

开　　本	710×1000　1/16
印　　张	16
插　　页	2
字　　数	246 千字
定　　价	66.00 元

凡购买中国社会科学出版社图书，如有质量问题请与本社营销中心联系调换
电话：010-84083683
版权所有　侵权必究

《开放引领国家未来》
编委会

主 编：王 晓

编 辑：吴仲文 徐 徽 唐志勇

目　　录

"一带一路"：全球经济治理的中国模式和

　　粤港澳大湾区构建 ………………………………… 陈广汉（1）

中国的"双向开放"新战略与广东的

　　新角色 ……………… 中国（深圳）综合开发研究院课题组（19）

我国"二次开放"的历史使命

　　——推进以服务贸易为重点的

　　　　开放转型 …………… 中国（海南）改革发展研究院课题组（36）

环珠江口湾区在中国经济发展中的

　　定位及未来 ……………… 华南理工大学公共政策研究院课题组（55）

借鉴国外城市建设经验　提高我国

　　城市建设质效 ……………………………… 黄铁苗　茅丽琴（83）

广州成为国际城市创新领导者的可行性分析 ……………… 刘慧琼（94）

"21 世纪海上丝绸之路"区域旅游合作研究 …… 庄伟光　邹开敏（104）

广东自贸区与"21 世纪海上丝绸之路"重要枢纽的

　　融合发展：必要性与路径 ………………………… 欧　燕　王　曦（113）

构建开放型经济新体制的战略支点

　　——中国自由贸易试验区 …………………………………… 朱　煜（124）

开放发展背景下广东省港口经济发展思考 ………………… 邹宝玲（136）

扩大开放与创新发展视野下的广东外语学科

　　创新环境报告 ……………………………… 李海琳　梁　永（145）

广东率先构建开放型经济新体系的战略构想 …… 黄晓凤　王廷惠（156）

以大开放促深改革：增加有效供给的
　　现实路径 …………………………… 王廷惠　黄晓凤（169）
"十三五"时期广东省中小企业拓展
　　对外贸易的思考 …………………… 王君豪　柯　健（181）
实施人才开放战略是广东扩大开放的客观要求 ………… 刘　阳（191）
国际经济与商贸规则对中国消费经济的影响
　　——以TPP为例 …………………………………… 林芝雁（198）
城市再生的可行路径：文化的嵌入机制与策略分析 …… 李丹舟（211）
学习新加坡经验，推进深圳市法治文化建设 …………… 辉　明（229）
启示与创新：论自贸区金融消费者权益保护机制构建之路
　　——以域外金融法相关规定与实例为视角 ……… 李世寅（240）

"一带一路"：全球经济治理的中国模式和粤港澳大湾区构建

陈广汉[*]

以基础设施和产业合作为重点，以不同文明和平共存、相互尊重为前提的"一带一路"倡议，有别于传统的、以市场开放为主要特征的双边和多边协议的自贸区经贸合作方式，正在形成一种全球经济治理的中国模式。经国务院授权，由国家发展改革委、外交部和商务部发布的《推动共建丝绸之路经济带和 21 世纪海上丝绸之路的愿景与行动》明确指出"充分发挥深圳前海、广州南沙、珠海横琴、福建平潭等开放合作区作用，深化与港澳台合作，打造粤港澳大湾区"，要"发挥海外侨胞以及香港、澳门特别行政区独特优势作用，积极参与和助力'一带一路'建设"。广东特别是珠三角是中国经济最为发达和开放的地区，也是海上丝绸之路的重要节点和枢纽。在中国对外开放中扮演重要角色的香港和澳门，通过粤港澳深化合作打造粤港澳大湾区，可以在"一带一路"建设中承担独特作用。

一 全球经济治理体系的形成与局限

全球治理理论是为了应对全球化和多极化趋势以及由此而产生的一系

---

[*] 陈广汉，中山大学粤港澳发展研究院首席专家，副院长，港澳珠三角研究中心，主任，教授。

列国际性问题,而提出的对全球事务进行共同管理的理论。该理论最初由西德前总理、社会党国际主席、国际发展委员会主席维利·勃兰特于1990年提出。1992年,有一批国际知名人士发起成立了"全球治理委员会"(Commission on Global Governance),该委员会于1995年发表了《天涯成比邻》(Our Globaleighborhood)的研究报告,较为系统地阐述了全球治理的理论。该委员会认为:治理是个人和制度、公共和私营部门管理其共同事务的各种方法的综合。它是一个持续的过程,其中,冲突或多元利益能够相互调适并能采取合作行动,它既包括正式的制度安排也包括非正式的制度安排。全球治理的核心要素包括治理的价值、规制、主体、客体和效果。全球问题的治理不可能在追求个别或者少数国家利益最大化的情况下实现,它应该是全球范围内所要达到的理想目标,应当是超越国家、种族、宗教、意识形态、经济发展水平之上的全人类的普世价值。

从全球经济发展的层面看,全球经济发展的不平衡、发展中国家与发达国家由于经济发展水平巨大差异引起的利益冲突、第二次世界大战后形成的制定和实施全球经济规则的组织机构和制度如何适应全球经济格局的变化,这些都是全球经济治理的重要内容。经济发展的实践表明,现行的国际经济治理制度(包括组织和规则),在促进发展中国家经济发展和解决世界经济发展不平衡方面存在不足。近几年来,美国分别推出 TPP(跨太平洋战略经济伙伴协定)、TTIP(跨大西洋贸易与投资伙伴协定)和PSA(诸多边服务业协议)计划,旨在主导后金融危机时代世界经济秩序的构建和经济规则的制定。这种以市场开放为主要特征的双边和多边谈判和协议的自贸区的经贸合作模式,往往高门槛地将一些欠发达国家排斥于门外,不能解决欠发达国家的经济发展。对世界银行以及国际货币基金组织的批评也愈加尖锐,主要表现在:第一,世界银行没有实现促进发展的职能。世界银行对于穷国帮助不大,反而会使一些已经富起来的国家更富,一些不发达国家抱怨世界银行加重了本国的贫困。第二,世界银行缺乏战略方向。世界银行有一个庞大的执行董事会,以及庞大却缺乏效率的员工队伍,但由于执行董事会主要代表国家利益行事,因此难以形成一个长期的战略。由于美国把世界银行视为美国外交和国家利益的延伸,所以理所当然认为应当由美国指定世界银行行长,但迄今为止,没有一任行长是经济发展方面的专家,缺乏专业知识导致世界银行没有一个清晰的战略,也没有明确的发展方向,完全成为了实现美国企业利益的工具。第三,世界银行在治理上存在的问题。一是关于世界银行的效率。世界银行是一个缺乏效率的官僚机构。二是美国对世界银行的垄断。受批评较多的是:美国导致世界银行贷款"有附加条件";美国对修改《世界银行章程》的独家否决权;美国实际垄断了行长的位置。有理由认为世界银行行长选举存在较大的问题。三是发展中国家投票权不足的问题。

因此,我们认为第二次世界大战后形成的全球经济治理体系已经不能完全适应世界经济格局的变化,难以解决当今世界经济发展的不平衡,其局限表现在以下几个方面:

第一,第二次世界大战后国际经济治理体系不能体现新兴国家对世界经济增长和经济治理做出的贡献。第二次世界大战后特别是近30年来,中国、印度和亚洲新兴经济体的兴起,正在改变世界经济的格局,这些国家对世界经济增长的贡献不断增加,但是现行的国际经济治理体系没有体现这种格局的变化。

第二,以市场开放为主要特征的多边谈判和协议的自贸区的经贸合作模式常常将一些不发达国家排斥在外。美国奥巴马政府曾经推出TPP(跨太平洋战略经济伙伴协定)、TTIP(跨大西洋贸易与投资伙伴协定)和PSA(诸多边服务业协议)计划,其目的在于主导后金融危机时代世界经济秩序的构建和经济规则的制定。这种高开放标准的贸易与投资协议,往往将一些欠发达国家排斥于门外,不能解决欠发达国家的经济发展。

第三,国际经济治理体系不能满足发展中国家的投资需求。例如,亚洲开发银行测算(2014年):未来8—10年亚洲每年需求达7300亿美元。世界银行测算:8000亿美元。世界银行和亚洲开发银行每年总投资只有300亿美元。可见,亚洲存在巨大的基础设施需求。

二 "一带一路"：全球经济治理的中国模式与中国经验

为了应对国际经济秩序以及世界经济格局变化的挑战，近年来，中国一方面在国内建立自贸区，在国际上加快双边和多边自贸区谈判和建立，提升对外开放的水平；另一方面推出"一带一路"倡议和建立亚投行，以中国行动和方式推进世界经济发展和区域合作，形成"更大范围、更高水平、更深层次的区域合作，共同打造开放、包容、均衡、普惠的区域经济合作架构"。中国提出的亚投行、"一带一路"等倡议旨在支持各国特别是发展中国家经济共同发展，它不排斥现行国际经济秩序，也不是要谋求势力范围，而是一种新的经济全球治理模式的探索。

"一带一路"由"丝绸之路经济带"和"21世纪海上丝绸之路"构成，丝绸之路经济带主要依托国际大通道，以沿线中心城市为支撑，以重点经贸产业园区为合作平台，共同打造新亚欧大陆桥、中蒙俄、中国—中亚—西亚、中国—中南半岛等国际经济合作走廊。21世纪海上丝绸之路以重点港口为节点，共同建设通畅安全高效的运输大通道，同时涵盖中巴、孟中印缅两个经济走廊。"一带一路"的建设将以亚洲国家为重点，以经济走廊为依托，以交通基础设施为突破，以建设融资平台为抓手，促进经济要素有序自由流动、资源高效配置和市场深度融合，推动沿线各国实现经济政策协调，开展更大范围、更高水平、更深层次的区域合作，共同打造开放、包容、均衡、普惠的区域经济合作架构，构建政策沟通、设施联通、贸易畅通、资金融通、民心相通的国际经济治理体系。传统的、以市场开放为主要特征的多边谈判和协议自贸区，在不同发展水平的经济体和国家之间，往往存在巨大的利益冲突和矛盾。发达国家高开放标准往往会损害发展中国家的利益，将一些发展中国家拒之于门外。"一带一路"倡议以基础设施和产业合作为重点，以不同文明和平共存、相互尊重为前提，正在形成一种有别于传统的、以市场开放为主要特征的双边以及多边谈判和协议的自贸区的经贸合作模式。它更有利于推进不同历史文化、制度背景、发展模式和发展阶段国家之间的经贸合作,构建包容、均衡和普惠的国际经济合作体系。

(一) 产业国际投资的互惠

产业发展是国家经济发展的基础,工业化是经济起飞的必经阶段。产业合作和相关的国际直接投资可以带动一个国家的经济发展,也是"一带一路"沿线国家发展经济的需要。经过多年发展,中国已形成许多具有国际竞争力的产业,包括消费品工业、装备制造业和高科技产业,尤其是一些与基础设施相关的装备制造业具有国际领先水平。这些产业具备了开展跨国投资的能力和意愿。据国家商务部披露,目前中国正在全球50个国家建立118个经贸合作区,其中有77个处在"一带一路"沿线的23个国家。这些境外经贸合作区主要分为加工制造型、资源利用型、农业加工型以及商贸物流型四类园区,位于丝绸之路经济带上的35个合作区,分别位于哈萨克斯坦、吉尔吉斯斯坦、乌兹别克斯坦、俄罗斯、白俄罗斯、匈牙利、罗马尼亚和塞尔维亚等国。而"21世纪海上丝绸之路"经贸合作区更是遍布沿线,包括东南亚的老挝、缅甸、柬埔寨、越南、泰国、马来西亚、印尼;南亚的巴基斯坦、印度和斯里兰卡;非洲的埃及、埃塞俄比亚、赞比亚、尼日利亚、坦桑尼亚、莫桑比克等国家。这些产业园成为"一带一路"的重要承接点和支点,带动相关国家的工业化和经济增长。

(二) 基础设施投资的共赢

基础设施的先行性、不可分性和准公共产品性,表明基础设施在国家社会经济发展中的重要作用,特别是对于经济处于起飞时期的发展中国家更是如此。"一带一路"沿线国家在基础设施建设方面需求迫切,供求缺口巨大。基础设施建设是推进"一带一路"倡议实施的突破口,一方面基础设施建设可以促进沿线国家的互联互通,加快生产要素流动,促进市场开放,降低经济运营的成本,同时也可以为投资国的资本和产业找到市场,实现资源更大范围的有效配置。基础设施投资还具有乘数效应,可以带动一个国家的经济增长。中国牵头成立亚洲基础设施投资银行就是一个以基础设施投资为主要对象的开放性多边金融机构，与丝路基金一起，将成为"一带一路"建设的重要融资平台。

（三）不同文明的包容和互鉴

在古代世界人类发展的历史中，形成了几个相对隔绝、独立发展的文明中心以及相应的文化圈。历史上的丝绸之路是东西文明和文化交流的纽带和桥梁。中国古代的造纸、印刷技术，丝绸、磁学等中华文明的成果，通过丝绸之路传播到欧洲，对欧洲发展产生了重要影响。丝绸之路的历史证明，不同文明之间虽存在差异，但并不必然导致对抗和冲突。"一带一路"建设为中华文明、印度文明、伊斯兰文明的交流、合作和互鉴提供新的契机。"一带一路"倡议"倡导文明宽容，尊重各国发展道路和模式的选择，加强不同文明之间的对话，求同存异、兼容并蓄、和平共处、共生共荣"，主张"包容、均衡、普惠"的发展理念，将"民心相通"视为"一带一路"建设的社会根基，提出"传承和弘扬丝绸之路友好合作精神，广泛开展文化交流、学术往来、人才交流合作、媒体合作、青年和妇女交往、志愿者服务等，为深化双多边合作奠定坚实的民意基础"。

全球治理的两种方式比较如表1所示。

表1　　　　　　　　　全球治理的两种方式比较

模式	中国模式（北京共识）	传统模式（华盛顿共识）
前提条件	基础设施投资先行	以市场开放为前提
重点方面	产业合作为重点	以贸易为重点
文化共融	不同文明和平共存	排他性

"一带一路"倡议实施已经在经济上取得初步成效。在全球经济依旧处于深度调整，复苏乏力，需求不振的情况下，2015年上半年，我国与"一带一路"沿线国家之间的经贸合作扎实推进，特别是在投资和工程承包方面成效显著。对外贸易方面，我国与沿线国家双边贸易总额4853.7

亿美元，同比下降8.4%，占同期进出口总额的25.8%。其中，对沿线国家出口2957.7亿美元，增长1.9%，占出口总额的27.6%；自沿线国家进口1896亿美元，下降20.9%，占进口总额的23.4%。"一带一路"沿线国家对华投资设立企业948家，同比增长10.62%；实际投入外资36.7亿美元，同比增长4.15%。从所投资的行业看，信息传输、计算机服务和软件业、金融业、租赁和商务服务业实际投入外资增长幅度较大，同比增长分别为116.54%、1262.15%和150.02%。从所投资的地区分布看，上海、江苏、山东的投资占比较高，所占比重分别为22.24%、16.04%和7.84%。从国别来源看，实际投入外资增幅较高的国家有：马来西亚（增长135.51%）、沙特阿拉伯（增长697.27%）、波兰（增长3621.92%）、俄罗斯（增长129.36%）、斯洛伐克共和国（增长196.67%）。对外直接投资方面，我国企业共对"一带一路"沿线的48个国家进行了直接投资，投资额合计70.5亿美元，同比增长22%，占我国非金融类对外直接投资的15.3%。投资主要流向新加坡、印尼、老挝、俄罗斯、哈萨克斯坦和泰国等。我国企业在"一带一路"沿线的60个国家承揽对外承包工程项目1401个，新签合同额375.5亿美元，占同期我国对外承包工程新签合同额的43.3%，同比增长16.7%，其中新签合同金额在5000万美元以上的项目137个，累计合同金额309亿美元，主要涉及电力工程、通信工程、房屋建筑、交通运输、石油化工建设等领域；完成营业额297亿美元，占同期对外承包工程完成营业额的44%，同比增长5.4%。我国企业与"一带一路"沿线国家签订服务外包合同金额70.6亿美元，执行金额48.3亿美元，同比分别增长17%和4.1%。其中，承接东南亚国家的服务外包合同金额40.3亿美元，执行金额29.3亿美元，同比分别增长18.2%和9.1%。

三 香港在"一带一路"倡议中的作用

改革开放30多年来，香港对内地发挥的功能主要是"引进来"，随着国家"一带一路"倡议的实施，中国对外投资将快速增长，走出国门的企业会不断增加。香港具有高度开放和比较完善的资本市场、发达的国际商业网路、与国际接轨的法律体系、自由和通畅的信息交流,香港可以助力中国经济和企业更好地"走出去"。

(一)发挥香港国际金融中心的优势,为"一带一路"提供金融支持

金融支持在"一带一路"建设中起主导作用。目前内地金融机构还无法满足"一带一路"建设带来的跨国融资需求,由中国牵头组建亚洲基础设施投资银行拟定的注册资本金1000亿美元,但是实际上各成员国只有20%的实缴资本,剩余的资金需要通过发债和筹资获得。香港是世界主要金融中心,金融市场及银行体系发达,资金充裕,聚集了数以千计的世界知名投资银行、基金管理及财务公司,监管规范,市场运作成熟,是"一带一路"建设融资的重要平台。

1. 利用香港完善资本市场,发行"一带一路"建设债券

利用香港完善的金融市场,专业的金融分工,透明的、标准化的金融产品,齐备的金融基础设施优势,通过发行各类债券,分散国际投资风险。

2. 发挥香港发达的银行体系和融资便利、成本较低优势,筹措资金

香港本地及国际资本充裕,资本流动自由,在资金融通、资产管理和资金运行方面优势明显,融资便利和成本较低。

3. 离岸人民币业务带来的新优势

香港已经成为中国境外最大的人民币结算中心和人民币业务中心。CEPA的日益深化使得内地与香港之间经贸及服务业不断开放,香港人民币贸易结算不断放宽,为香港人民币业务的发展提供了制度性的保障。离岸人民币业务发展会降低内地企业"走出去"的汇率风险。

(二)利用香港现代服务业和国际商业网络,打造"一带一路"的国际营运平台

1. 现代服务业体系和熟悉国际规则的人才

现代服务业是香港的支柱产业,聚集了大量的专业服务机构、高端服

务人才，能够提供国际化程度很高的专业服务。这些专业人士熟悉国际管理、西方会计制度、税例的商业管理与顾问、会计及审计咨询、国际融资、企业兼并，其中许多都具有通晓两文三语的优势，能为实施"一带一路"倡议中"走出去"的内地企业提供专业服务。

2. 高度开放的经济和全球化商业网络

香港是自由港，资本、人员、信息和商品自由流动，形成了国际商业网络，为企业更好地在全球范围进行布局和运营创造了条件，有利于企业实现资金的自由、高效调度以及进行资产管理，实现资金利用效益最大化，还可以利用香港国际化宣传品牌和商业网络，宣传企业品牌，建立品牌形象。

3. 国际跨国公司聚集地

香港跨国企业众多，内地企业在香港这个国际化的环境之中，不断地接触到世界各地的企业，与不同文化背景的人士打交道，丰富了其在国际市场上的经验。

（三）发挥国际化营商环境及国际交通枢纽的优势，建设海上丝绸之路的国际枢纽

1. 自由经济制度与自由港地位为企业全球运营带来诸多便利

香港政府长期奉行"大市场，小政府"原则，很少对市场和企业经营进行干预，没有烦琐的审批程序。内地企业投资香港手续便利，在港公司注册亦没有资本金要求。内地企业在香港这样的自由化经济环境下，能够充分利用香港市场的国际化资源和品牌优势，拓展海外市场。

2. 与国际接轨的法律制度

回归后香港的法律制度继续沿袭了普通法体系，有与欧美大多数国家接轨的优势，内地企业在香港签订的合约受到香港法律的保护，日后有纠纷和分歧可以按照香港法律裁决。

3. 简单税制和低税率

香港的简单税制和低税率是吸引内地企业通过香港走出去的重要诱因。其一，香港税制简单，征收税种较少及主要为直接税，包括俸薪税，

利得税及物业税。其二，香港不征收资本增值税或者红利预扣税，在征税方面采用地域来源原则，只对香港的利润或者收入征税。企业进口机器和原材料无须缴付关税，对于香港研究及开发工作，香港推行优厚的税项宽减措施。

4. 香港的地域优势与发达的交通网络也为企业全球经营带来了便利

香港地处亚洲中点，又是太平洋和印度洋航运要冲，是东南亚乃至世界的重要交通枢纽和商业中心。香港背靠内地、面向世界的独特地理位置使得内地企业在走出去的过程中不仅能够顾及其东南亚以及欧美市场，还能够保持其与内地的紧密联系，是海上丝绸之路的重要门户和国际枢纽。

（四）发挥"一国两制"优势，内地和香港企业联手开拓"一带一路"市场

内地企业可以与香港企业合作，利用香港作为"一国两制"下独立关税区的地位优势，以联合投资、联合投标、联合承揽项目等多种方式，共同开拓"一带一路"市场。随着"一带一路"建设的推进，中国过剩产能和优势产业的"走出去"有时会面临接受国出于政治因素、保护本国企业等考虑而出现的种种限制。与香港企业"联合走出去"，可以利用香港企业已建立的商业网络，更快地进入东道国市场、借助香港的国际化优势，推动"中国标准"走出去，以争取更大的竞争优势，还有利于避开某些贸易壁垒和不合理政治因素，拓展国际市场。

（五）发挥珠三角制造业优势，打造"一带一路"沿线经贸产业园

美国波士顿咨询集团（BCG）发布报告《全球制造业经济大挪移》显示，全球出口排名前25位的经济体，以美国为基准（100），中国制造业的成本指数为96。中国制造业的成本已经与美国相差无几。中国商务部部长高虎城提出，商务部2015年将推进"境外经贸合作区创新工程"。中国正在全球50个国家建设118个经贸合作区，其中涉及"一带一路"国家共达77个。这些境外经贸合作区成为"一带一路"建设的重要承接点。改革开放以来，珠三角承接香港和国际产业转移，促进本土制造业发

展，形成具有国际竞争力的产业集群，被誉为世界制造业基地。粤港联手，推进珠三角制造业到"一带一路"沿线国家建立产业园。

（六）借鉴香港PPP投资和运营模式的成功经验，参与"一带一路"的基础设施建设

基础设施建设是"一带一路"经贸合作的重要内容，其中需要整合政府和民间力量参与其中，PPT被认为是一种有效投资和运营模式。亚洲金融危机之后，香港政府财政赤字严重，开始重视PPP（Public Private Partnership）模式的应用，并由其效率促进组（EfficiencyUnit）专门负责PPP模式的推广。事实上，香港早在几十年前就已将PPP模式应用于其基础设施建设中，包括：红磡海底隧道、东区海底隧道、西区海底隧道、大老山隧道、大榄隧道、化学废物处理厂、内河货运码头、数码港、亚洲国家博览馆和香港迪斯尼乐园等，而为人熟知的香港地铁也通过上市实现其公私合营模式。香港可以利用这些成果的经验，与内地政府和企业合作，参与"一带一路"的基础设施建设。

（七）香港应为内地企业高管来港工作和进出香港提供更多便利

目前内地企业来港设立分公司或分支机构，管理层主要是通过"输入内地人才计划"获得工作签注和居留资格。由于专才计划对人才的定义设定了一些条件，如教育背景、专业技术资格等，一些内地企业派出的管理人员因不符合条件而被拒之门外。而企业一般员工，则要根据输入劳工的有关规定受到更严格的限制。这些规定对于香港打造成为内地企业"走出去"的海外营运中心有一些负面作用。为吸引内地企业将香港作为海外营运中心，需要给这些企业高管来港工作和进出香港提供便利。

从"引进来"到"走出去"，表明了随着内地新一轮构建开放型经济新体制的推进，香港的角色正在发生变化。近几年来，香港政改导致政治争拗和社会分化，导致的社会内耗和空转，拖累了香港经济，损害了港人的切身利益，最终将削弱香港在国际和区域中的经济地位。政改被否决刹停香港民主进程，而另一方面却为香港缓解政治纷争，聚焦经济民生，提供了契机。香港需要回归理性和务实，以发展经济和改善民生为中心，凝聚社会共识，在国家实施"一带一路"倡议中扮演独特角色。

四 澳门在"一带一路"倡议中的作用

澳门16至19世纪在海上丝绸之路中扮演过重要的枢纽角色，当时海上丝绸之路分东线（太平洋）和西线（印度洋，地中海，大西洋），澳门货币（pataca）是海上丝绸之路西线通用的货币。当时的这种货币由南美墨西哥、秘鲁等国的银矿铸造出来，用以换取中国的丝绸、茶叶、磁器等产品，而通过东、西两条丝绸之路销售到全世界。同时有福建、广东的许多劳工、技师、商人等通过这条航线移民到世界各地。澳门成为当时人流、物流的重要集散地，目睹了经济全球化的第一步。由于缺乏深水港，在19世纪下半叶澳门的自由港地位逐渐被香港所取代，但是澳门仍保留其低税或免税、货币自由兑换、人员和资本自由出入等自由港的制度。在中国改革开放过程中，澳门的企业率先投资内地特别是珠三角地区，在向内地引进资本、技术、现代管理经验等方面发挥了重要的中介作用。

（一）澳门在"一带一路"建设中的文化交流作用

经贸合作和人文交流是"一带一路"倡议的两翼。文化交流是各国人民心灵沟通的桥梁，建立政治互信的基础工程，影响深远。经贸合作与人文交流可以相互促进。丝绸之路既是经贸合作的纽带，也是文化交流的桥梁。"一带一路"涵盖的国家众多，这些国家历史文化、宗教信仰、社会制度、发展阶段的差异性很大，经贸合作要走稳行远，文化交流和政治互信显得特别重要。文化交流有利于建立政治的互信，促进经贸合作，形成利益共同体和命运共同体。澳门是一座在中华文化与西方文化、东方文化和西方文化的交流、互鉴和融合生长中发展起来的城市，在中西和东西文化交流中做出过突出贡献。澳门学者吴志良认为：在澳门，不同文化、不同宗教和不同信仰和睦相处、共生共存，孕育出来一个不同文明互相尊重、互相学习、互相吸纳、共同进步的交往模式。澳门城市的这种包容开放和共生共存的文化品格和交往方式，与"和平合作、开放包容、互学互鉴、互利共赢"丝绸之路精神和"一带一路"合作理念、建立命运共同体的主张是一脉相承的，来源于中华文化兼容并蓄、海纳百川的恢宏气魄，需要在推进"一带一路"倡议中发扬光大。澳门社会的发展是不同文明可以包容互鉴和和平共处的"范式—经验"的有机结合，具有在"一带一路"中扮演文化交流的独特作用。

（二）澳门在"一带一路"建设中的商贸服务功能

2008年国务院批准《珠三角改革发展规划纲要2008—2020》首次将澳门定位为世界旅游休闲中心。2011年3月国家颁布《国民经济和社会发展第十二个五年规划纲要》提出"支持澳门建设世界旅游休闲中心，加快建设中国与葡语国家商贸合作服务平台"。澳门要发挥自身优势，把握与"一带一路"倡议机遇和中国与葡语国家经贸关系蓬勃发展的态势，全面落实和实施"一个平台"（中国与葡语国家贸易合作服务平台）和"三个中心"（中葡中小企业商贸服务中心、葡语国家食品集散中心及中葡经贸合作会展中心）计划，将澳门作为中国与葡语国家商贸平台的服务功能做实、做大、做强，并以此为依托向"一带一路"国家和区域拓展。同时，以第八届亚太经合组织（APEC）旅游部长会议在澳门成功举行和通过《澳门宣言》为契机，倾力打造"世界旅游休闲中心"，开拓"一带一路"国家旅游市场。将建设中国与葡语国家商贸合作服务平台与打造世界旅游休闲中心、参与国家"一带一路"建设有机结合起来。

澳门虽然具有自由港的优势，但是澳门现代服务业的竞争力不强。澳门可以通过建设葡语国家商贸服务平台和打造中葡中小企业商贸服务中心、葡语国家食品集散中心及中葡经贸合作会展中心，形成自身现代服务业优势，服务于国家"一带一路"倡议。

1. 强力打造"三个中心"，将经贸合作服务平台做实

以"中葡中小企业商贸服务中心、葡语国家食品集散中心及中葡经贸合作会展中心"的建设为抓手，以中小企业商贸服务、食品集散和经贸合作会展为核心，扎实推进商贸服务平台建设，巩固和提升澳门作为中

国内地与葡语国家商贸中介和桥梁的角色，为中国内地与葡语国家以及澳门的企业带来新的商机。"中葡合作发展基金"采取在澳门设立"中葡论坛培训中心"等多项措施，推动中葡经贸合作。

2. 全面提升服务功能，将经贸合作服务功能做大

按照发挥优势和彰显特色的原则，以提升"一个平台"和"三个中心"的服务功能为中心，明确市场定位，发展金融、商贸服务、企业咨询、市场营销、法律服务、食品检测、会展服务、物流、双语教育等现代服务业，拓展服务领域，提升服务能力，在中国与葡语国家经贸合作和"一带一路"倡议实施中更好地扮演和充当"引进来"和"走出去"的角色和平台。

3. 切实推进体制和技术创新，将经贸服务能力做强

适应世界贸易与投资自由化发展的新趋势，创新体制和管理模式，强化竞争意识，充分发挥和挖掘澳门自由港制度和"一国两制"优势，为提升经贸平台功能创造更好的制度条件和市场环境。大力推进现代科技特别是信息技术在现代服务业中的运用，推动现代服务业与信息产业的融合发展，培育和引进经贸服务和科技产业的优秀人才和优质企业，增强服务能力。通过制度和技术创新，提升商贸服务业的国际竞争力。

（三）发挥澳门产业优势，建设"一带一路"旅游休闲中心

提升澳门旅游业的国际化程度，拓展国际市场是建设世界旅游休闲中心的要求。处于"一带一路"的东南亚、南亚，以及欧洲国家应该成为澳门旅游业开拓国际市场的重点，并以此带动旅游休闲业发展，促进澳门产业适度多元化。

1. 开展全方位和多层次的旅游合作，拓展"一带一路"旅游市场

以旅游市场一体化为目标，进一步推动区域内相关法律法规的制定，消除市场壁垒，促进旅游市场相互开放。积极推进实施《APEC旅游战略计划》，促进中国与"一带一路"国家特别是东南亚、南亚和拉美国家之间全方位、多层次的旅游合作，拓展澳门旅游业的国际市场，提升旅游休闲业的国际化水平。

2. 加快旅游业和其他产业的融合，促进产业适度多元化发展

以旅游休闲产业为主导，注入文化、保健、美食、购物、演艺、世界遗产、会展、娱乐等元素，促进旅游产品多元和旅客来源多元，带动其他产业，提升澳门旅游业在全球旅游发展中的影响力和辐射力，将澳门建成集旅游休闲中心、旅游文化中心、旅游服务和集散中心于一体，集旅游观光、休闲度假、文化创意、会议展览、娱乐体验等多元功能于一身的综合性旅游城市。

3. 加快现代科技与旅游业融合，建设国际"智慧旅游"城市

广泛应用现代科技，尤其是信息技术，改造传统旅游产业，适应现代旅游业信息化发展趋势，全面提升旅游休闲产业的竞争力和辐射力。提升旅游业的信息化、智能化水平，利用科技手段和信息技术促进签证、人员交流、市场开放等领域的便利化，促进互联互通，建设国际"智慧旅游"城市。

4. 倡导绿色和低碳发展理念，实现旅游业可持续发展

倡导绿色低碳发展理念，事关社会、经济和环境的协调与可持续发展。积极参与和推动亚太地区旅游业低碳发展合作，实施绿色旅游和低碳旅游计划，使澳门旅游业在推进亚太和"一带一路"地区绿色和可持续增长中起到良好示范作用。

五 建设粤港澳大湾区，打造"一带一路"桥头堡和发动机

"充分发挥深圳前海、广州南沙、珠海横琴、福建平潭等开放合作区作用，深化与港澳台合作，打造粤港澳大湾区"是国家"一带一路"建设的重要内容。深化香港、澳门和广东之间的合作，整合三地的优势，可以为"一带一路"建设提供重要支撑和动力。

（一）促进粤港澳经济深度融合，为"一带一路"建设提供动力

以广东自贸区建设为依托，推进粤港澳经济深度融合，打造粤港澳大

湾区，为"一带一路"建设提供强大动力。广东自贸区建设将会引领内地的新一轮改革开放，加快广东产业转型升级，促进港澳经济发展，推动粤港澳经济深度融合，打造粤港澳大湾区，促进"一带一路"特别是海上丝绸之路建设。充分发挥横琴、前海和南沙自贸区发展带来的制度创新优势和毗邻港澳的区位优势，落实国务院批复的自贸试验区建设总体方案，深入推进粤港澳服务贸易自由化，深化粤港澳金融合作，强化粤港澳国际贸易航运功能集成，提升粤港澳区域经济的国际竞争力，为"一带一路"建设提供动力。

（二）推进国际产能合作，为"一带一路"提供产业支撑

国家提出将我国产业优势和资金优势与国外需求相结合，以企业为主体，以市场为导向，大力推进国际产能和装备制造合作，促进国内经济发展、产业转型升级，拓展产业发展新空间，打造经济增长新动力。力争到2020年，与重点国家产能合作机制基本建立，一批重点产能合作项目取得明显进展，形成若干境外产能合作示范基地。广东特别是珠三角地区制造业发达，其中轻纺、家电、建材、信息、通信等行业是我国的优势产业，被称为世界制造业基地。香港具有金融、商贸服务业和现代专业服务人才等方面优势，澳门是葡语国家商贸服务平台。粤港澳三地可以充分发挥自身优势，抓住国家"一带一路"建设和推进国际产能合作的机遇，将二者有机结合起来，推动本区域特别是珠三角制造业"走出去"，在"一带一路"国家建设产能合作园区。

（三）深化区域金融合作推动人民币国际化进程

2015年第17期"全球金融中心指数"（GFCI）发布，这份每半年更新一次的全球金融中心竞争力排行榜显示，全球排名前十的国际金融中心中，纽约和伦敦继续领跑，并拉大了与后来者的差距；香港、新加坡和东京仍然在亚洲领先，依次排名全球第三至第五。中国内地则有上海、深圳、北京和大连四个城市上榜，12个入榜亚洲金融中心的城市中，有11个得分和排名上升，上海得分695，位列全球第16，较上期上升4位；深

圳得分689，名列全球第22，上升3位；北京得分674，名列全球第29，上升3位。大连首度进入榜单，成为我国内地第四个进入GFCI指数的金融中心，位列全球第51。粤港澳金融合作潜力巨大，将能对内辐射中国内地，对外辐射全球市场，为"一带一路"建设提供强大的金融支持，推动人民币国际化进程。

1. 引进香港金融机构和管理，打造南方金融总部基地和国家金融创新示范区

利用前海、南沙和横琴自贸区建设的制度创新优势和毗邻港澳的区位优势，引进香港金融机构以及相配套专业服务，加快金融管理体制创新，推进利率体系和形成机制的改革。通过和香港银行业合作吸引人才、借鉴管理经验、开拓金融服务产品，打造地区银团贷款和财富管理中心。其一，借鉴国际银行业成功经验，在珠三角地区率先建立客户信息的保密制度，建立个人及团体资产专业化管理体系，吸引香港优秀银行业人才进入，在广东建立起特有的专业化银行服务。其二，应允许设立港澳资银行以及民资与港澳资合办合资银行。港澳资银行可在前海、南沙和横琴自贸区开展扩大人民币业务试点，享受国民待遇，可从事各类零售及批发银行业务，包括接受存款、企业融资、贸易融资、财务活动、贵金属买卖及证券交易等。其三，借助与香港的同业合作，着重建设以银行业为重心的金融业，大力发展银行存贷款业务，打造华南地区银行业务中心。其四，结合广州及深圳正在形成的对资本市场的巨大需求，推动粤港澳金融机构携手开发银团贷款，引进金融产品，开展网络银行合作，推动华南地区银行机构在香港发行人民币债券。支持香港银行机构入股本地银行机构，以最大限度地发挥协同效应。其五，加快推进以中央银行利率为基础，以货币市场利率为中介，由市场供求决定金融机构存贷款利率水平的市场利率体系和形成机制的改革步伐。

2. 推进人民币及外汇跨境结算合作，提升区域性资金结算中心地位

广东要加强与香港的结算合作。其一，完善人民币和外汇跨境结算系统，积极推动跨境外汇结算系统和境内外汇结算系统的联网，提升区域性结算中心地位。其二，支持深圳银行机构为符合条件的香港银行机构开立

人民币同业往来账户，为符合条件的香港企业开立非居民人民币结算账户，推动深港跨境个人人民币业务稳步开展。其三，加强与香港金融管理局和金融机构的沟通，推进广东自贸区跨境人民币贷款业务的开展，争取扩大试点范围。利用新框架下市场准入放宽，建立人民币离岸业务中心的人民币回流机制。

3. 打造人民币国际化的境内桥头堡，支持香港人民币离岸业务中心发展

充分利用前海作为内地金融创新示范区的制度创新优势和毗邻香港的区位优势，在人民币国际化过程中发挥积极作用。推进前海区域开展境内人民币"走出去"和境外人民币"流进来"两个方向的跨境人民币业务创新。在前海区域内对境外资本逐步地开放国内金融市场，可以考虑在中国尚未放开资本项目、人民币尚不能自由兑换的总体宏观背景下，通过中央政府和人民银行的政策和制度创新安排，在前海积极试行人民币有限度的自由兑换，探索人民币国际化和资本项目的开放路径及其风险防范措施，为人民币国际化积累经验、探索路径，支持香港人民币离岸业务中心的建设和发展。

4. 适时推出"深港通"，推动深港两地资本市场融合发展

国务院总理李克强2015年1月5日在深圳考察时表示，沪港通后应该有深港通。希望能在2015年推出深港通，以促进资本市场的融合，加快A股市场国际化进程。从区位优势看，深圳与香港地理相连，交通便利，两地包括资金流、信息流、投资理念等都有非常紧密的联系，深港通推出后对两地资本市场的发展会有积极的促进作用，有利于在金融、法律等众多方面进行全面融合，通过实践制定有利于两地资本市场共同发展的游戏规则。

总之，"一带一路"倡议的实施代表一种全球经济治理的中国模式，是中国作为负责任大国解决当今世界"和平与发展"两大主题的一种可贵探索，不仅会改变世界经济发展的格局，而且也会带动中国区域经济新发展，港澳可以在这一战略的实施中扮演重要的角色，从而提升自身在国际和区域经济中的地位和竞争力。

中国的"双向开放"新战略与广东的新角色

中国（深圳）综合开发研究院课题组[*]

在新的历史时期，面对新的国内外发展环境，中国适时深化开放战略内涵，提出"双向开放"的新战略，通过进一步扩大开放来应对新一轮开放中出现的新问题、新矛盾和新挑战。本报告分析了中国"双向开放"新战略提出的背景与意义，着重评估分析存在的问题和挑战，提出解决问题应对挑战的政策建议，结合广东的实际，提出如何在"双向开放"战略中扮演新角色、发挥新作用。

一 中国"双向开放"新战略提出的国际国内背景

近年来，随着国内外政治经济形势发生巨大变化，中国对外开放战略的内涵也发生了重大转变，将"开放"列为"五大发展理念"之一，确立了"双向开放"的新战略。"双向开放"的主要特点是：坚持内外需协调、进出口平衡、引进来和走出去并重，促进国内国际要素有序流动，发展更高层次的开放型经济。十八届五中全会公报提到，要"奉行互利共

---

[*] 课题组成员：郭万达、郑宇劼、冯月秋、胡彩梅，执笔：胡彩梅。

赢的开放战略，发展更高层次的开放型经济，积极参与全球经济治理和公共产品供给，提高我国在全球经济治理中的制度性话语权，构建广泛的利益共同体"，积极"打造陆海内外联动、东西双向开放的全面开放新格局"，"积极参与全球经济治理，促进国际经济秩序朝着平等公正、合作共赢的方向发展"。

过去30多年，如果说中国的对外开放主要是以吸引利用外资为主的"单向开放"，如今这一局面已经发生了重大转变，朝向"引进来"和"走出去"并重的"双向开放"，"走出去"将成为中国对外开放的重要一环，成为深度融入全球价值分工体系的主要方式，成为中国对外开放的新路径、新举措，必将对中国开放格局产生深远影响。

（一）全球经济低迷，复苏艰难，局部地区关系紧张，外部环境复杂，选择并坚持"双向开放"战略，是中国作为发展中大国的责任与担当

近年来，全球经济仍然处于危机后缓慢复苏、触底企稳、振荡调整的阶段，国际市场需求依旧疲软、金融市场频繁动荡，主要新兴经济体经济增长下滑，面临艰难的经济结构调整，在当前和未来较长时间内全球经济增长将持续低迷。目前相关机构对2016年经济增长的预期均不乐观，2016年5月12日，联合国发布的《2016年世界经济形势与展望》预测全球经济增长为2.4%；世界银行2016年6月发布的《全球经济展望》报告对2016年全球经济增长的预测也为2.4%。贸易和就业形势严峻。2015年全球贸易总额下滑超过14%，成为金融危机大衰退以来最糟糕的一年。据国际劳工组织报告显示，2015年全球失业人数为1.97亿，较金融危机前的2007年增加了2700万，未来两年全球范围内的失业人数还将进一步增加，2017年将超过2亿人。

近年来，世界局部地区关系紧张，地缘政治风险加剧。朝鲜不断开展核武器试验，给朝鲜半岛以及亚太地区的安全带来很大的不确定性；南海地区争端加剧，美国推出"亚太再平衡"战略，加强在亚太地区军事部署，菲律宾一意孤行单方面将南海争端提交国际仲裁，美菲越等国对中国南沙岛礁建设指手画脚，日本企图参与南海巡逻，区域内国家和区域外大国搅在一起，使得南海局势变得无比复杂；中东、北非等地区的战乱不断，"难民潮"给欧洲各国带来难以承受的负担，英国脱欧让本已摇摇欲坠的欧盟雪上加霜；极端恐怖组织在世界范围内不断发动袭击事件，发生在巴黎、布鲁塞尔和伊斯坦布尔等地的一系列恐怖主义袭击，表明恐怖主义不断扩散蔓延、扩展升级和频繁化，给全球安全带来巨大挑战。紧张的地区关系和不断加剧的地缘政治风险加大了全球复苏之路的不确定性。

作为世界第二大经济体，中国有义务和责任为世界经济复苏注入新动力。中国通过"双向开放"，一方面向世界证明中国开放的大门永远不会关上，开放的水平和层次将进一步提高；另一方面表明中国正在努力推动区域繁荣、全球政策协调和共同发展。

（二）中国经济加快结构调整与转型升级，由资本输入时代迈向资本输出时代，选择并坚持"双向开放"战略，有利于中国加快形成开放型经济新体制，使对外开放跨入更高水平的新阶段

随着中国经济进入新常态，结构调整与转型升级带来了短期的阵痛。2015年经济增长由过去10%以上的超高速，下降到6.9%的中高速，个别对资源和传统增长方式过于依赖的省份和城市经济连续出现了负增长；全国规模以上工业企业利润总额比上年下降2.3%，主营业务利润比上年下降4.5%，煤炭、钢铁、化工、建材、光伏、风电设备等诸多行业产能过剩严重，"僵尸"企业不断涌现，破产倒闭接连发生；进出口总额比上年下降7%，其中出口下降1.8%，进口下降13.2%，国内外市场萎靡；全年工业生产者购进价格指数比上年下降6.1%，通货紧缩压力巨大。双向对外开放是通过开放倒逼国内全面深化改革，以开放促改革、促发展、促创新，加快推进外商投资管理体制改革，形成对外贸易可持续发展的新机制，建立走出去发展的新战略，拓展国际合作的新空间，加快形成开放型经济的新体制。双向开放还有利于自贸试验区战略向纵深发展，从而推动新一轮高水平的对外开放，探索高质量高标准的改革创新，促进高难度的转型，以开放的主动赢得发展的主动和国际竞争的主动。从上海自贸区成立到粤闽津自贸区挂牌，初步形成了沿海一线由南至北的自贸区空间布局。四大自贸区都有明确的战略定位，通过试点范围的扩大，以点带面推动高标准的对外开放。

经过30多年的对外开放，中国已由资本输入时代迈向资本输出时代，国际化经营已经成为越来越多中国企业的选择。2014年中国对外直接投资第一次超过了外商直接投资，成为对外直接投资出超元年，2015年继续保持出超，这是一个重要的风向标，标志着中国正由穷国走向富国、由贸易大国走向贸易强国，成为世界重要的经济大国。2015年中国对外非金融类直接投资创下1180.2亿美元的历史最高值，同比增长14.7%，实现中国对外直接投资连续13年增长，年均增幅高达33.6%。2015年年末，中国对外直接投资存量首次超过万亿美元大关。中国的对外直接投资正由投资矿山、油田等能源资源，逐渐转向在境外建立研发中心或通过并购等方式开展高新技术和先进制造业投资，由设立境外贸易公司逐渐转向积极融入全球价值链体系，投资主体由国有企业为主转变为以民营企业为主，投资领域几乎涉及国民经济的各个行业。对外投资已经成为中国利用国际市场，整合全球高端要素资源的重要方式。

（三）全球经济衰退对全球治理体系造成严重冲击，选择并坚持"双向开放"战略，推动全球治理体系的变革，有利于构建广泛的利益共同体，形成深度融合的互利合作格局

"一带一路"对于中国主动参与全球治理，构建和谐稳定的外部发展环境，推动亚太地区繁荣至关重要。近年来，中亚、南亚、西亚、东南亚等"一带一路"沿线国家经济增长普遍放缓，资金、技术短缺，基础设施相对落后。而中国在外汇储备、设备、技术等方面的优势与这些国家的发展愿景具有很高的契合度。"一带一路"通过提供一个包容性的发展平台，在中国与沿线国家之间找到可以实现互利互惠和共同发展的契合点。"一带一路"成为承载中国内外需协调、引进来和走出去并重的新的对外开放战略平台，成为中国开放的总纲领。

亚投行的发起成立为亚洲国家基础设施投资提供了新的动力，是中国为脆弱复苏的世界经济提供的重要公共产品,构建了亚洲发展中国家与发达国家新的经济共同体。亚投行是中国推动国际金融体系朝着更加开放、公平、包容、合作、互利、多元化方向发展的重要举措,是对现有国际金融组织的有益补充,有利于进一步推动IMF、世界银行等国际金融组织的改革。亚投行之所以能够吸引全球57个国家参与,除了能够提供基础设施投资外,更重要的是亚投行构建了一种新的国际金融合作机制,一种能够满足发展中国家需要的制度和规则。

主办G20峰会,主动引领和推动全球经济治理改革。2016年中国将主办20国集团会议,这是继APEC之后,中国深度参与全球治理的又一重大事件。中国将与土耳其、澳大利亚组成G20"三驾马车"新机制,大力推进全球经济治理机制改革,发挥中国作为一个负责任大国对全球经济更大、更积极的影响。中国将2016年峰会的主题确定为"构建创新、活力、联动、包容的世界经济",并从四个重点领域推进峰会筹备工作:一是创新增长方式,重在推进改革创新,开辟和抓住新机遇,提升世界经济增长潜力;二是完善全球经济金融治理,增强新兴市场国家和发展中国家的代表性和发言权,提高世界经济抗风险能力;三是促进国际贸易和投资,发挥其对增长的推动作用,构建开放型世界经济;四是推动包容、联动式发展,力求落实2030年可持续发展议程,消除贫困,实现共同发展。

当前,国内外发展环境已然发生巨大变化,面对新形势,中国适时深化和丰富对外开放战略内涵,提出了"双向开放"的新战略,顺势而为,将对中国乃至全球产生深远影响。

二 中国"双向开放"面临新问题与新挑战

2015年在国内外经济形势非常困难的情况下,中国的双向开放取得了巨大的成就。2015年全国共设立外商投资企业26575家,同比增长11.8%,实际使用外资金额达到1262.7亿美元,同比增长6.4%;对外直接投资保持了较快的增长,对外直接投资结构进一步优化,境内投资者共对全球155个国家和地区的6532家境外企业进行了非金融类直接投资,累计达到 1180.2 亿美元，同比增长 14.7%。在出口方面，虽然出现了震荡下滑，但情况仍好于其他主要经济体，商品出口占国际市场份额上升至 13.8%，比 2014 年提高 1.5 个百分点，是改革开放以来提高最快的一年；出口贸易结构进一步优化，出口产品附加值不断提高。人民币汇率形成机制进一步市场化，人民币成功纳入 SDR 货币篮子，人民币国际化水平大幅提高。在区域一体化方面取得重要进展，成功签署中韩和中澳两大自由贸易协定；中国—东盟自贸区"升级版"的成果文件正式签署，对原协定进行了丰富、完善、补充和升级；中日韩自贸区谈判稳步推进。

在新一轮开放进程中，中国在取得了重大突破和巨大成就的同时，也面临着一些新的问题和新的挑战。只有正确认识和理性分析存在的问题，才能审时度势，把握机遇，主动应对挑战，及时破解发展难题，实现新的突破。

（一）"一带一路"倡议实施后，如何提升"一带一路"的国际认同度，处理好中国与世界的关系，防范可能存在的地缘政治风险，这是中国在开放进程中面临的新问题、新挑战

自"一带一路"倡议提出以来，国际关注度不断提升，大多数国家对中国包容共享的开放战略表示认同，对"一带一路"的理解不断深化，合作意愿持续升温。但也有的国家对"一带一路"产生误解，对中国的动机表示猜疑，尤其是普通民众对相关项目抱有疑虑，甚至抵触和反对，国际上还有些人妄言"一带一路"建设将使中国掠夺性开发沿线资源，造成沿线国家资源枯竭和环境恶化，甚至有人借此宣扬"中国威胁论"，认为中国借"一带一路"改变地区的稳定和平衡。

当前，在经济全球化、世界多极化、区域一体化的背景下，国际地缘政治、各国政党的左右倾向、文明冲突、宗教、种族等错综复杂的政治和社会因素交织在一起，左右着全球发展方向，影响着国际安全。"一带一路"沿线国家大多处于社会和经济结构转型时期，政治动荡、商业环境并不成熟，安全和发展方面普遍存在不确定性。"一带一路"建设过程中，地缘政治风险不容小觑。因此，如何提升"一带一路"的国际认同度，处理好中国与世界的关系，如何通过有效的外交和经济途径防范地缘政治风险，这是中国在开放进程中面临的新问题、新挑战。

（二）亚投行成立之后，如何积极参与重构国际金融秩序，处理好亚投行与现存国际金融组织的关系，仍然面临较大的挑战

现有国际金融秩序的形成始于第二次世界大战之后，国际货币基金组织和世界银行是其重要载体，由极少数国家垄断了话语权和决策权。随着1997年亚洲金融危机、2007年全球金融危机、2009年欧债危机等一系列金融危机的爆发，现行国际金融体系的弊端和缺陷不断暴露，与全球经济格局越来越不匹配。亚投行的建立标志着国际金融秩序变革的序幕即将拉开，以中国为代表的发展中国家和新兴经济体正在积极推动国际金融体系的改革，在国际金融体系中的话语权有望得到提升。与此同时，必须清醒地认识到，建立国际金融新秩序面临重重困难。改革现有国际金融秩序，就等于触动了几个主要国家的核心利益，必然会引起这些国家的强烈竞争甚至阻挠。如2015年美联储加息引发新兴市场国家货币汇率剧烈波动，石油价格持续下挫，从本质上反映了大国在国际经济金融秩序重构过程中，不断展开新的博弈，导致新的竞争。

现有国际金融组织无论是世界银行还是亚洲开发银行，都将"政治透明""人权"等问题作为附加条件，IMF的援助也会附加财政紧缩、市场开放和破产清算等条件，使得经济问题政治化。与之不同的是，亚投行的项目审批不会附加政治条件，只要求贷款项目合法透明，保证社会和环境效益，与现行国际组织相比，贷款标准更低，审批灵活性更大。尽管亚投行能够改变现有国际金融秩序中的一些不公平、不合理的现象，但作为一个国际金融组织，在如何满足多元化的利益诉求、如何动态调整各方的权力和利益格局等方面，仍然面临较大的挑战。

（三）人民币加入SDR之后，如何谨慎推进中国金融领域的开放，防范和化解金融风险，已经成为中国金融开放的新挑战

IMF对篮子货币有两条标准，第一是该货币的发行国（或货币联盟）

在过去 5 年内货物和服务出口额位居世界前列，第二是 IMF 认定该货币"可自由使用"（"Free Usable" Criterion），具体包括在国际储备、国际银行借贷、国际债券和外汇交易中的自由使用情况。资本账户开放可以大幅降低直接投资资金流动的难度，促进跨境资本流动的双向快速增长。就中国经济发展和对外直接投资发展势头判断，中国的对外直接投资将比外商直接投资增长更快。从金融资本的角度来看，随着中国资本市场的逐步开放，中国庞大的储蓄资金会在全球范围内进行资产组合再配置，可能会产生一定规模的资本外流。

作为人民币国际化进程中的重要一环，中国资本渐进开放是必然趋势。2014 年，上海自贸区开展金融改革试点、深圳前海推进跨境人民币业务创新、"沪港通"试水资本市场开放，这一系列举措都表明中国资本市场开放的步伐正在加快。根据中国国家外汇管理局的最新统计，在国际货币基金组织规定的资本账户管制的 40 个子项中，中国有 34 项达到部分可兑换及以上水平，占比达 85%。中国资本账户开放已经进入"深水区"，剩下尚未开放的项目是中国保障金融安全的最后一道防火墙，如果完全放开则意味着人民币将实现完全可自由兑换，中国金融体系将面临较大的风险。因此，在这些领域的开放必须保持审慎的态度。

（四）英国脱欧对中欧贸易投资产生负面影响，人民币国际化部分通道受阻，国际经济环境不确定性增加

2016 年 6 月 24 日，英国通过公投决定退出欧盟，给中欧贸易投资带来诸多负面影响，人民币国际化的部分通道受阻，国际经济环境不确定性增加。英国作为高度开放、自由的经济体，一直是中国进入欧盟市场的关键通道，英国一直支持给予中国市场经济地位，而欧盟一直不承认中国的市场经济地位，对中国设置严格的贸易投资准入标准。英国脱欧将使得中国失去一个在欧盟内部推动中欧自由贸易的重要力量，虽然从表面上看，中国向英国的出口有限，英国与中国 FDI 的联系相对较少，但中国很多的贸易和投资是通过香港完成的，因此，英国脱欧对中欧贸易投资产生的不利影响不容忽视。

近年来，伦敦被视为人民币国际化的重要跳板和通道，已成为仅次于香港的第二大人民币离岸结算中心。2015年，中国财政部在伦敦发行人民币国债；中英两国央行续签双边本币互换协议并扩大互换规模；中国人民银行在伦敦发行50亿元人民币计价的央行票据。英国脱欧后，伦敦作为全球金融中心的地位会受到冲击，通过英国在欧洲推广人民币的成本将会增加。

英国脱欧会使本来已经疲弱不堪的欧盟经济雪上加霜。英国脱欧公投结果公布后，欧元、英镑兑美元汇率一路走低，美元升值会给人民币及新兴市场国家货币带来贬值压力，同时面临资本外流的风险。国际经济环境的不确定性大大增加，阻碍世界经济复苏的步伐。

三 中国"双向开放"的新策略与新方法

面对中国"双向开放"进程中遇到的新挑战、新问题、新矛盾，中国不仅不能动摇对外开放的基本国策，还应当更加坚定开放发展的理念，通过扩大开放来寻求有效解决问题、化解各种风险的途径和办法。为此，提出以下政策建议：

（一）更积极地参与和主导新一轮国际规则制定，全面提升自贸区与国际接轨的制度架构

WTO等旧的世界经贸规则体系已经越来越不适应当前世界经济发展形势，TPP、TISA等新的贸易规则体系正在颠覆旧的规则体系。面对当前错综复杂的国际形势，中国应该更加积极地参与和主导新一轮国际规则制定，积极吸收TPP、TISA等新规则中合理的成分，比如在资源环境保护、知识产权保护、劳工权益保护等方面，加大借鉴和学习力度，加快相关领域的改革，加快经济结构调整与经济的提质增效。

增强参与国际区域经济一体化的主动性，加快推进中日韩自贸区谈判、区域全面经济伙伴关系协定（RCEP）谈判、亚太自由贸易区（FTA-AP）等多边自由贸易谈判。将区域经济一体化战略与中国的开放战略、

发展战略有机结合在一起，加大与"一带一路"沿线国家开展双边或多边投资和贸易自由化谈判，加快构建面向全球的高标准自由贸易区网络。

在自贸区构建高标准的贸易和投资规则，开展压力测试和试错。鼓励自贸区的改革创新，构建改革创新的容错机制、减责机制、激励机制。扩大自由贸易试验区的试验范围，多点开花、以点带面，进一步明确自贸区的准入和退出条件，建立自贸区差异化试错原则，明确可复制、可推广的制度标准、时限，避免自贸区之间的恶性竞争。加快自贸区法律体系建设，尽快从国家层面制定统一的《自由贸易试验区法》，由地方在统一立法的基础上制定、修改、细化自贸区的法律、规章。

（二）主动把"一带一路"与引领"新常态"对接好，把"一带一路"重要节点建设好，创新"走出去"的战略布局，化解和防范可能存在的各种风险

"一带一路"从规划到实施，已经取得了实质性的进展，与多国达成了合作协议，促进了一批建设项目的落地。未来，要加快推动"一带一路"与国内"新常态"经济对接，发挥中国的产业优势、产能优势，积极寻求与沿线国家的产业融合和互补机会，加大产能合作布局和市场开拓，加快布局一批境外园区、境外合作区，支持企业建设境外加工贸易园区、资源开发合作区等，搭建企业与境外经贸合作园区对接平台，打造完整的产业链，为企业国际化经营创造条件，尽快在"一带一路"沿线的重要节点建成一批国际经济合作示范区。

在"一带一路"开放战略的实施过程中，需要从政治、经济、外交、文化等各个层面，加强对"一带一路"宗旨和建设理念的宣传，提高国际认同度。政治和外交层面，要广泛宣传"一带一路"的宗旨是弘扬古丝绸之路和平友好、包容开放的精神，不针对任何第三方，不搞排他性制度设计，不谋求地区事务主导权，不经营势力范围，沿线任何有合作意愿的国家都可以参加。经济和文化层面，要让沿线国家得到实惠，不仅可以将劳动密集型产业转移到这些国家，也可以转移具有优势的高技术产业、新兴产业，帮助沿线国家建立完备的产业体系；不仅要与沿线国家共同开发资源，而且要保护环境，提高当地就业，融入当地社会；要加强文化的交流，实现民心相通。

对"一带一路"建设过程中的地缘政治风险要保持高度警惕，未雨绸缪，做好应对与防范。要谨慎处理大国关系，由国家出面签订双边或多边投资保护条约和协定，充分行使领事保护和外交保护，加大对中国海外人员与资产安全的保护力度。通过完善保险机制降低风险，比如可以设立服务于"一带一路"的政策性担保机构，以亚投行为基础建立全球政治风险保险和再保险平台，探索由各国共同参与分担风险和收益的机制等。

（三）坚持以开放促改革，通过扩大对外开放，进一步促进和倒逼政府职能转变，建立与开放相匹配的体制机制，将开放政策落到实处

引入国际通行规则，建立与国际接轨的制度框架，积极推动法律制度和规则的深刻变革。要加快推动服务贸易立法，完善反垄断、反倾销、反补贴等涉外法律法规，加快建立与国际接轨的城市规划建设、土地管理、经济发展、社会管理、公共服务等领域的规则和指引体系，努力营造公平公正的法治环境、平等竞争的市场环境、透明高效的行政环境。提高知识产权保护标准，加大知识产权保护力度，形成全方位、多角度的知识产权管理与保护机制。构建多元化、国际化的仲裁纠纷解决机制，在自贸区先行先试，有序推进东道国和投资者纠纷解决机制的运行。

全面实施准入前国民待遇加负面清单管理制度，实施内外资一致性管理，加快政府职能转变、流程再造和简政放权，推进贸易投资审批便利化，拓展"单一窗口"的应用范围，建立外贸投资服务的政府部门联动机制和信息互联互通机制，构建涵盖财税、信息、风险防控、金融等方面的完善的对外贸易投资服务体系，在外商落户、办理手续等方面提供便利。完善综合监管和行业监管体系，构建综合执法的大执法体制，提高开放环境下的监管效率。

主动扩大在医疗、教育、文化等社会领域的开放，加快国际人才的引进和利用，建立适合中国国情的"绿卡制度"。加快医疗领域对外开放，积极引进外资医疗服务，弥补国内医疗资源供需缺口，对现有医疗资源形成有益补充。提高全球科技创新资源配置能力，鼓励和支持企业、大学、科研机构加强国际合作，加强对尖端技术、前沿技术的研发。

（四）主动利用香港国际金融中心的地位和功能，强化香港全球性人民币离岸市场中心的枢纽地位，为人民币的国际化进一步发挥重要作用

香港作为连接国内与国际的桥梁、作为中国走向世界的大门，为内地的发展做出了巨大的贡献。近年来，随着中国对外开放水平的不断提高，企业可以不用通过香港直接参与国际贸易和国际投资，香港的桥梁和纽带作用似乎显得不那么重要了。但是，只要中国的资本项目没有实现完全开放，就不容削弱。

从国内外经济形势、资本市场发育程度等多方面考虑，中国在未来一段时间内并不能完全开放资本项目，在这种情况下，人民币离岸市场的建设对推进人民币国际化有着不可替代的重要作用。可以发挥香港连接国内外资本市场的桥梁纽带作用，通过在香港建设高效的人民币离岸市场，保障离岸人民币流动、交易和投资需求，进而实现人民币国际化。一方面要为人民币流入香港和人民币回流创造良好条件，提升香港人民币离岸市场的流动性，更好地服务于跨境贸易投资需求；另一方面，进一步提升内地与香港金融市场的合作，提高两地货币互换协议额度，扩大国内主体参与香港各类离岸人民币市场交易，加快深港通建设等。

（五）审慎推进资本市场开放，以金融市场稳定和风险可控为底线，积极推动各国货币政策和金融监管的协调

在中国国内金融体系尚不完善、金融监管尚不健全、经济发展进入新常态、国内改革步履维艰的背景下，必须保证在风险可控的前提下把握好资本开放的节奏，渐进审慎推进才是上上之策。在资本项目开放顺序、开放层次方面，可以考虑先放开人民币结算的资本项目，再放开外汇结算的资本项目；先放开直接投资项目，再放开间接投资项目。中国金融市场的对外开放，要有底线思维，必须以金融市场稳定、金融风险可控为前提。提高中国金融基础设施建设水平是促进金融市场发展和保障金融安全的基础，是中国金融开放的重要环节。中国需要从法律基础设施、信息和公司治理基础设施以及流动性基础设施等方面尽快实现国际化、标准化和现代化。

面对当前世界性的需求低迷、全球性的通货紧缩、汇率波动频繁等一系列阻碍经济复苏的问题，中国作为经济大国，要积极联合战略伙伴国建立宏观经济政策尤其是金融政策的协调机制，助力世界经济复苏。为提升应对金融风险的能力和水平，中国还需要主动参与国际金融监管合作，深化双边、多边经济金融政策对话与合作，不断巩固与境外中央银行、监管机构的合作，完善信息共享机制，积极发挥在国际货币基金组织、金融稳定理事会（FSB）、巴塞尔银行监管委员会（BCBS）等国际组织中的作用，参与并推进这些国际组织的改革以及相关标准的制定。

四　广东在双向开放中的新角色与新举措

广东是我国改革开放的前沿阵地，在全国改革开放的大局中，具有难以替代的带动作用和举足轻重的战略地位。广东经济社会发展的一个个历史性跨越都离不开改革开放，是上一轮改革开放的先行者和受益者。在新一轮双向开放战略中，广东更需要勇立潮头再扬帆，积极充当中国双向开放的探路者和排头兵。构筑高标准国际贸易规则体系，成为中国对外开放的制度高地；深入落实粤港澳服务贸易自由化，探索面向世界的服务贸易自由化，成为中国服务贸易自由化的先导区；引导企业全球布局产业链，增强国际竞争力。

（一）以开放促转型，通过制造业高端化发展和服务型经济的双向开放，着力提升开放型经济体系的质量和水平

在资源紧约束、要素成本急剧上升、环境承载能力日益紧张的背景下，广东面临比其他地区更大的转型压力。要抓住实施"互联网＋"和"中国制造2025"的重大战略机遇，加快推动工业化、信息化深度融合，实现制造业向高端化、智能化、服务化方向发展。利用广东在电子信息技术、互联网、物联网、大数据等产业和技术领域的优势，积极布局机器人、新能源汽车、新材料等产业，为新一轮的国际竞争积蓄力量。在全球范围内整合资源，提高利用外资的质量和水平，积极推动世界500强企业和全球行业龙头企业的新兴产业项目落地。积极承接新一轮国际先进技术及生产基地的转移。按照世界级产业的高标准高要求，加速建设一批战略性新兴产业示范基地。积极探索国际合作途径，创新合作机制，完善制度安排。

加大服务业双向开放，以引进现代服务业为重点，着力引导境外资本投资生产性服务业。大力发展总部经济，积极吸引跨国公司、世界500强企业总部落户广东。坚持"引进来"和"走出去"并重，加大"走出去"战略的实施力度，创新对外投资和合作方式，通过跨国并购、参股、重组、联合等方式，培育和发展广东的跨国公司，支持民营、混合所有和国有大型企业参与全球资源链整合，建立自主品牌和国际经营网络。鼓励和支持大企业在知识密集的技术高地设立境外研发中心，整合全球智力资源，构建全球研发体系，提高全球创新资源配置能力。鼓励企业根据市场经济规律和规则，积极、审慎、稳妥地收购海外资源、技术、营销网络，扩大市场份额。

抓住全球高端产业和服务外包向亚太地区转移的战略机遇，实施更加开放的人才政策，完善创新人才的引进机制，聚天下英才而用之。通过集聚高端人才和科技资源，形成自主创新体系，提升企业国际化运作水平，提高企业在开放环境中的竞争能力。

（二）以开放促改革，积极打造"开明"政府，构筑双向开放的新优势

改革为开放创造体制基础和内在条件，开放为改革提供经验借鉴和活力源泉。通过扩大对外开放，进一步促进和倒逼体制机制改革，建立与开放相匹配的体制机制，将开放政策落到实处。随着陆海内外联动、东西双向开放的全面推进，广东要在新一轮双向开放中构筑新优势，发挥广东市场化程度较高的重要优势，加大政府改革力度，积极建设服务规范化、国

际化、公平化，规则体系法治化，社会建设和社会治理有限化，文化和价值体系包容化和多元化的"开明"政府。

以营造高水平的营商环境为核心，深化行政体制改革，转变政府职能，增强政务和经济信息透明度，规范政府经济政策和经济管理活动，增强服务意识，创新服务方式，打造服务政府。不遗余力推动政府职能法治化，增强法律意识与法治精神，强化合约精神和商业信用意识，用法律手段解决经济领域的问题，着力建设法治政府，提高政府依法管理的能力和水平。完善地方性法律法规体系，在知识产权保护、劳资关系、环境保护、不正当竞争等重点领域与国际接轨。加大政府职能转移力度，按照"接得住、管得好"的要求，打造有限政府。通过政府购买服务的方式将部分政府职能下放给社会组织，重点培育一批具备国际化标准的社会组织，有效开展国际对接。结合广东省情，参照国际惯例，制定社会组织的行业规则和标准，积极引导，依法监管，将社会组织纳入规范、健康发展的轨道。推进文化和价值体系开放包容，打造包容政府。在双向开放的大格局中，作为双向开放的前沿阵地，构建多元、开放、包容的文化体系和价值理念至关重要。各种政策的制定要让各类经济活动主体，不同种族、民族的人都能获得平等的发展机会、共享发展成果。树立"以人为本"的施政理念，畅通渠道，广开言路，问政于民，勇于听取不同意见，加强信息公开与透明，打造亲民政府、清新政府。

（三）以自贸区为支点，全面构建与国际通行规则相衔接的体制机制，引领高标准双向开放

以广东自贸区为支点，对接国际高标准投资、贸易、管理规则，引领高标准双向开放。支持南沙新区、前海蛇口、珠海横琴按照各自不同的定位，积极吸收国际成熟自贸区的治理经验，建立符合现代市场经济的营商规则、管理方法和交易关系。

积极推动自贸区涉外经济管理体制改革，在贸易、投资、金融、社会管理、公共服务等各领域，构建与国际通行规则相衔接的体制机制。对比研究广东与TPP、TISA等多边协定存在的差距，充分发挥自由贸易片区的窗口和示范作用，先行测试开放压力，争取尽早建立符合国际标准的海关监管、投资审批等方面的制度、措施，建立平等、开放、竞争有序的市场体系和监管规则，率先实现"完全市场经济"。按照国际通行做法，确定贸易救济措施应考虑的因素、标准、指数，制定相关法规和实施细则，掌握应对国际贸易摩擦的主动权。在自贸区加强对知识产权的有效保护，参照国际标准主动调整劳工、环境与竞争政策；加快推进跨境电商建设，完善跨境电商税收、检验检疫、报关等政策，加快推进跨境电商监管平台建设，推动跨境电子商务良性发展；加大金融改革创新力度，加快设立离岸人民币交易中心、离岸证券交易中心，推进人民币国际化，借鉴国际先进的金融监管政策和成功经验，加快推进"一行三会"跨部门综合监管。

（四）以粤港澳大湾区经济为着力点，加强泛珠三角合作，打造"一带一路"重要支点和战略枢纽

在整个亚洲而言，粤港澳是沟通亚洲上下的桥梁，贯穿亚洲南北的枢纽，是中国对东南亚、南亚国家发挥外溢效应和辐射功能的重要支撑点。广东要积极引领和推进粤港澳大湾区的开放与合作，促进湾区内基础设施、信息、政策的全面对接和发展要素高效便捷流动，共同打造亚太地区最具活力的世界级城市群。全面加强与香港在金融和专业服务、科技文化、医疗教育、环境保护等领域的交流合作，加强跨界基础设施互联互通。加强粤澳在海洋经济开发、海洋环境保护、旅游、商务服务等领域的深度合作，加快落实粤澳服务贸易自由化。

以国务院批准的《关于深化泛珠三角区域合作的指导意见》为指引，以粤港澳大湾区为龙头带动泛珠三角地区合作。加快泛珠三角重大基础设施、公共服务的一体化建设，促进各类要素自由流动。成立跨区域合作协调委员会，负责跨区域的规划、利益协调与经济发展。加快推进泛珠三角地区建立梯度分工体系建设，加强与福建、江西、湖南、广西、四川、贵州、云南等省区的合作，积极推动广东部分制造业转移，为粤港澳服务型经济的发展提供广阔腹地。

发挥粤港澳在"21世纪海上丝绸之路"中的特殊地位，积极打造海上丝绸之路的战略枢纽和支撑平台。深入挖掘粤港澳大湾区的经济产业、航空海运、国际网络人脉等资源,加强与东南亚、南亚国家的纵向分工与横向合作,成为中国—东盟自由贸易区发展的重要推动力量。发挥香港、深圳金融中心的优势,为海上丝绸之路沿线国家大规模的建设开发提供金融支持。

我国"二次开放"的历史使命

——推进以服务贸易为重点的开放转型

中国（海南）改革发展研究院课题组

"十三五"，我国正处于经济转型升级的关键时期。未来5年，以服务贸易为重点加快贸易自由化进程，推进我国对外开放升级，对加快我国经济转型与实现可持续增长有着重要意义；未来5年，面对贸易保护主义返潮的挑战，以服务贸易为重点推进新一轮全球化，将对全球经济复苏、全球贸易规则重构带来重要影响。

因此，在内外环境深刻复杂的变化下，尽快从一次开放走向二次开放，加快服务贸易开放进程，打造"中国服务"，成为我国未来5年对外开放的重大战略选择。

一 "十三五"：从一次开放向二次开放升级的关键时期

"十三五"，我国扩大对外开放与新一轮全球自由贸易形成历史交汇，以制造业市场开放为重点的一次开放向以服务业市场开放为重点的二次开放转型升级的趋势正在开始形成。

(一) 全球自由贸易发展的大趋势

国际金融危机以来，全球贸易进入增长放缓期、结构调整期、规则重构期的"三期叠加"阶段，服务贸易成为全球贸易增长的新动力，全球贸易投资规则正处于重构的关键期。

1. 全球经济服务化进程加快

当前，全球进入服务经济主导时代。2011年全球服务业增加值占全球GDP的比重超过70%，2015年全球服务贸易总额占全球外贸总额的比重达到1/5。新一轮科技革命加速经济服务化进程。新兴经济体经济服务化进程加快。许多新兴经济体陆续进入工业化中后期，其服务业增加值占GDP的比重超过50%。在大数据、智能化、云计算、物联网、移动互联网等引领下，无论是在生产性还是在生活性服务业领域，新商业模式和新发展业态快速涌现，成为经济增长的新动力。

2. 服务贸易成为新一轮全球化和全球贸易自由化的重要引擎

据世界贸易组织（WTO）统计，2000年全球服务贸易额（不包括政府服务）为1.44万亿美元，到2014年达到9.8万亿美元，接近10万亿美元，14年内增长了6倍左右。2001—2014年，全球服务贸易增速在大多数年份高于GDP增速和货物贸易增速。2014年，全球服务贸易增长率为6%，而同期全球货物贸易增速仅为0.8%。（见图1）

3. 服务贸易成为贸易自由化进程的焦点

当前，服务贸易谈判的议题范围正在扩大。TISA（Trade in Services Agreement，国际服务贸易协定）谈判议题从传统服务业扩大到电子商务、信息服务、环境服务和能源服务等新兴服务业。从全球看，以服务贸易为重点的超大型自贸区正在兴起。以货物贸易为重点的"第一代"贸易规则正在向以服务贸易为重点的"第二代"贸易规则升级。TPP、TTIP等多边自贸区谈判都把服务贸易规则作为谈判重点。这些自贸协定一旦达成，将对全球贸易规则产生重大影响。

38 / 开放引领国家未来

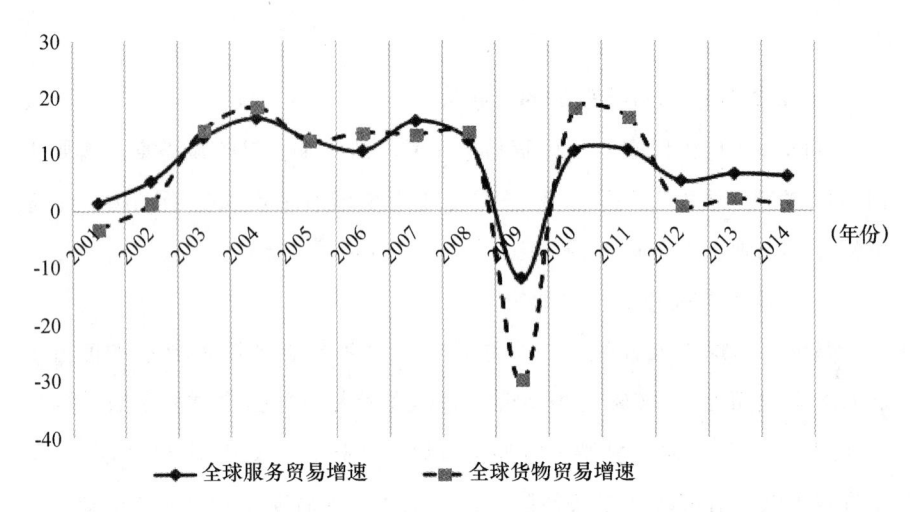

图1 2001—2014年全球服务贸易与货物贸易增速（单位:%）

资料来源：根据WTO历年《世界贸易报告》和《国际贸易统计》整理。

4. 服务贸易成为全球经济治理变革的重要动力

2008年国际金融危机以来，新兴经济体国家（E11，新兴11国）占全球经济的比重不断上升，到2015年达到30.3%（见图2），对全球经济增长的贡献度达到52.9%，远大于G7的22.9%和欧盟国家的12.2%。

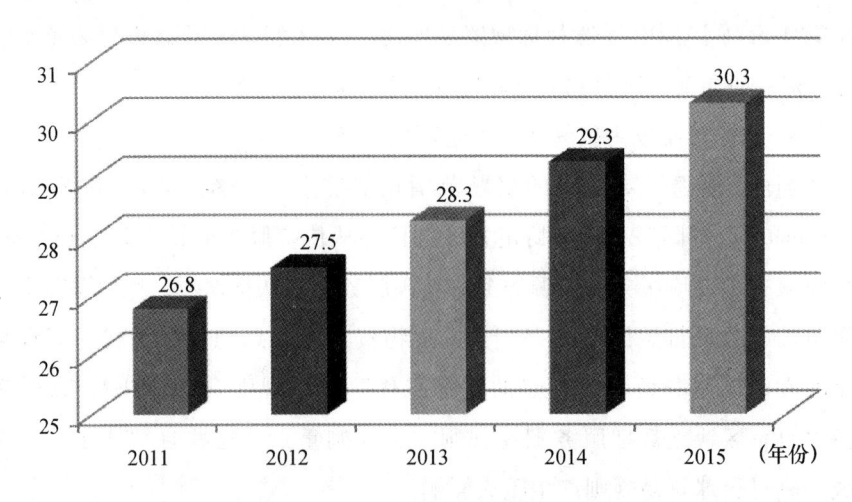

图2 2011—2015年E11经济总量占全球经济总量的比重（单位:%）

资料来源：《新兴经济体发展2016年度报告》，博鳌亚洲论坛，2016年3月。

然而，与新兴经济体对世界经济增长的作用和贡献相比，长期以来全球贸易规则主要由发达国家主导制定，在知识产权、环境保护、劳工利益、政府采购、碳排放标准等诸多方面提出了新兴经济体目前难以达到的标准。为此，构建一个新兴经济体能够参与的、更具包容性的服务贸易体系，有利于尽快实现全球经济再平衡，也有利于推进全球经济治理变革的新突破。

（二）我国经济转型升级与全球贸易自由化进程交汇的趋势

上一轮全球化中，我国制造业市场开放与全球货物贸易需求扩张形成历史交汇，推动我国成为制造业大国和货物贸易大国。在新一轮全球自由贸易大趋势下，我国服务业市场双向开放与全球自由贸易进程再一次形成历史交汇，成为我国经济转型升级的重要动力。

1. 我国产业结构正由工业主导向服务业主导转型

第一，城乡居民消费结构正由物质型消费为主向服务型消费为主转型。当前，我国城镇居民服务型消费需求占比约为40%，到2020年这一比重有可能提高到50%左右，发达地区有可能达到60%左右。

第二，近14亿人的服务型消费需求全面快速增长带动服务业快速发展。2000—2015年，我国服务业增加值从3.97万亿元增长到34.16万亿元，增长了8.6倍，年均实际增速超过9%，服务业增加值基本上每5年翻一番（见图3）。2015年，我国服务业增加值占GDP的比重达到50.5%，首次超过50%。

第三，我国正在走向服务业大国。保守预测，到2020年，我国服务业规模将超过50万亿元人民币，占GDP比重有可能达到58%左右，成为名副其实的服务业大国（见表1）。

2. 服务业将支撑我国未来10年的中速增长

一方面，近年来，服务业对我国经济增长的贡献率不断提升，有望从2014年的62.8%提高到2020年的72%—80%左右。另一方面，服务业支撑经济增长的趋势正在强化。服务业每增长1个百分点，驱动经济增长0.49个百分点；预计未来10年，服务业将年均增长8%以上，这将支撑

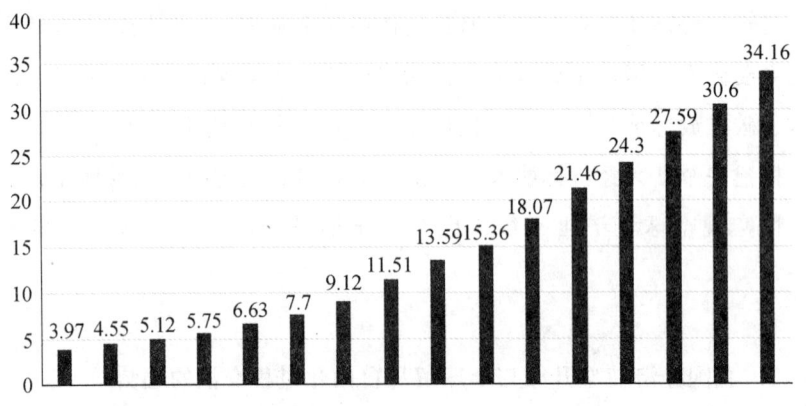

图3　2000—2015年中国服务业增加值增长情况（单位：万亿元）

资料来源：国家统计局：《中国统计年鉴2015》，中国统计出版社2015年版；国家统计局：《2015年国民经济和社会发展统计公报》，2016年2月29日，国家统计局网站。

表1　　　　　"十三五"中国服务业增加值增长情况预测　　　（单位：亿元）

年份	按8%的增速	按9%的增速
2016	368892.4	372308.0
2017	398403.8	405815.7
2018	430276.1	442339.1
2019	464698.2	482149.6
2020	501874.1	525543.1

资料来源：以2015年服务业增加值为基数分别预估未来几年服务业增加值。

中国6%左右的中速增长。

3. 我国服务业市场开放与全球服务贸易快速发展形成交汇

过去几年，我国在服务业市场出台了一系列开放举措，服务业成为我国吸引外资的主要领域。统计表明，2000年我国服务业实际利用外资占利用外资总额的比重仅为25.7%，2011年升至47.6%，首次超过制造业；2013年，这一比重达到52.3%，超过第二产业6.1个百分点，占比首次过半；2015 年，这一比重进一步提高到 61.1%，是制造业的近 2 倍。

2015 年 11 月，习近平主席在 G20 峰会讲话中提出"以服务业为重点放宽外资准入领域"，标志着我国服务业市场对内对外开放进入新阶段。通过开放做大服务业"蛋糕"，已成为我国供给侧结构性改革的重大任务。

4. 我国以自贸区战略为重点推动全球自由贸易进程的趋势

2013 年以来，我国陆续设立了上海、天津、广东、福建四个自由贸易试验区，在服务贸易和服务业市场开放等方面先行先试，积累可复制、可推广的经验并在全国普及推广。这将加快形成服务领域全面开放的新格局，释放经济转型升级的新动力。通过加快实施自贸区战略，我国将在全球贸易投资新规则尤其是服务贸易规则的形成中争取更多的主动权。

（三）"十三五"：从一次开放向二次开放的升级

从以货物贸易为重点的一次开放向以服务贸易为重点的二次开放的升级，是我国"十三五"对外开放的重大战略，将对我国中长期发展带来深远影响。

1. 以服务贸易为重点、以全面实施自由贸易战略为路径推进"二次开放"

与推动我国制造业全球化的"一次开放"相比，"二次开放"的历史使命是以服务贸易为重点全面实施自由贸易战略，在开放中创造有利于经济转型升级的外部条件，推进全球自由贸易进程（见表 2）。

2. "十三五"是开放转型的历史窗口期

"十三五"，推动由货物贸易为主向服务贸易为重点的开放转型，已经成为我国由制造业大国走向服务业大国必须要闯的"关口"。无论是提高生产性服务业比重以推动生产型制造业向服务型制造业转型，还是推进生活性服务业提质增效，都需要进一步扩大服务贸易和扩大服务业对外开放，积极引入国外服务业发展的先进技术、管理经验与人力资源。

表 2　　　　　　　　"一次开放"与"二次开放"

	一次开放	二次开放
起点	工业化初期（国内环境） 制造业全球化（国际环境）	工业化中后期（国内环境） 服务业全球化（国际环境）
目标	经济增长 一次转型 积极融入全球分工体系	经济可持续发展 二次转型 积极打造更有效的全球产业链和价值链
重点	货物贸易 制造业市场开放	服务贸易 服务业市场开放
路径	加入WTO等全球治理机制	全面实施自由贸易区战略
体制	构建外向型经济体制：围绕出口导向战略形成一系列鼓励和扶持出口型工业发展的体制机制	构建开放型经济新体制：以自由贸易为导向构建对外开放的体制机制
角色	国际规则的接受者、参与者、跟随者	国际规则的改革者、塑造者、主导者

资料来源：中改院课题组整理。

3. 全面深化改革与对外开放直接融合

——推动投资体制改革与服务业市场对外开放直接融合。在服务业市场对内开放和对外开放协调发展的基础上，逐步形成对内资和外资一视同仁的市场环境。

——推动市场监管转型与降低、取消贸易壁垒直接融合。推动以负面清单为重点的投资体制改革以促进服务贸易发展。

——推动财税金融体制改革与产能"走出去"直接融合。发挥财税金融体系在"转移一批"产能进程中的引导作用，积极推动国际产能合作。

——推动国内自贸区建设与加快实施自由贸易区战略直接融合。实现内外联动的开放，加快双边、多边自由贸易进程。

二 "十三五":加快形成以服务贸易为重点的二次开放新格局

加快形成以服务贸易为重点的对外开放新格局,积极推动服务业市场双向开放,是"二次开放"倒逼市场化改革的重点,也是形成有利于我国经济转型升级外部环境的关键所在。以服务贸易为重点全面实施自由贸易战略,成为"二次开放"的历史使命。

(一)推进以服务贸易为重点的开放转型

改革开放以来,在出口导向战略下,我国形成了重点支持货物贸易尤其是加工贸易发展的体制机制,迅速成为"世界工厂"。当前,我国亟须推进以服务贸易为重点的对外贸易转型,推动"中国制造"向"中国智造""中国服务"的转型升级。

1. 服务贸易是对外贸易的"短板",重要原因在于服务贸易开放滞后

中国已经成为世界第二大服务贸易国、世界第二大服务贸易进口国和第五大服务贸易出口国,但服务贸易占对外贸易总额的比重仍然较低。统计显示,2015年,我国服务贸易额为7130亿美元,占外贸总额的比重仅为15.4%,比全球平均水平低5个百分点左右。2015年,我国货物贸易额在全球货物贸易总额中占比超过10%,而服务贸易额在全球服务贸易额中占比仅为7.7%。

同时,我国服务贸易仍以传统服务为主体。2014年,旅游、运输服务和建筑服务三大传统服务贸易占服务贸易总额的62.6%,而金融、保险、计算机和信息服务咨询分别仅占0.14%、0.86%、3.51%、8.89%,与服务贸易发达国家存在较大差距。

究其根源,在于我国服务贸易开放度明显滞后于货物贸易。有研究表明,中国服务贸易限制指数(0.366)高于英国(0.140)、美国(0.180)、德国(0.180)、日本(0.230)、韩国(0.230)、法国(0.260)等世界主要发达国家水平。在金砖五国中,我国服务贸易限制指数仅低于印度

(0.660),但高于巴西(0.230)、俄罗斯(0.260)和南非(0.350)。

2. 把服务贸易占比达到20%作为"十三五"预期性指标

抓住新一轮服务贸易自由化的历史机遇,提高服务贸易比重,争取到2020年我国服务贸易占对外贸易的比重至少达到20%。为此,要确保"十三五"服务贸易实现14.5%—17%的增速,即至少保持略高于国际金融危机后的增长势头,使以服务贸易为重点的"二次开放"释放出与"一次开放"相当甚至更大的红利(见表3)。

表3 2020、2030我国GDP、外贸总额、服务贸易总额及占比预测

"十三五"预测指标	2014年（基期）	2020年	2030年
GDP（增速6.5%）（亿美元）	103548	151091.3	283619.1
GDP（增速7%）（亿美元）		155397.6	305690.7
外贸总额（占GDP的比重45%）（亿美元）	49058.3	67991.07	127628.6
外贸总额（占GDP的比重50%）（亿美元）		77698.81	152845.3
服务贸易总额（占外贸总额的比重20%）（亿美元）	6043	13598.2（情景1：GDP增速6.5%，外贸占比45%）	25525.7（情景1：GDP增速6.5%，外贸占比45%）
		15539.8（情景2：GDP增速7%，外贸占比50%）	30569.1（情景2：GDP增速7%，外贸占比50%）
服务贸易平均增速（基期为2014）		14.5%	9%
		17.0%	11%

资料来源：根据世界银行数据库、2015年中国统计年鉴数据测算。

3. 2020年服务贸易占比有条件达到20%

这是基于我国经济转型三大趋势做出的判断。一是消费结构升级和人口城镇化的带动。随着消费升级和人口城镇化进程加速,到"十三五"末城镇居民服务型消费占比有条件由目前的不到40%提升到50%左右。服务型消费的快速增长将带动服务贸易的快速增长。二是产业结构转型升级的带动。无论是制造业服务化,还是服务业自身的结构优化,都将带动服务贸易比重进一步提升。三是"一带一路"倡议的带动。"十三五"时期"一带一路"重大基础设施互联互通项目落地,将带动相关服务贸易的发展,服务贸易比重有条件每年提高1.5个百分点左右。

(二) 以服务贸易为重点加快国内自贸区建设

应对全球贸易格局和规则变化的新趋势和新挑战,我国需要以服务贸易为重点加快国内自贸区建设,对更加开放的体制机制、更高标准的经贸规则进行先行先试,探索符合经济转型升级需要的开放模式,为我国推动全球自由贸易进程、参与全球贸易投资规则制定提供实践依据。

1. 国内自贸区建设重在破题服务贸易开放

服务业对外开放是上海、天津、广东、福建四大自由贸易试验区先行先试的重要内容,有效带动了服务贸易。以上海为例,2014年,上海服务贸易进出口额为1754亿美元,较2010年增长67.5%,年均增长13.8%,约占全国服务贸易规模的30%;服务贸易在对外贸易中的比重持续上升,由2010年的22.1%提升至2014年的27.3%,2015年前三季度服务贸易占对外贸易的比重已经超过30%。

目前,国内4个自贸区在实施负面清单管理方面取得了明显成效,在服务业市场开放领域走在全国前列。但与发展趋势相比,自贸区在服务贸易开放上仍然面临较多限制,例如《自由贸易试验区外商投资准入特别管理措施(负面清单)》列出的122项的负面清单中,有83项针对服务业。为此,需要把2020年负面清单中服务贸易项目缩小到40项以内作为重要的政策目标,为其他地区实施负面清单管理提供可复制、可推广的重要经验。

2. 加快服务贸易开放制度的先行先试

重点是四个方面：一是实施服务贸易负面清单管理模式。加快推动跨境服务由正面清单管理向负面清单管理转变，减少负面清单中的限制性措施；率先出台覆盖内外资的大负面清单制度。二是打破开业权、人员移动、技术性等服务贸易壁垒，取消与主要贸易成员国或地区自然人流动壁垒，推动学位、培训、执业资格认证等国家间互认，为专业人才和专业服务双向流动提供便利。三是采取与服务贸易特点相适应的通关管理模式。推动关检合作"三个一"和"单一窗口"建设，尽快实现信息互换、监管互认、执法互助，探索全产业链保税监管模式。四是在试点基础上提出服务贸易新规则。以国内自贸区为平台，加快涉外经济体制改革，建立与国际接轨的市场开放、市场运行体制和政策体系。

3. 以服务贸易为重点优化自贸区布局

国内自贸区扩容是大势所趋，关键是要以促进服务贸易为重点来优化自贸区布局。一是实现沿海、沿边、内陆合理布局。在加快四大自贸区建设的基础上，选择服务业发展较快的其他沿海、沿边和内陆地区建设产业侧重点各有不同的自由贸易试验区。二是推动一批边境合作区升级为自贸区。创新开放模式，在服务贸易自由化和服务业市场开放上加大力度，形成特色鲜明的服务贸易基地，培育服务贸易竞争优势，形成服务贸易出口新的增长点。三是加快建设跨境合作贸易园区。目前，中资企业正在投资建设69个具有境外合作贸易区性质的项目，分布在33个国家，涵盖加工制造、资源利用、商贸物流、科技研发等多种类型。要把发展服务贸易作为境外经济合作区建设的重大任务，为我国服务业企业走出去搭建境外平台。

（三）以中欧自贸区为重点加快双边多边自贸进程

中欧经贸合作已有40多年历史，结下丰硕的成果。当前，全球经济贸易格局深刻变化，既带来严峻挑战，也带来重要机遇。在内外发展环境和条件深刻复杂变化的背景下，中欧需要主动把握全球自由贸易发展的大趋势，以加快双边自贸区进程为重点，不断深化双方全面战略伙伴关系。

1. 2020：以服务贸易为重点加快中欧自贸区进程的重要机遇

这个机遇来自于中欧双方经济转型以及由此带来不断增强的中欧经济互补性。

第一，中欧经济结构互补性不断增强。一方面，欧盟服务业占比达到72.59%（世界银行，2014），超出我国20多个百分点，经济服务化水平明显高于我国。另一方面，我国服务贸易市场规模不断扩大。2015年，我国服务贸易规模全球第二，总额达到7130亿美元，其中服务进口4248.1亿美元，占世界服务贸易进口总额的9.6%。2016年我国有可能取代美国，成为全球第一大服务贸易进口国。

第二，中欧经济合作空间不断扩大。一方面，加快中欧服务贸易进程，欧盟可以充分利用近14亿人的服务业大市场，实现经济复苏和可持续发展。2013年，欧盟对中国服务贸易顺差为120亿欧元，2014年为92亿欧元。未来几年，中欧服务贸易占中欧贸易总额的比重提高到20%左右，欧盟对我国的服务贸易出口将扩大2倍左右。对欧盟来说，无论与哪个国家建立自贸区，都难以获得像中欧自贸区这样大的市场规模效应。如果在建立中欧自贸区上犹豫不决，欧盟很有可能错失14亿人服务业大市场的快速增长期。尤其是在英国脱欧的冲击下，欧盟亟须寻找新的增长动力源。

另一方面，我国可以充分借鉴欧盟的先进技术和先进管理发展现代服务业，实现经济转型升级的突破。通过与欧盟的服务业合作，我国将有效提升健康、教育、文化、养老等生活性服务业的供给能力；通过学习和借鉴欧盟工业3.0、工业4.0的先进经验，我国有望加快"中国制造2025"战略的实施，实现由生产型制造向服务型制造的转型。

第三，中欧自贸区将深刻影响全球治理。欧盟作为全球最大的发达经济体，我国作为全球最大的新兴经济体，到2020年以服务贸易为重点建立中欧自由贸易区，形成南北互利共赢的新规则，将给全球经济复苏与全球经济治理新格局的形成带来重大影响。

2. 2020 年建立中欧自贸区有比较好的基础

一是中欧合作已有 40 年，双方形成了广泛的政治互信；二是建立中欧自贸区的共识在扩大。我国对建立中欧自贸区的态度积极，欧盟把推进其与亚洲国家/地区的自贸协定作为其对外贸易政策的重点，德国等欧盟成员国均明确表达了对建立中欧自贸区的积极态度。在英国脱欧后，预计欧盟对建立中欧自贸区的积极性有可能会明显提高。三是我国"一带一路"与欧盟"容克计划"相互兼容，双方在彼此重大发展战略上精准对接与务实合作，为建立中欧自贸区创造了新的有利条件。

3. 2020："三步走"建立中欧自贸区的行动路线

第一步：签署框架协议（2016—2017 年），商签建立自贸区的框架协议，明确谈判目标、谈判主要内容、谈判时间框架、谈判机构以及早期收获计划。第二步：完成重点领域谈判（2018—2019 年），双方完成货物贸易、服务贸易、投资等主要谈判，同时加快收获早期项目成果。第三步：正式建立中欧自贸区（2020 年）双方签署全面协议并完成国内程序，正式建立中欧自贸区。

4. 尽快合并实施中欧 BIT 与 FTA 谈判

当前，中欧正在推进 BIT 谈判。从实际进展看，中欧只谈 BIT 而不谈 FTA，困难大且成果有限。中欧双方在 BIT 上的分歧直接涉及服务贸易开放问题，需要在 FTA 框架下解决。适应全球投资协定与贸易协定相融合的大趋势，应尽快合并中欧 BIT 谈判与 FTA 谈判，以服务贸易为重点扩大中欧 BIT 谈判范围。

5. 加快实施早期收获项目

一是以海关合作为重点的贸易便利化；二是以人民币国际化为重点的中欧货币金融合作；三是以环保技术为重点的技术合作；四是以电子商务为重点的新兴产业合作；五是加强中欧基础设施投资合作；六是扩大中欧政府采购合作。

三 推进二次开放的重大改革课题

实现二次开放的突破，重在打破我国现行体制机制中的某些弊端，加快转变经济发展方式。这就要求以服务业市场开放为重点推进结构性改革进程。

（一）推进服务业市场开放

在城乡居民消费结构升级的趋势下，我国服务业发展空间巨大。进一步放大"消费的主导作用，服务业成为第一大产业"的优势，关键在于通过开放服务业市场做大服务业"蛋糕"。

1. 打破服务业市场的行政垄断与市场垄断

推动服务业领域国有资本的战略性调整，全面推进垄断行业竞争环节向社会资本开放。确立以社会资本为主的服务业发展思路，破除服务业领域的垄断，打破市场分割与地区封锁，清理并废除服务业中妨碍形成全国统一市场和公平竞争的各种规定和做法，建立统一开放、竞争有序的服务业市场体系，通过公平竞争提高服务业市场的供给能力、供给质量和供给效率。

2. 全面放开服务业市场价格

尽快形成统一开放、公平竞争的市场体系。从实践看，服务业价格管制效果并不理想，在相当大程度上导致不公平竞争，并扭曲了供求关系。

3. 加快服务业市场对外开放

加快推行准入前国民待遇和负面清单制度，缩小负面清单的限制范围；实行服务业外商投资登记备案制。在一般服务贸易部门，外国公司设立变更相关审批逐步改为备案管理。实行外商投资企业信息申报及共享公示制度。推进金融、教育、文化、医疗等服务业领域有序开放；放开育幼养老、建筑设计、会计审计、商贸物流、电子商务等服务业领域的外资准入限制。发展服务外包业务，充分利用服务外包提升服务业发展水平。

4. 调整服务业市场开放的相关政策

"十三五"形成以服务业为主导的产业结构，需要尽快消除服务业发展的某些不合理政策，实现服务业与工业政策平等。比如，加快调整服务业与工业用地政策，加快税收体制与税收政策调整。

（二）提高服务贸易比重

1. 以服务贸易为重点，国内自贸区再扩容3—5个

明显减少自贸区负面清单中关于服务贸易的限制措施，并在全国范围内加快复制、推广自贸区的成功经验。

2. 以服务贸易为重点开展双边多边投资贸易谈判

以服务业市场的双向开放带动服务贸易发展。到2020年，中国服务贸易占比有望由2014年的12.3%提高到20%；中国服务贸易总额占世界服务贸易总额的比重将由2014年的6.2%提高至10%；形成传统服务贸易和现代服务贸易均衡发展的贸易结构。

（三）深化国企改革

当前，国有企业"去产能"要有重大突破，在推动产业结构变革中发挥重要作用。

1. 坚定推进产能严重过剩领域的国企"去产能"

当前讨论我国产能过剩问题，要放在中国经济转型的大背景下。第一，20年前，我国成为世界工厂，消化了发达国家大量的过剩产能。第二，我国产能过剩是经济转型过程中一个阶段性现象，是传统增长方式转变滞后的结果。其根本出路在于加快转变经济发展方式。第三，解决产能过剩，既要有效发挥政府的重要作用，更要采取市场化的办法，发挥市场作用。第四，把产能过剩问题与国有企业改革结合起来。钢铁、煤炭、有色金属等产能严重过剩领域的国有企业，需要通过优化重组实现去产能，加快转型升级。

2. 推进国有资本的战略性调整

尽快形成国有资本战略布局调整的分类改革方案。设立国有资本运营

公司，推动国有资本从房地产、酒店等一般竞争性领域退出，优化战略布局。与到 2020 年总体实现城乡基本公共服务均等化目标相适应，增加社会公共服务类国有资本投资。

3. 提高国有资本经营收益划拨全国社保基金的比例

十八届三中全会已经明确提出到 2020 年国有资本经营收益上缴公共财政不低于 30% 的目标。需要加快落实，使国有资本成为基本公共服务的重要保障。

（四）以监管转型为重点深化政府改革

着眼于"降成本"与"强监管"，中国需要在"放管服"上尽快破题，加快监管转型进程，提升市场监管的法治化程度。

1. 进一步加大简政放权力度

当前，在加快经济结构调整，尤其是经济下行压力增大的背景下，尤其需要加大放权、减权的力度，进一步开放市场，激发市场活力。

2. 加快完善企业发展环境

一是借鉴国际商事制度经验，全面实施企业自主登记制度。二是适时取消企业一般投资项目备案制。除政府投资之外，企业一般投资项目一律由企业依法依规自主决策，将投资决策权还给企业。三是以公平竞争政策取代产业政策。逐步取消产业政策，建立公平的竞争环境。

3. 加快改革市场监管体制

着眼于"降成本"与增强监管的有效性，加快建立统一的、综合性市场监管机构，推进市场监管的法治化进程。

四 发挥广东在二次开放中的排头兵作用

作为我国改革开放的排头兵，广东在 38 年的开放进程中发挥了重要作用。进入二次开放新时代，广东有条件也有能力在服务贸易和服务业市场开放上承担起先行先试的作用，在二次开放的体制机制创新上发挥重要的先锋作用，引领高水平的对外开放。

（一）广东服务贸易发展有较好基础

1. 广东服务贸易发展增速较快

"十一五"时期，广东服务贸易规模由188亿美元增加到608亿美元，年均增速达到34%，是同期全国平均增速的两倍、全省同期货物贸易增速的2.6倍；2012年，广东服务贸易规模达到1065亿美元，同比增长20.3%；2013年上半年，广东全省服务贸易同比增长50.22%，远高于同期全省贸易总额增速（21.2%），是同期货物贸易增速的2倍。

广东服务贸易发展的突出亮点是粤港澳服务贸易自由化。2014年12月，《关于内地在广东与香港基本实现服务贸易自由化的协议》签署后，粤港澳服务贸易自由化加快推进，促进了三地服务贸易大发展。2013年，粤港服务贸易同比增长40%，达到777.7亿美元，广东对港澳开放149个服务业门类。2014年，粤澳服务贸易增长17.3%，规模和增速均高于货物贸易，广东对澳门开放的服务业门类拓宽至153个，占世贸组织160个服务业门类的95.6%。

2. 广东有条件建成全国服务贸易发展的先锋省和主力省

《广东省加快发展服务贸易行动计划（2015—2020年）》明确提出，"到2020年广东服务贸易规模进一步扩大，服务业开放水平进一步提升。2015—2020年，力争实现服务贸易年均增幅10%以上。到2020年，服务进出口额达到2000亿美元以上，服务贸易占对外贸易的比重达到14%，现代服务出口占全省服务出口总额的比重达到30%"。

作为我国经济最发达的省份之一，广东在二次开放的新时代需要发挥更加重要的作用，承担起二次开放排头兵的角色。2020年，我国服务贸易占对外贸易总额预计将达到20%左右。作为服务贸易大省，广东有条件把服务贸易占比提高到不低于20%。通过服务贸易市场开放和体制机制创新，打响"广东服务"品牌，把广东省建成全国服务贸易发展的主力省。

（二）发挥广东自贸区在服务贸易发展中的先行先试作用

1. 把广东自贸区建设与"一带一路"有机融合起来

"一带一路"倡议，以基础设施互联互通为依托，以服务贸易为重点，以建立自由贸易区网络为目标，进而实现与全球自由贸易进程的融合。在自由贸易区网络建设中，广东等四个国内自贸区要发挥重要的先行先试作用。关键是在以服务贸易为重点的对外开放方面要先行先试，率先优化对外开放布局，丰富对外开放内涵。

2. 把发展服务贸易作为广东自贸区的核心任务

广东自贸区定位为"现代服务业发展集聚区"，尤其要抓住服务贸易发展的大趋势，在服务贸易开放和服务业市场开放的体制和制度创新上取得重大突破，为全国积累成功经验。为此，广东自贸区除了实施"负面清单"制度，更要把重点放在服务贸易全面开放上，在服务贸易开放上全面破题。

（三）率先探索服务贸易开放的体制机制

广东省"十三五"规划明确提出，要健全服务贸易促进体系，扩大服务贸易规模，优化服务贸易结构。这就要求发挥广东排头兵的作用，加快创新二次开放的体制机制。

1. 进一步加快简政放权改革

广东自贸区已在商事制度改革中进行了不少超前的探索，发挥了先行先试的重要作用。随着粤港澳一体化进程的加快推进，广东自贸区有条件直接实现与香港商事制度接轨，形成更为精简的负面清单新版本。考虑到广东新时期实现"三个定位、两个率先"的现实需求，建议突破"四个自贸区共用一张清单"的做法，赋予广东自贸区在负面清单管理上更大的试点权。

2. 加快服务业市场对外开放

重点是加快南沙新区、前海新区、横琴新区、中新知识城、翠亨新区等重大合作平台建设，在服务贸易和服务业市场开放上先行先试，打造一批高端服务贸易集聚区。

3. 深入推进粤港澳服务贸易自由化

发挥广东的区位优势，加快推进粤港澳服务贸易自由化，争取早开花、早结果。进一步降低港澳服务提供者准入门槛，推进服务行业管理标准和规则对接。同时，适应加快粤港澳服务贸易自由化进程的要求，完善贸易磋商和贸易争端解决机制。加快构建与国际高标准对接的投资贸易规则体系，探索对港澳投资者实施准入特别管理措施等，深化投资体制改革。

环珠江口湾区在中国经济发展中的定位及未来

华南理工大学公共政策研究院课题组[*]

前言

1994年,广东省委提出"建设珠江三角洲经济区"[①]。随后,在1995年,广东省就提出了《珠江三角洲经济区城市群规划》;在2003年的《珠江三角洲城镇群协调发展规划(2004—2020)》中,明确地提出了加强包括港澳在内的"大珠三角"和"湾区"的全面整合,这是建设环珠江口湾区最早的雏形。到了2010年,粤港澳三地政府联合制订了《环珠江口宜居湾区建设重点行动计划》,提出了"5+2"的宜居湾区概念;[②] 在此基础上,2015年全国政协提交了《关于建议实施"环珠江口湾区经济"发展战略的提案》,正式提出包括珠三角及港澳在内的"9+2"环珠江口湾区概念,主张加强湾区建设、促进三地协调

---

[*] 执笔:莫道明,华南理工大学公共政策研究院教授、理事长;金澄,华南理工大学公共政策研究院副研究员。

[①] 当时的珠三角概念包括广州、深圳、佛山、珠海、东莞、中山六个城市及惠州、清远、肇庆三市的一部分(不含港澳),与现在的9城市定义稍有出入。

[②] 包括广州、深圳、珠海、东莞、中山等广东5市所辖的17个区和香港、澳门两个特别行政区全境。

发展。

从20世纪70年代末80年代初开始，由于我国珠江三角洲地区在地理条件上优越，并有多个天然良港，在文化、社会资本上与港澳台有着天然的联结，因此成了港澳及国际资本与市场进入中国的首要选择。更重要的是，在政策上，我国将试水对外开放的主要任务都放在了广东，尤其是处于环珠江口的珠江三角洲，这使得环珠江口地区成了过去30多年中国改革与工业化无可替代的热点地区。珠三角地区抓住了这一机遇，通过不同形式的城镇化、工业化完成了向发达经济体发展的初步阶段。

在进入21世纪的第二个十年后，珠江三角洲面临着产业从劳动力密集型向技术密集型转型升级、珠江三角洲内部城市的区域整合以及与环珠江口湾区中港澳部分整合等重大挑战。如果能够顺利地完成这一系列任务，则不仅能将本地区建设成为集生活、经济、娱乐、科技和人文发展为一体的世界级湾区，全面提高本地区的人均生活质量和发展空间，也对我国未来的全面深化改革、加快经济建设有重大的促进和借鉴作用。从这个意义上说，环珠江口湾区建设既是我国开放姿态和政策的提升，也是解决当今国际社会发展困惑的创新之举，既可提升我国经济的国际竞争力，也可以加强粤港澳台地区的经济社会凝聚力和向心力，为国家的统一提供社会经济制度基础。从中长期看，环珠江口湾区综合改革试验区更可以为中华民族复兴探索经济、法制、社会和文化政治基础。

对于环珠江口湾区建设，我国乃至世界上并无完全相同的前例可供借鉴。以东京湾区为例，它的发展背景是第二次世界大战前的东京、横滨地区已经成型的城市带，以及战后欧美向日本进行的国际产业转移和日本整体上近50年的经济奇迹。相比之下，由于我国经济发展的起点较低，虽然经过了30多年的发展，但是除港、澳外，即使是在大陆属于较为富裕、发达的珠三角区在人均指标上也只是与20世纪60年代的日本具有可比性。而相对不利的条件是，国际间产业已经开始了新一轮的转移，环珠江口湾区在未来的一二十年中，将要始终面临国外其他地区在争取资本、市场和技术上的积累竞争。另外，受到2008年美国次贷危机及之后国际经济形势整体向下的影响，我国的经济增长亦开始步入中低速的"新常态"。与东京湾区在20世纪七八十年代的飞速发展相比，环珠江口湾区建设所面临的宏观经济形势也更具有不确定性。除此之外，环珠江口湾区还有着中国内地的珠三角经济区与港澳地区的整合、协同问题。

因此，如何在较为不利的条件下，推进环珠江口湾区建设，使湾区在自身获得发展的同时成为今后二三十年我国经济成长、进入高收入国家行列的重要经济引擎，并在我国的社会治理、文化科技创新中成为全国性的示范力量，是一个严峻但必须面对的挑战。这就要求在全球经济整体性乏力的大背景下，找准环珠江口湾区自身的战略定位，推进产业升级转型，加快区域间的经济和社会整合，提高城镇化的质量。这些任务无疑更具挑战性，但它们的完成，对于环珠江口湾区建设来说也是重大的机遇，关系到环珠江口湾区乃至中国在世界经济格局中未来近百年的发展与地位。

一　环珠江口湾区的地理综合构成条件

（一）环珠江口湾区的地理定义

环珠江口湾区的地理主体是地理上的珠江三角洲，珠江三角洲又称粤江平原，是复合型三角洲，在地理上由西江、北江、东江以及其他入注三角洲网的河流构成其边界，为以示区别，本文在此及之后所称的珠三角，如无特殊说明皆指经济意义上我国大陆地区的广州、深圳、佛山、东莞、中山、珠海、江门、肇庆、惠州9个城市，即珠三角经济区。环珠江口湾区包括珠三角的9个城市以及香港、澳门特别行政区，总共包括11个主要城市及相关地区，面积约6万平方公里。环珠江口湾区处于珠江下游，地貌特征大部分为丘陵，属于两广丘陵，在沿海诸河河口为珠江三角洲冲积平原，有少量的沿海台地。由于珠江流域地势西北高、东南低，因此处于东南入海口的环珠江口湾区总体来讲海拔不高（见图1）。

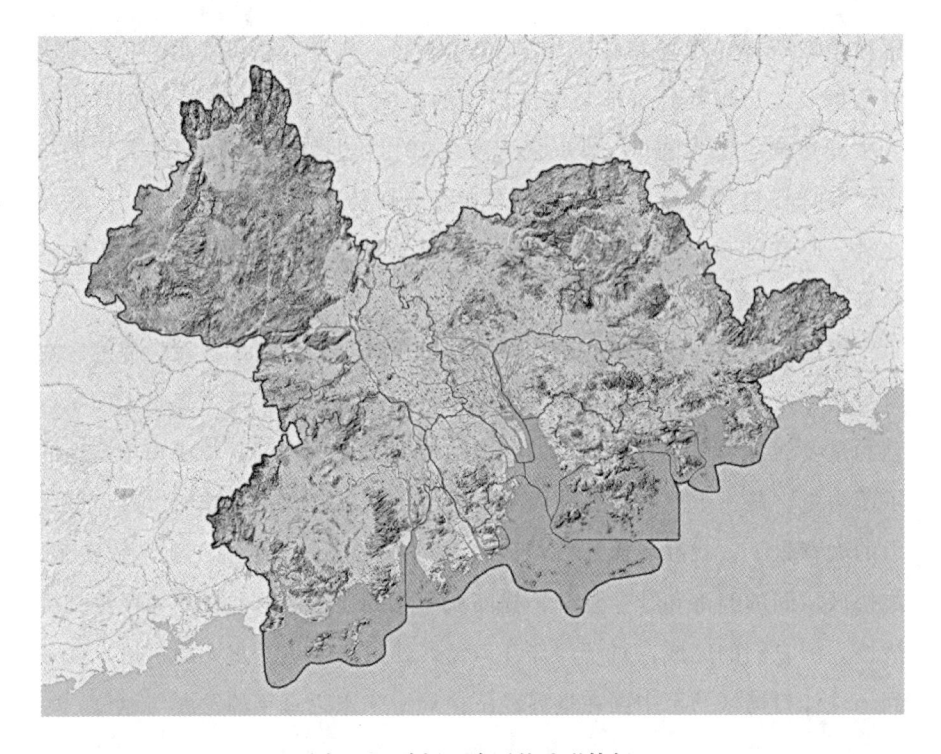

图 1　环珠江口湾区的地形特征

（二）亚热带季风湿润气候：日照和气温条件

环珠江口湾区是我国三大湾区中唯一的亚热带湾区，也是当今世界主要湾区中较为罕见的亚热带湾区——其他主要湾区都以温带气候为主。

环珠江口湾区因北部受南岭山脉的阻拦，冬季西北冷高压季风阻滞，成为我国南亚热带热量最丰富的地区，平均气温在14—22℃之间，年际变化不大，但地区差异大，最高气温可达42℃。多年相对湿度在70%—82%之间（见图2）。

湾区内受东南季风和西南季风影响，大部分地区属南亚热带湿润和十分湿润气候区，也是我国水资源最丰富的地区，多年平均日照在1200—2200小时，年内日照分配最多的是7、8月份，每月180小时左右；雨量丰沛，多年平均年降水量1500毫米以上，降水量由东向西递减（见图3）。

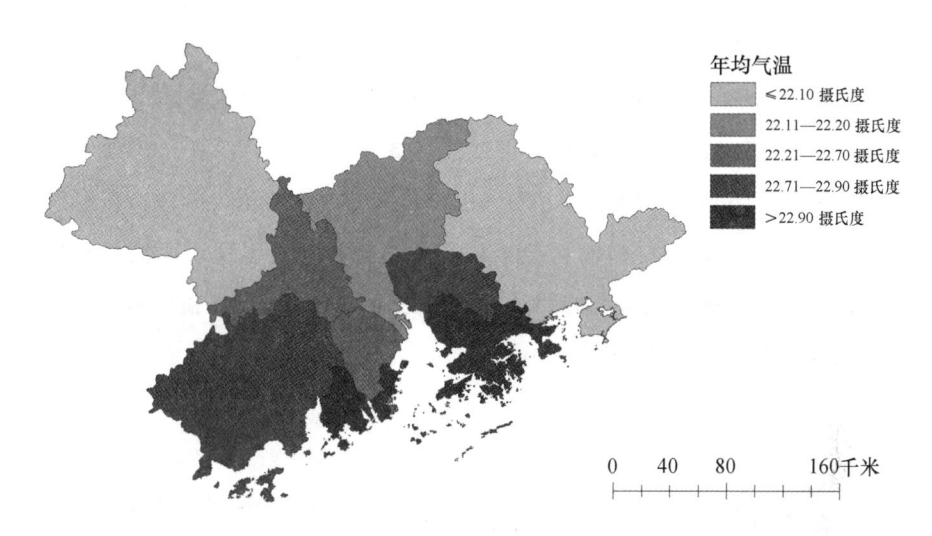

环珠江口湾区在中国经济发展中的定位及未来 / 59

图 2　环珠江口湾区气温

资料来源：IPP 整理。

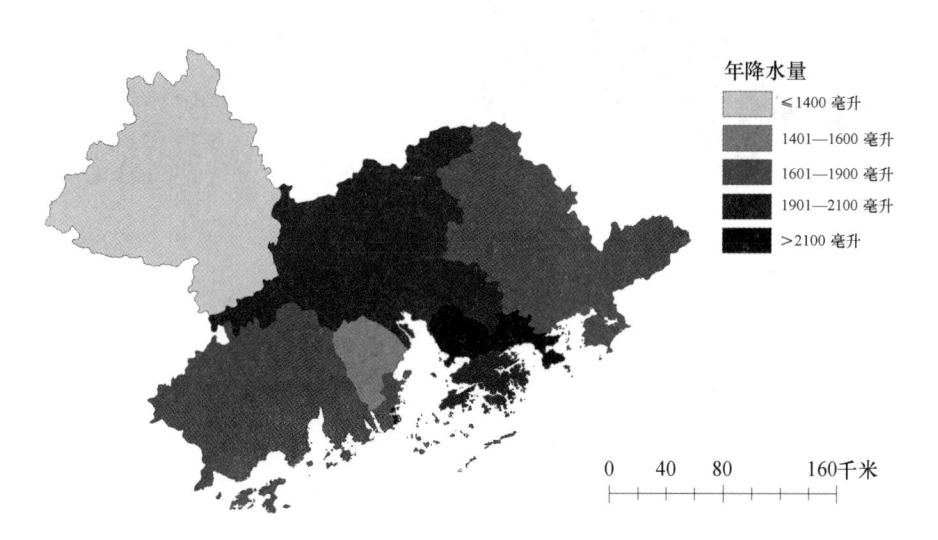

图 3　环珠江口湾区降水

资料来源：IPP 整理。

(三) 空气和水质量

我国从 2013 年开始进行空气质量监测，根据首批实施新环境空气质量标准的 74 个城市的监测数据，环珠江口湾区区域内主要城市 PM2.5 的平均浓度已经降到 34 微克/立方米。由于我国空气质量第一阶段达标目标是 35 微克，所以环珠江口湾区全区域平均达标了。这不仅说明湾区空气条件良好，也说明特大城市群的重污染问题治理和经济发展在目前条件下可以达到兼顾（见图 4）。

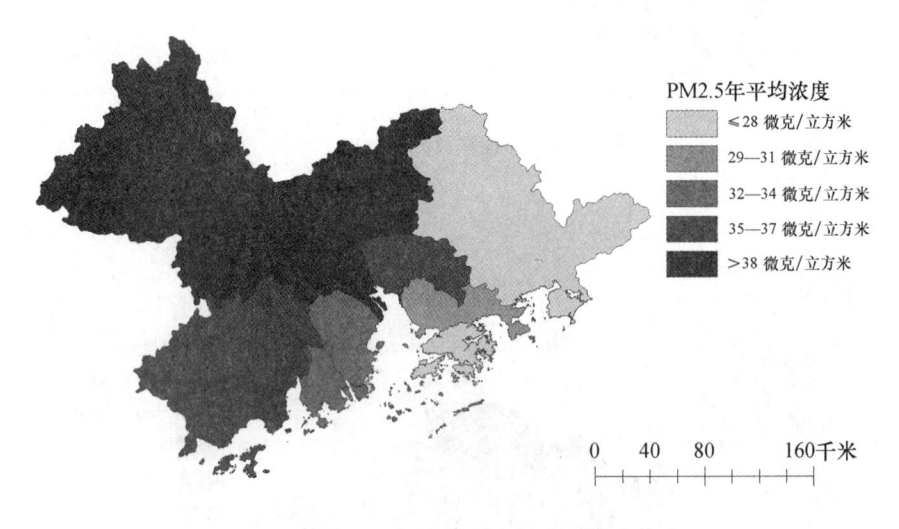

PM2.5年平均浓度
- ≤28 微克/立方米
- 29—31 微克/立方米
- 32—34 微克/立方米
- 35—37 微克/立方米
- ＞38 微克/立方米

图 4　环珠江口湾区空气质量

资料来源：IPP 整理。

环珠江口湾区主干道水域水质量在我国三大湾区中居首位：广深两个城市空气 PM2.5 指数长期以来一直比上海低 30%—40%，只有北京的一半不到；根据环保部公报，环珠江口湾区所在流域Ⅱ类及Ⅱ类以上水质占 77.8%，在干流中则更高，为 83.4%（2015 年），相比之下，长三角流域则为 55.8% 和 45.2%，环渤海流域为 20.3% 和 20%（见图 5）。

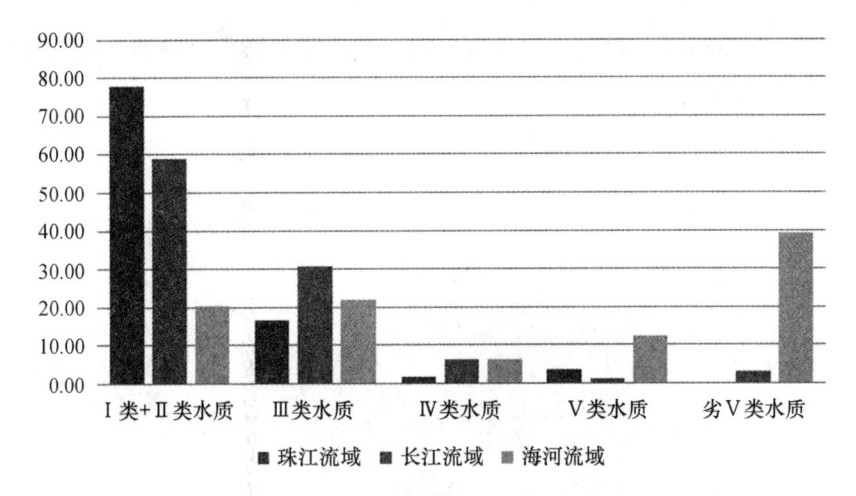

图 5　环珠江口湾区所在的珠江流域水质与其他流域对比（单位:%）①

资料来源：环保部/IPP 整理。

二　环珠江口湾区的综合人居和社会条件

（一）城镇化背景下的中国南方岭南地区人居环境

改革开放以来，随着中国经济社会的迅速发展以及人民生活水平的提高，城镇化步伐不断提高。虽然目前我国城镇化水平已经超过 56%，但与工业化国家 70% 的城镇化水平还尚有差距。2015 年广东城镇化率为 68.71%，基本达到工业化国家水平，而环珠江口湾区由于地处粤港澳地区的经济核心区，城镇化水平则更高（见图 6）。

在社会环境方面，珠三角区域城镇的一个共同特点是由于前期追求经济发展，采用了粗放式的经济发展模式，因此在转变到集约型发展的过程中，部分城镇在住宅、户籍等制度上没有实现区域制度架构的融合，例如

---

① 依据地表水水域环境功能和保护目标，按功能高低依次划分为五类：Ⅰ类　主要适用于源头水、国家自然保护区；Ⅱ类　主要适用于集中式生活饮用水地表水源地一级保护区、珍稀水生生物栖息地、鱼虾类产场、仔稚幼鱼的索饵场等；Ⅲ类　主要适用于集中式生活饮用水地表水源地二级保护区、鱼虾类越冬场、洄游通道、水产养殖区等渔业水域及游泳区；Ⅳ类　主要适用于一般工业用水区及人体非直接接触的娱乐用水区；Ⅴ类　主要适用于农业用水区及一般景观要求水域。

广州的"城中村"。因此，在城市治理上还需要加强行政协调，创造更好的城市人居环境。

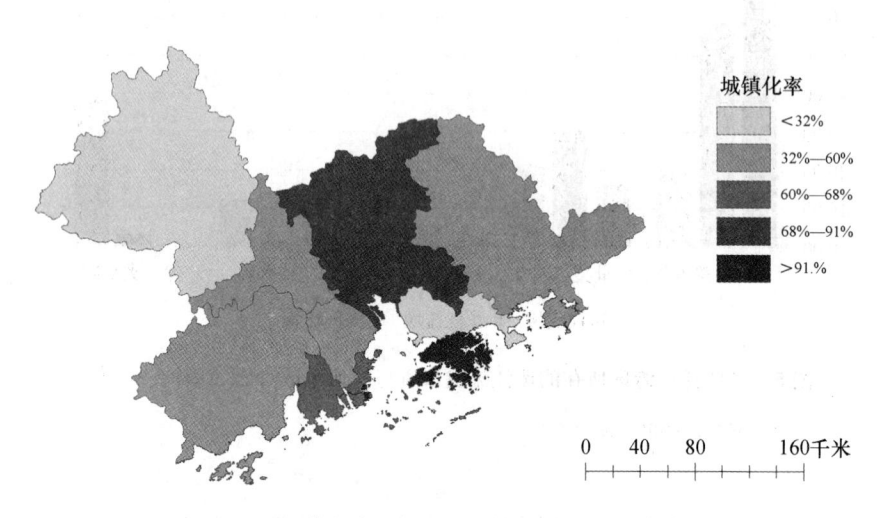

图6 环珠江口湾区城镇化水平

资料来源：广东省统计局/IPP 整理。

（二）环珠江口湾区的人文社会环境

环珠江口湾区是我国汉族广府民系最重要的聚居地，故绝大部分地区通行粤语，包括广州、香港、澳门、佛山、中山、江门、珠海、肇庆、东莞以及惠州和深圳的部分地区。湾区粤语可分为广府片、四邑片和莞宝片。广府片粤语流行于广州、香港、澳门、佛山、中山、珠海、肇庆和江门城区，香港原住民之一的疍家话也属于广府片粤语；四邑片粤语主要流行于江门和靠近江门的珠海斗门区一带；莞宝片粤语流行于东莞，深圳的宝安区、罗湖区、南山区、福田区和广州的增城区。香港、深圳的广府系原住民方言如围头话也属莞宝片粤语（见图7）。

环珠江口湾区的传统广府文化特征以地理上的珠江三角洲区域最为突出，其中既有古南越遗传，又受中原汉文化影响，近代以来还受西方文化及殖民地畸形经济因素影响，具有多元的层次和构成因素。环珠江口湾区的开发可以上溯至先秦时代，受到楚文化、吴越文化影响较深，至两宋，特别是明代，已经成为我国最重要的农业地区。同时，由于广州的优良港口条件，在唐宋时已经成为我国最主要的港口，农副产品和手工业产品的生产和销售活动也非常活跃。在此基础上，19世纪末广东近代工业的兴起也起源于这一地区。

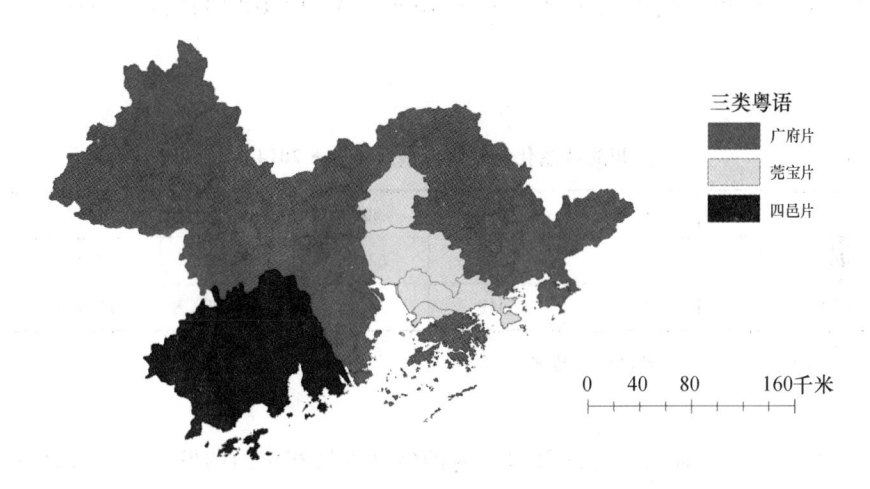

图7 环珠江口湾区粤语片区分布图

资料来源：IPP 整理。

经济发达推动了文化的兴盛，环珠江口湾区从唐宋开始就是广府文化圈的中心，也是中国南方地区重要的区域政治、经济和文化中心之一。在此基础上，广府文化发展出了一整套的包括宗教、艺术、戏剧、音乐、饮食、建筑、民俗等在内的文化系统，并在各个文化领域与中原文化互动，产生了悠久的历史传承。

三 第一次工业化：珠三角在中国经济发展中的定位与机遇

（一）工业化、城镇化和经济发展：珠三角增长的一体三面

中国自 20 世纪 70 年代末开始的经济增长，从某种意义上说，同时也是一段工业化和城镇化的历史，环珠江口湾区就是一个最显著的例子。以在改革初期就已经是国内最大都市之一的广州为例：1978年广州（包括增城、从化在内）的城镇化率不足50%，人均GDP也不满千元，但在不足30年的时间里，广州的城镇化率就达到了70%左右，与工业化国家水平相当，此时其人均GDP也接近1万美元；之后，到了2014年，广州的城镇化率已经突破90%，人均GDP则接近2万美元。（见表1）

表1　　　　　广州的城镇化和经济发展（1978—2014）

年份	1978	1990	2000	2005	2014
城镇化率（%）	48.07	57.68	62.24	68.92	90.96
人均GDP（元）	907	5418	25626	53809	128478

资料来源：广东省统计局/IPP整理。

从这个角度而言，环珠江口湾区的经济发展在中国的发展中不仅具有领先意义，也有代表性指标作用：从中国改革开放之初开始，以工业和第三产业为主的城镇部门，其收入水平（以及相应的产出水平）就要远远高于以农业为主的农村部门，两者之比始终维持在2.5—3的水平。以改革初期农村人口占人口总数80%以上的情况来说，这种低城镇化水平反映了中国当时低工业化、经济发展落后的现状。正因中国直至20世纪70年代末一直处于低度工业化、低度城镇化的阶段，所以，当80年代早期城镇部门本身开始同时经历收入/产出水平大幅度增长（见图9）和城镇化水平的迅速提高时（从不足20%增长至超过50%，见图8），这两者在地理意义上共同构成了中国的经济发展过程。

在珠三角发展初期，工业化、城镇化和经济发展之间关系尤为明显。从20世纪80年代初开始的工业化进程，使得人口从农业部门向工业部门转移；不仅仅是本地人口，外地劳动力也因劳动力市场的旺盛需求而涌入这一地区。城乡人口结构的变动，又进一步推动了地区的产业结构向外向型、劳动力密集型转变。工业化和城镇化以同一种方向的不同形式，共同推动了珠三角和环珠江口地区的经济发展。

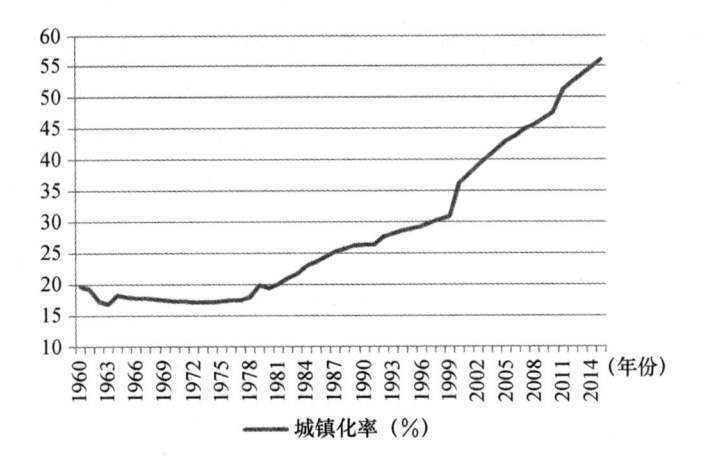

图8 中国的城镇化率变迁

资料来源：国家统计局/IPP 整理。

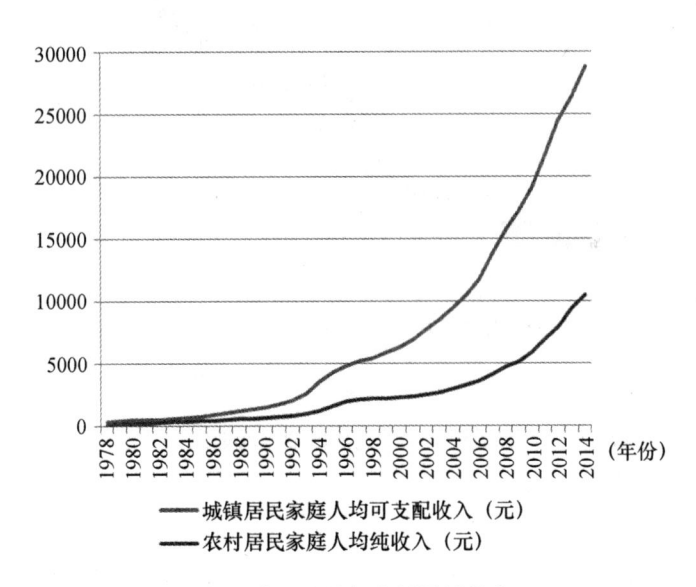

图9 中国城镇与农村居民收入

资料来源：国家统计局/IPP 整理。

(二) 环珠江口湾区发展的早期基础：港澳纽带的加强与小城镇的兴起

在环珠江口湾区20世纪八九十年代发展的时期，珠三角（随后，这个过程也在长三角发生了）的小型企业成长速度尤为惊人，并随后以"乡镇企业"闻名。双三角洲地区小型企业的成长，在地理上基本都位于小城镇或县级城市，因此，随之而来的是这两个地区小城镇的快速发展，有些城镇则扩张成中小型城市。从二、三次产业占经济的比重来看，70年代末至80年代初双三角洲地区的比重基本都低于全国平均水平，只有江苏略高，但从80年代中后期开始，这两个地区的二、三次产业与农业的比重迅速赶上并远远超过了全国水平。在进入21世纪之后，双三角洲地区的农业在经济中的比重已经削减到发达国家水平。（见图10）

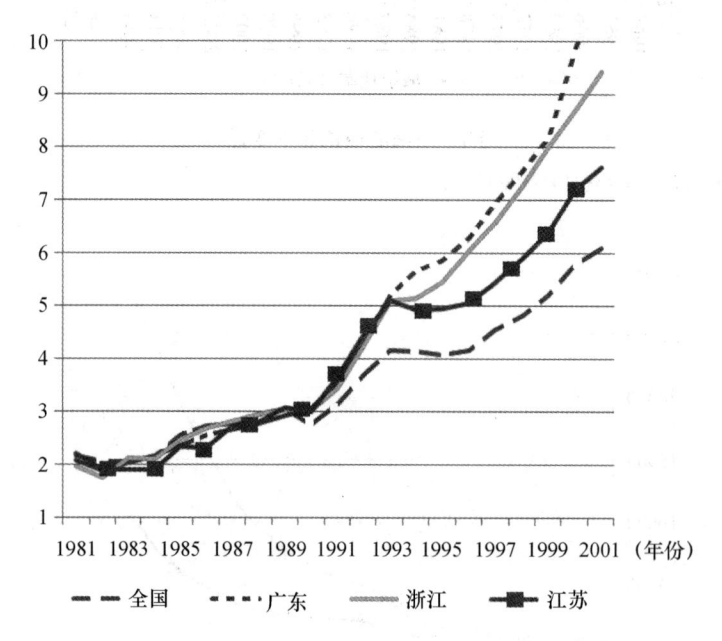

图10 双三角洲省份的二、三次产业与农业之比（单位：%）

资料来源：国家统计局/IPP整理。

在双三角洲地区城镇化的过程中，一个突出的现象即是所谓的"百强县"集中——即国家统计局发表的全国范围内GDP最高的一百个县级单位中，江苏、浙江和广东三省占了约2/3。在国家统计局进行这一统计的时间段内（1991—2005年），可以观测到：在20世纪90年代早期，江苏、广东的一些县级、乡镇级城镇在地理上的扩张，使得它们和周边的大城市融合了（如：江苏锡山与无锡市区合并，广东番禺与广州市区合并，浙江余杭则与杭州合并）。因此，广东和江苏在"百强县"中数目的减少

（见图11），反映了这两省部分地区的城镇化进程中，小城镇边界的扩张已经使得原有城市在地理上发生融合（浙江则因为地理上的原因，浙南城市难以出现融合）。

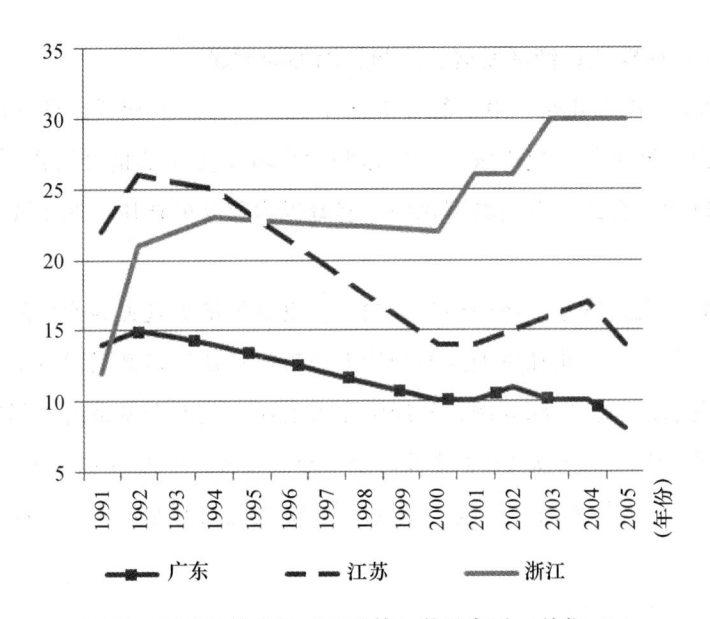

图11 双三角洲省份"百强县"数量变迁（单位:%）

资料来源：国家统计局/IPP 整理。

因此。在珠三角早期工业化过程中，劳动力密集型产业集聚的主要载体是小城镇：这种集聚化是以外向型经济为主体，湾区中小城镇（最显著的例子是80—90年代的"广东四小虎"[①]）为地理载体的。这种城镇化发生时，粤港澳地区大陆区域的大城市除深圳外，都在很大程度上还由计划经济控制，因此，小城镇事实上绕开了计划经济体制，也绕开了大城市，直接与港澳连接：珠江东岸的"前店后厂"模式代表了直接由港澳台（早期以香港为主，自90年代起台湾开始进入这一地区）提供技术和资本的工业化模式，而西岸的顺德模式则是从港澳学习技术和管理，以乡镇企业的形式进行工业化。这一特点使得本地区的小城镇在经济上与广州

---

① 即当时的东莞、中山、顺德、南海，其中顺德和南海现已并入佛山市区。

等大城市的联系越加脱钩。也正是因为经济制度上小城镇更具灵活性,在产业技术和管理上则又和港澳台连通,广州等大城市很难通过成为制度和技术提供者来确保其在本地区的经济中心地位。

(三) 环珠江口湾区发展:广州、深圳的崛起

从 90 年代末开始,中国的城市化开始了一种新的模式,即 300 万以上人口大型城市的迅速扩张,和以这些大型城市为中心的经济圈的兴起。环珠江口湾区在这一轮的城市化中,起着极为重要的作用,这主要有两个原因。

首先,大型城市扩张中最有影响的,也是经济表现最为耀眼的,莫过于北京、上海、广州和深圳这四个特大城市,环珠江口湾区即占了其中的两个。我们以北上广深为例,从经济比重上说,这四个城市占中国经济的份额从 90 年代末开始快速增长,至 2008、2009 年才开始回落(见图 12)。以人口增长率而言,这四个城市从 21 世纪初开始涌入大量移民,人

图 12 北上广深在中国经济中的比重(单位:%)

资料来源:国家统计局/IPP 整理。

口增长加速（见图13，其中2005年前广州人口增长率受行政区划调整影响，不能完全反映其实际情况），在2011年左右才告放缓。几乎在大城市人口迅速增加的同时，以住宅为代表的城市资产价格也迅速上升（见图15）。

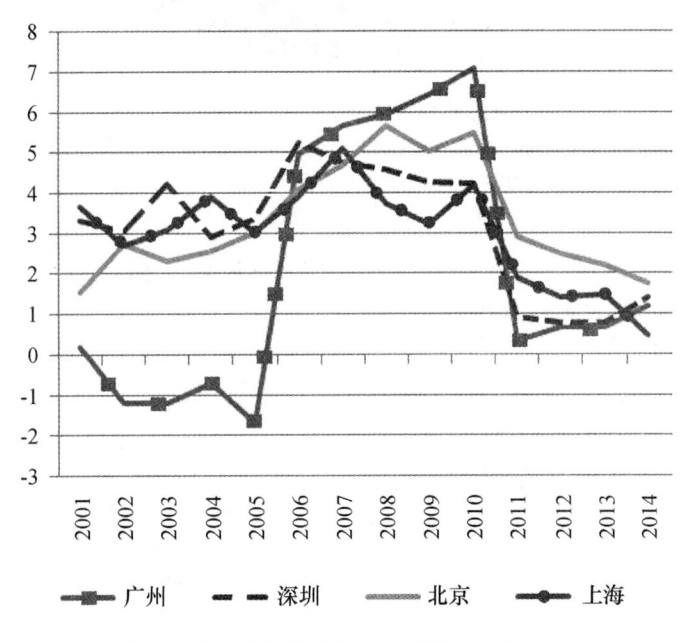

图13 北上广深的城市人口增速（单位:%）

资料来源：国家统计局/IPP整理。

其次，90年代末以来大型城市扩张的基础主要是大型城市的经济腹地，而环珠江口湾区通过早期工业化和城镇化，在整个中国制造业占有不可或缺的份额，这使得它有能力、有资源来确保以广州、深圳为首的大城市的发展。以集装箱吞吐量为指标的话——主要的工业制成品的运载手段——就可以发现，包括香港在内的环珠江口湾区港口的集装箱吞吐量超过了我国集装箱总吞吐量的1/3（见图14），与长三角环杭州湾地区的集装箱吞吐量相仿，但后者的经济腹地横跨江浙沪三省，面积是环珠江口湾区的4倍以上。

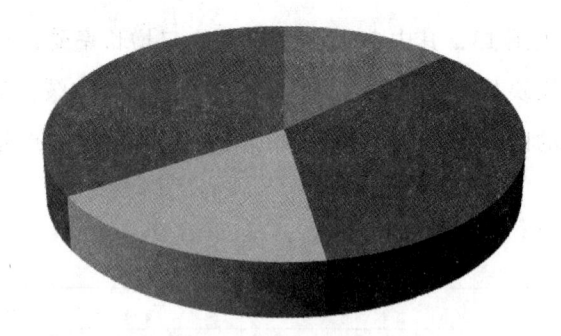

- 其他地区集装箱吞吐量占比
- 长三角集装箱吞吐量占比
- 环渤海湾集装箱吞吐量占比
- 环珠江口湾区集装箱吞吐量占比

图 14　主要湾区集装箱吞吐量占比（2015）（单位:%）

资料来源：国家统计局/IPP 整理。

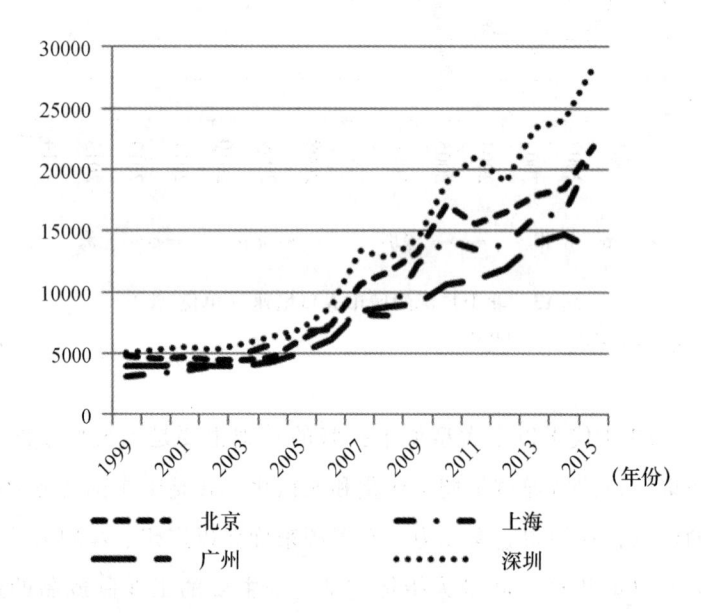

图 15　北上广深城市商品住宅单价（单位：元/平方米）

资料来源：国家统计局/IPP 整理。

（四）环珠江口湾区区域经济的整合任务

无论是八九十年代环珠江口湾区小城镇的兴起，还是之后广州、深圳的崛起，都是本区域在经济发展和城镇化过程中的必然现象。在这一过程中，整个珠三角及环珠江口湾区几乎都走在了我国的前端。从2008年金融危机后我国主要经济区块的复苏与增长情况来看，环珠江口湾区所在的泛珠三角区不仅在总体经济增长上保持了较高的增速，其占我国总体经济的比重也在逐年上升。鉴于环珠江口湾区是这一地区最重要的经济核心区域，也是构成泛珠三角共同市场的中心纽带，在整体上环珠江口湾区在当前国内经济环境上是有其优势的，环珠江口湾区建设处于有利的历史机遇期。（见图16）

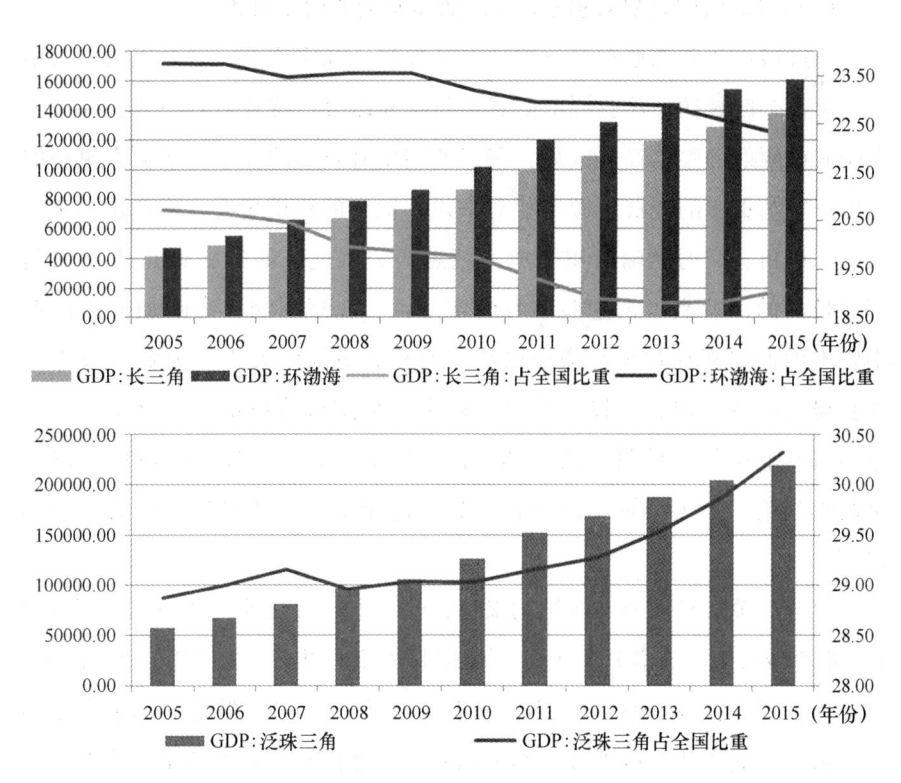

图16 我国主要经济区块增长及其占经济总量比重的变迁

（单位：左轴：万亿元，右轴:%）

资料来源：WIND资讯/IPP整理（此处经济区定义按照国家统计局及WIND数据库：环渤海经济区指京津冀、辽东半岛和山东半岛；长三角经济区包括上海，江苏的苏州、无锡、常州、镇江、南京、扬州、泰州和南通等城市，以及浙江的杭州、嘉兴、湖州、绍兴、宁波和舟山等城市；泛珠三角经济区包括粤闽赣湘桂琼）。

但是，从产业结构上来说，本地区既有产业的主体还是劳动力密集型产业，向技术密集型转型才刚刚开始，而且，产业的城市间分布差异非常明显，低附加值企业在中小城镇的聚集程度要远远高于大城市。因此，有必要厘清湾区目前所面临的问题和挑战，以及形成这些问题的原因。

四 通过区域经济整合实现环珠江口湾区新一轮的工业化

（一）环珠江口湾区的制造业：低端制造业比重过大

通过城市化和工业化来达成的经济发展，在实质上，就是以城市为中心，对某个区域的经济资源的配置进行重新组合。这种重新组合，能使得在受城市辐射的整个经济区域，都能使用更有效率的技术，从而有更高的产出，容纳更多的经济资源。相对来说，城市的规模越大，所产生的工资开支、地租、交通运输费用等成本就越高，因此，必须在城市内发展利润率较高的产业来抵消这些不利因素。由于在高利润、高附加值的产业中资本的回报率往往呈现递减趋势，而只有更高的人均人力资本投入才能获得更高的产出，所以发达经济体中大型城市的最重要特点就是，制造和服务业中较为低附加值的部分被转移到了城市之外，而城市保留的是高附加值、高人力资本的项目，如制造业中的设计部门，或是金融部门等。

但是，单从目前的产业结构来说，除香港、澳门外，环珠江口湾区的9个主要城市都存在着较大比重的低端制造业。以二、三产业占城市GDP的比重而言，这9个城市普遍的比重都略低于5∶5。但是，如果观察第二、第三产业的从业员工数，则可以发现，除广州外，即使工业企业员工数量较少的深圳、珠海，其工业企业员工数占二、三产业员工总数之比也在60%左右，而东莞、中山等城市则普遍在80%左右乃至以上（见图17）。考虑到广州、佛山、珠海事实上的经济整合度已经非常高，如果把广佛珠视为同一经济体，那么广佛珠工业企业员工数占比也接近60%，远高于工业企业占GDP的份额。

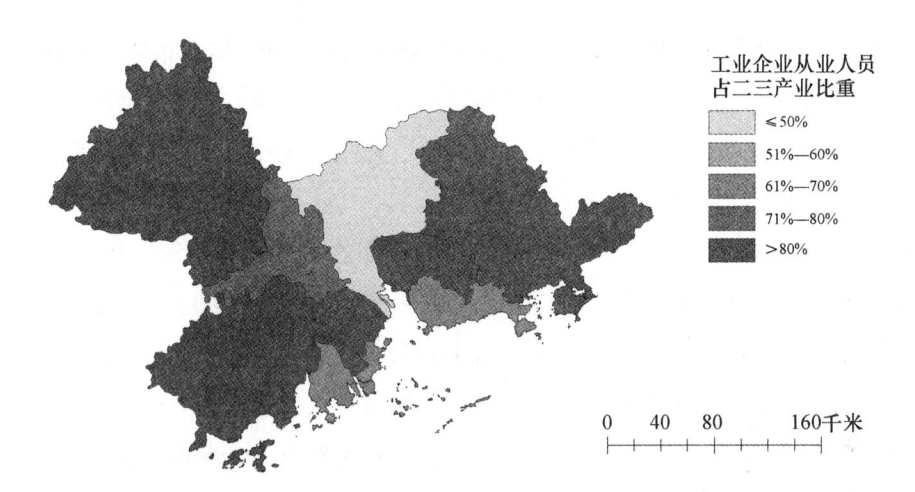

工业企业从业人员
占二三产业比重
- ≤50%
- 51%—60%
- 61%—70%
- 71%—80%
- >80%

图17 环珠江口湾区工业企业从业人员数占比（香港、澳门除外）
资料来源：广东省统计局/IPP 整理。

工业企业员工数量偏大，说明在整个工业部门单位产出过低：在一个较为理想的城市经济中，城市内的工业只有极少制造端部门，而集中于设计、研发等高附加值部门；从人力资本的配置上来说，城市内的工业企业应该是具有较高的人均人力资本，因而具有较高的单位产出。高人力资本意味着存在收益递增的技术，或者说能使得企业更靠近产业成本 U 形曲线的底部。而环珠江口湾区这些主要城市的情况则与此相反。

从历史和比较的角度看，首先，历史上在进入近代之前，欧亚大陆与北非都存在过不少人口达到十万、数十万的大城市，但是这些城市的产业扩张以简单的规模扩张、增加企业（作坊）数量为主，其中，能够达到工业革命前夕苏格兰、英格兰工业发展和分工水平的寥寥无几。其次，近代以来，发展中国家的城市人口也迅速扩张——很显著的例子就是东南亚的法属殖民地城市，其繁荣一直持续到 20 世纪六七十年代——但这些城市由于没有较高水平的工业部门，产业结构处于工业化的初级阶段。因此，当环珠江口湾区建设与新一轮的"振兴制造业"思潮相重叠时，有必要厘清环珠江口湾区需要何种制造业，以及现有的产业结构是受到何种因素影响而成形的。

(二) 锁定产业结构的隐忧：地区产业结构固化和大城市重新工业化

环珠江口湾区内有多个大型、特大型城市，但区域内主要大型城市对现代城市转型和区域经济发展都并无规划，使得产业经济的主体被锁定在湾区。这种锁定是有双重意义的：

首先，是以制造业为主的工业产业被局限在了珠江三角洲。从20世纪70年代开始，香港就开始了去工业化进程，这一过程因中国大陆，特别是珠三角的开放而加速，因此，香港是粤港澳地区大型、特大型城市中首个完成现代城市转型的，香港的转型意味着香港的工业产业从香港转移至珠三角地区，这在当时对于整个湾区来讲都是资源的合理化配置。但在中国改革开放高速发展了30多年后，除香港外，环珠江口湾区的另外两个核心大城市广州和深圳分别在第二产业中都有了相当大的比重，它们不仅对现代城市转型没有兴趣，而且在地方政府主导下，分别提出了将装备制造业（如广州的珠江西岸工业化计划）直接纳入到城区乃至核心商业区的重新工业化计划，还涌现了在城区直接兴建制造型产业园区的规划（如"广州开发区"项目）。以广深为榜样，周围的城市如佛山、珠海也纷纷提出类似计划。这种不断利用政府计划加强大型城市在第二产业，尤其是制造业的做法，延缓了城市的产业升级，使得制造产业无法从大型城市和现有核心工业区转移到要素供应更充足的周边地区，从而也就无法实现布罗代尔称之为由点到面的区域经济扩张。

以广深为代表的环珠江口湾区城市对工业，特别是制造业的特殊偏好，在长期内造成了产业结构和要素的锁死。由于珠江三角洲在地理上较为狭小（5万多平方公里），面积只有长江三角洲地区（21万平方公里）的约1/4，故而在80年代以三角洲地理边界为大致范围的第一次城镇化过程中，并没有形成如长江三角洲一样的较广大工业化经济区。由于制造业的主体通过政府主导的各种制造业强化计划被锁定在了地理上较为狭小的珠三角，造成了数个不良后果，其中包括劳动者技能偏低和用工荒、民工荒等突出问题。以劳动力为例：制造业的集聚使得在珠三角，特别是以广深为中心的地区产生了对劳动力要素的大量需求，这种需求的集聚在地理上非常集中，使得劳动力空间分布过密化，这就造成了劳动力流动的成本降低。低流动成本则使劳动力对价格敏感，地区间稍许的工资变动就会引起劳动力大面积流动，形成企业招工难。另一方面，从长期而言，由于劳动力对工资变动过度敏感，在珠三角地区形成了制度化的短期劳资关系，使得企业无法对一般工人进行中长期技术培训等人力资本投资，企业也难以进行需要一定人力资本积累的产业升级。

其次，由于周边地区缺乏必要的第二产业升级，而使得以广深为首的城市无法发展出可以与其城市规模相当的第三产业，第三产业持续低端化。现代大型、特大型城市的产业是以高人力资本为特征的服务业和第二产业，换言之，是能服务于区域经济的高端服务业（例如金融、会计、法律和商业）和高技术产业（例如工业设计、建筑规划）。这些产业和相应的制度能够在市场机制下起到媒介作用，使得地理意义上的区域内经济可以远距离整合，而不需要企业自己进行产业匹配。但是，广深（以及环珠江口湾区内多数大城市）在地理上和制造业基本重合，这一格局从80年代初以来未曾改变，这种产业格局虽然一方面减少了企业进行市场活动的风险（产业上下游往往集中在一个区乃至一个街道中），但另一方面使这一地区的经济失去了区域整合的必要性，使得工业，特别是制造业在地理上无法离开所在的城市，离开以后就没有配套的其他企业、经济制度和基础建设。

（三）区域间产业的整合与经济发展

从区域经济的角度看，经济区域的表现取决于城市群的类型。当城市群本身的经济具有封闭性时，城市无法将其现有的产出水平扩散到城市群的周边地区，就会产生出城市群与周边地区的收入/产出悬崖，人均收入/产出在从都市区进入到非都市区的地理边界上，会发生快速的下降。这是发展中国家经常可以观察到的一种现象的扩大版本：城市的核心商业区景观和发达国家几乎雷同，但是离开核心商业区数十甚至只有数公里后，不仅高质量住宅和商业建筑会消失，连基础建设和基本的水电供应都会成问题。这种现象在形成了城市群之后，仍然存在，例如印度新德里—德里城市群的东侧即是印度最贫穷的北方邦。相对地，开放性的城市群经济则可以将产出水平扩散到地理上而言相当大的经济区域。以欧洲为例，在整个西欧，核心城市群的外围与核心区域的产出差异不大，在扣除地租等区域型成本差异后，这种差异则更小（见图18）。

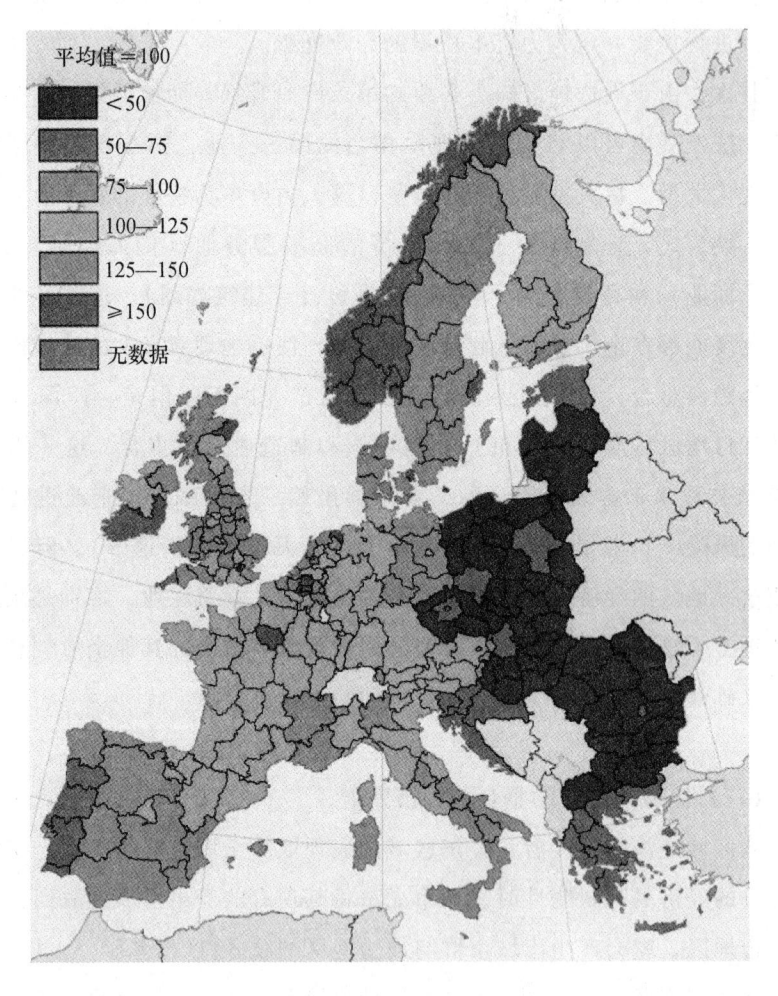

图18　欧盟和英国的人均雇员产出

资料来源：欧盟统计局、IPP整理。

因此，在存在现代产业结构的情况下，必须由制度保障来激励产业结构在经济区域内扩张，解决产业技术无法从城市或城市群的地理边界向外部扩散的问题。这一现象在当代的发展中国家也非常常见，以中国为例，从20世纪20年代开始到50年代中期，上海在轻工业上有着绝对性的技术优势，但是，除了周边的两三个小城市之外，上海只能在其本土上进行工业化，它的这种技术优势也就无法转化成长江三角洲或是整个长江流域的现代化动力了。从整体上说，在很长一段时间内，上海的周边地区缺少现代意义上的劳动力市场、产品市场和产权交易市场，而要保障这些市场运行良好所必需的制度只存在于上海地区的租界中。

（四）珠三角城市经济的整合：特大城市与周边城市

如上所述，在进入21世纪，特别是美国次贷危机后，广州等大城市一方面通过重新工业化等手段与小城镇在要素市场上发生竞争，另一方面还通过房地产、金融等产业对小城镇收取经济租金，产生了抽血效应。这种竞争的后果对环珠江口湾区的主要经济体都产生了不良影响。对于小城镇而言，广州等大城市重新工业化和第三产业普遍低端化给他们带来了不必要的要素竞争压力；在这种态势下，由于大城市在基础公共建设、社会保障等方面有绝对性优势，小城镇又面临着因为大城市公共资源优势产生的向大城市的人口外流，以及随着城市间移民产生的经济资源外流。

大城市和小城镇的这种低水平竞争在两个方面存在着重大隐忧。首先，可能会产生地区间以邻为壑的竞争。历史上城市之间由于产业利益的冲突——比如早期威尼斯和热那亚之间为了争夺市场发生的旷日持久的斗争——而导致了经济上停滞不前的例子非常多。进一步地，这种敌视造成了经济上的地域主义，这对于今日的香港与内地的关系、台湾与大陆的关系都会产生较深远的影响。其次，是制度和技术的相互封闭。就像上面例子中意大利北部城市一样，虽然各个城市都有各自独特先进的制度和技术，但由于互相之间的产业对垒状况，使得这些制度和技术在当时的意大利北部地区并没有得到很好的扩散。这种技术和制度上的孤岛状态，导致了这一地区工业化的成果——比如佛罗伦萨的羊毛业——无法扩散，而早期工业化所得到的财富则被用来维持这种城邦的孤岛状态，更加剧了经济和社会资源的内耗。环珠江口湾区城市要解决这两个古老但现实问题的困扰，必须重新思考现代经济中城市化和工业化的意义，以工业和城市的转型来实现本地区新一轮的高水平工业化。

五 具体建议

很显然，环珠江口湾区的经济与社会处于快速发展阶段，充满可塑性。湾区建设的最大目的在于打破地区间的各种经济、社会与行政壁垒，以务实的方式来实现地区间的协同发展和要素市场的高水平竞争，更高效地进行产业与城市升级。

第一，由中央牵头领导，设立专门机构进行前期研究。

环珠江口湾区项目必须超越广东省而提升为国家重点项目。珠江三角洲的发展在80年代沿海经济特区建设的时候有了重大的突破。深圳等地之所以能够突破重重困难，得到发展，进而影响全国各地的发展，主要是因为沿海经济特区建设是国家项目。此后，也有过很多项目，但最后都效果不佳，甚至不了了之。很多项目尽管也得到中央的支持，但最后都演变成广东省项目，甚至更小的地方项目。一旦让地方政府主导，项目就失去了视野，成为地方追求具体利益的工具。因此，湾区如果要实现前面所讨论的一系列目标，那么必须超越广东省，而成为国家项目。有一点是必须再次强调的，即湾区涉及港澳地区，关乎国家的统一（见图19）。

前期研究包括：

（1）环珠江口湾区11个城市的城市功能定位、布局及全面转型升级战略；

（2）总结归纳世界三大湾区（纽约、旧金山和东京）的经济、社会等各方面的发展经验，比较它们各自的竞争优势与劣势，提出环珠江口湾区短板改善和超越策略；

（3）深入研究中国尤其是珠江三角洲和港澳的实践经验与西方实践经验的对接、互联互通和融合发展策略；

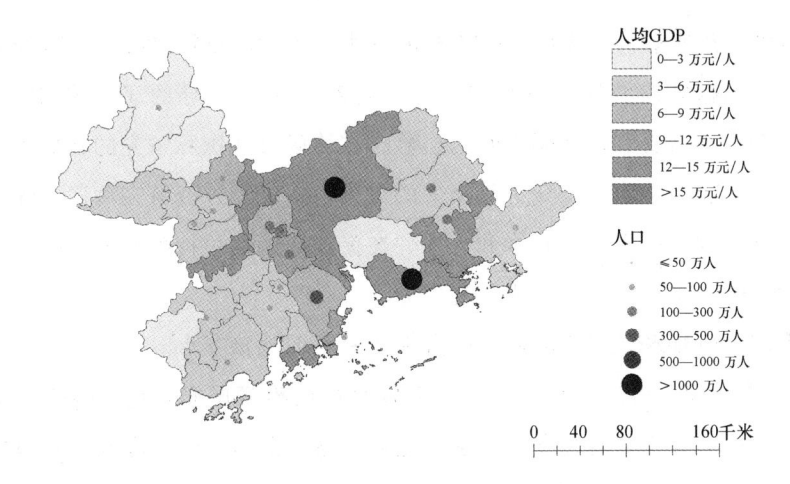

图 19　环珠江口湾区基本经济情况

资料来源：广东省统计局/IPP 整理。

（4）在中国共产党领导下，探索现代政府治理、经济治理和现代社会构建的策略；

（5）在专题调研的基础上，形成"环珠江口湾区经济的总体发展"规划纲要。

第二，深化珠三角和港澳经济协调。

需要积极处理珠三角和港澳间在经济发展上的协调整合问题，必要的情况下，可以考虑设立由粤港澳三地地市级别经济主管部门组成的常设性经济协调机构。从经济发展的角度而言，建设环珠江口湾区的提出事实上代表了我国经济建设的阶段性成果，以及将这一阶段性成果升华的需要。在过去的30多年中，环珠江口湾区的发展主要基于珠三角和港澳的良性互动：港澳以及国际上的资本、技术通过港澳向珠三角转移，促成了珠三角和港澳的共同发展。随着珠三角地区初级工业化的完成，以及珠三角人均GDP迈入2万美元，早期的"技术+资金"模式已经到了需要转型的时刻，珠三角和港澳都需要进一步深化各方面的协调，才能实现经济及社会的共同发展。

第三，国际自由贸易平台建设。

总结研究包括上海自贸区、天津自贸区、广东自贸区在内的现存自贸区的经验，思考这些自贸区为什么进展不大，如何可以得到改善。总结研究世界上高标准自贸区的设计和经验，尤其是美国主导的TPP和TTIP。有机整合中国自身和国际两方面的经验，在湾区打造国际领先的自由贸易区，不仅可以阻止目前外资大量流失的势头，把优质外资留在湾区，而且可以吸引新的外国资本、技术和人才，在促进我国的可持续经济发展的同时大大提升我国在国际经济中的竞争力。

第四，将环珠江口湾区建设成为一带一路的战略支点。

"一带一路"倡议的实施，迫切需要解决在沿海国家与地区能否建立战略支点，何处建立战略支点，如何建立战略支点等问题。国家要通过战略支点建设来撬动中国新一轮对外改革开放。广东自贸区是"一带一路"的国内战略支点，具有重要的外向功能，需要与国际战略支点互联互通。广东自贸区尤其是环珠江口湾区可通过签订自贸区合作协议、投资协定、货币互换协议等合作方式巩固作为国际战略支点的国家和地区的双边经贸关系，扩大政治互信、经济互惠基础，为国家破解美国TPP协定提供一种有效的工具选择。这方面，广东要勇于承担国家赋予的重任，先行探索在沿海国家和地区（如东南亚和南太平洋）等建立国际战略支点的重任。

第五，以自贸区为契机，把湾区建设成为供给侧经济改革的典范。

可以通过各种政策创新把湾区建设成为供给侧改革的典范。一是政府及垄断行业向市场让渡空间，政府加快实施投资负面清单及行政审批制度改革，推动包括金融、证券、信托、保险、租赁和基金管理机构等许可牌照发放在内的改革措施。二是法制环境的供给。建议通过地方立法设立改革保护条例，保护改革者的尝试，区分改革试错与个人责任之间的关系，建立新型政商关系以保护地方政府决策者与企业家的改革创新精神。三是加强社会事业供给，加强养老、教育和医疗社会组织建设，帮助年轻人减轻"上有老、下有小"的负累，使年轻人能够预见未来的美好而甩开膀子大胆创新创业。四是以发展服务业为主，加强制造业升级技术及方法的扶持政策提供。一方面从香港和澳门有选择地引进服务业，加快湾区服务业发展，另一方面发挥香港和澳门在湾区企业"走出去"的门户作用，为湾区企业构建国际化分工网络服务。

第六，实施国际化战略，重点培养一批中国的跨国企业。

对湾区企业来说，参与湾区区域合作，把握国际化机会，是自改革开放、加入WTO之后发展外向型经济的第三次机遇。目前，湾区正处于国际化的战略机遇期。在中国经济更全面地与世界经济融合，环珠江口湾区发展水平高于我国平均水平的情况下，企业既有条件，也享有很强的激励"走出去"。同时，环珠江口湾区在中国积极设立亚投行、推进"一带一路"倡议中都处于桥头堡的地位，更应该积极把握这个机遇，创造条件、鼓励企业国际化，培育、孵化以环珠江口湾区为基地的一批知名跨国企业。

第七，构建现代的湾区产业体系和公共服务体系。

建议以全球视野、国际眼光，高标准高起点谋划适合"环珠江口湾区经济发展"的现代产业体系和公共服务体系，既注重提升生产性服务业以提升作为中心城市群的服务功能，又注重巩固和提升全球制造业基地的地位，抢占全球价值链的高端和全球战略性产业控制权，引领"中国制造"向"中国创造"转变，"中国产品"向"中国品牌"转变。同时，以构建湾区现代产业体系为抓手，搞好城市群之间、城市群内部的产业分工与合作，推进核心区的产业转型升级，同时组织好传统产业从核心区的有序退出和向内陆腹地的转移，扩大珠三角核心城市圈的产业辐射范围，将珠三角腹地的自然资源、土地资源、劳动力资源进行高效的开发和利用，促进区域协调发展，实现湾区与泛珠三角区域的双赢局面。同时，把湾区的公共服务水平和居民的生活质量迅速提高到世界一流湾区的前沿。

第八，研究和有序推进湾区不同社会治理制度的对接和整合。

在中央政府牵头下，我们要探索在粤港澳之间设立更加高效便捷的协调机制，并推动国家和地方立法，充分保障湾区经济活动的顺利进行，充分协调经济、法治与社会建设；进一步推进粤港澳地区的整合和融合，遏制和抵消香港地区新生分离力量的影响。这方面，可以深入研究欧盟在社会经济体制整合方面的经验与教训，探讨湾区各城市之间社会治理制度的对接和整合。可以从具体的经济合作项目开始，逐步扩展到湾区内部劳动力的自由流动、服务业的自由流动、政府所提供服务的自由流动，到最后的居住空间的自由流动。如果社会制度安排方面得到发展，那么必然可以大大减弱甚至消除香港的独立力量。社会制度安排首先向香港开放，等稳固之后，再逐渐向台湾开放。这样就可以把经济整合和社会整合关联起来，也就是说充分把经济整合的优势扩展到社会整合，这样就可以改变目前的局面，即经济越整合，社会（大陆和港澳、台湾）越分离。在社会整合的基础之上，为国家最终的政治统一创造和准备好经济社会条件。

借鉴国外城市建设经验
提高我国城市建设质效

黄铁苗　茅丽琴[*]

一　问题的提出

改革开放以来，尤其是进入21世纪以来，我国进入了高速发展时期，城市建设也不例外。人们有目共睹，我国几乎所有的大中城市中，多少高楼大厦拔地而起，多少人行桥、高架桥穿城而过，多少文化广场应运而生，城市面貌焕然一新。但毋庸讳言，不少城市在不断旧貌换新颜的同时，背后却存在着惊人的浪费现象。近些年来，主流媒体频频报道出大量"青壮年"建筑被拆除，这些建筑的寿命不到20年，有的甚至更短。仅仅在2015年末两个月内，就发生三起成本巨大的地标性建筑倒下的事件：天津开发的水岸银座65层高楼及名门广场项目被拆除，西安市118米高楼被爆破拆除，郑州2010年建成的天桥被整体拆卸。根据中国建筑科学研究院估测："十二五"期间，我国每年因过早拆除房屋导致的短命建筑的浪费就超过4600亿元，平均每天造成损失12亿多元，产生建筑垃圾增量约为4亿吨，新增碳排放量10%。眼见一座座数千万元乃至上亿元的

---

[*] 黄铁苗，中共广东省委党校经济学教研部教授；茅丽琴，中国平安保险公司广东分公司研究人员。

建筑,顷刻间灰飞烟灭,我们怎能泰然处之而无动于衷呢?建筑短命问题不仅是对社会资源及能源的浪费,同时还加大了日益严重的环境污染,对人类生存环境造成了严重的威胁,也日益成了中国当代城市发展建设中的突出问题。因此,严厉杜绝我国城市建设中的浪费现象势在必行,提高城市建设质效更是刻不容缓。在这方面,我们有必要借鉴工业发达国家的做法和经验。

二 相关研究综述

中国"短命建筑"现象频繁出现引起了学术界的高度重视,部分研究人员也针对城市建筑中的"短寿"现象提出了自己的观点与建议。作为本文的理论基础,笔者主要从城市短命建筑引起的问题与原因、解决城市建设浪费的对策、借鉴国外城市建筑的经验等方面进行简要概述。

(一)关于城市短命建筑产生的问题与原因

城市建筑短命现象是在当今我国经济社会高速发展时期所出现的一个难题,它反映出城市发展中的建筑寿命的非常态性。陈果(2007)强调了城市规划的短视导致短命建筑的产生;[①] 华哲(2008)提出地方政府对"破窗理论"的误解与滥用是导致"短命建筑"产生的原因。[②] 胡明玉等(2008)列出"短命建筑"现象的主要原因:政绩工程、面子工程及短视行为严重;经济发展速度太快,城市规划远远滞后;法律法规体系不健全;建筑"豆腐渣"工程屡屡出现。[③] 王城(2014)提出建筑短命的关键因素是:体质因素、建筑层面因素、规划层面因素。[④]

[①] 陈果、王游婧:《"短视病"带来"短命"建筑》,《广东建设报》2007年1月26日。
[②] 华哲:《"短命建筑"与"破窗理论"》,《中国文化报》2008年3月25日。
[③] 胡明玉等:《短命建筑引起的资源、能源、环境问题分析》,《建筑节能》2008年第1期,第70—74页。
[④] 王城:《建筑寿命的影响因素研究》,硕士学位论文,重庆大学,2014年。

(二) 关于遏制城市短命建筑的对策分析

我国学者从不同角度提出了减少城市建设浪费的建议。陈宁（2006）提出构建建筑寿命评价原则和评估模型，有助于改善建筑质量和延长寿命。[1] 陈建（2007）总结性地提出了延长建筑寿命的能源策略、生态策略、环境策略、社会策略以及技术策略的构建。[2] 胡明玉等（2008）从法律制度、借鉴国外经验等多个角度提出，应完善法律法规、建立严格的问责制，加大监督力度、发展建筑缮业，改善旧城建新城；[3] 王城（2014）运用因子分析法，从政府层面和建设单位层面提出相关政策。[4]

(三) 关于借鉴国外城市建设经验的研究

不少研究者利用出国访学机会进行实地考察，通过查找资料对比分析、总结部分发达国家城市建设经验。广州行政学院赴美考察团（2001）针对美国城市建设经验的启示，主要提出我国城市建设应制定合理的城市规划和提高法制水平两大建议。[5] 沈玉麟（2008）主要从国外城市合理编制规划入手，总结了国外城市规划的方法与经验。[6] 王春华（2008）从公众参与城市规划决策的角度介绍了美国与德国的情况，积极探索公众参与机制与反馈修改机制等。[7] 王丽薇（2015）从思想理念、城市规划、环境保护、监督管理四大方面总结了法国城市建设与管理的经验。[8]

以上作者关于我国城市建设存在问题及原因分析，提出解决问题的对

---

[1] 陈宁：《推广整体化设计延长建筑寿命》，《城市开发》2006年第1期，第42—43页。
[2] 陈建：《可持续发展观下的建筑寿命研究》，硕士学位论文，天津大学，2007年。
[3] 胡明玉等：《短命建筑引起的资源、能源、环境问题分析》，《建筑节能》2008年第1期，第70—74页。
[4] 王城：《建筑寿命的影响因素研究》，硕士学位论文，重庆大学，2014年。
[5] 广州市行政学院赴美考察团：《美国城市建设与发展的经验及启示》，《探求》2001年第2期，第76—78页。
[6] 沈玉麟：《国外城市规划的几点主要经验》，《规划与设计》2008年第2期，第27—30页。
[7] 王华春等：《国外公众参与城市规划的经验与启示》，《北京邮电大学学报》（社会科学版）2008年第4卷第10期，第57—62页。
[8] 王丽薇：《法国城市建设管理经验与启示》，《国际研究》2015年第2期，第251—253页。

策,总结国外城市建设的经验,对我国在"十三五"期间乃至更长时间内提高城市建设质效都有很大裨益。但是,如何切实解决我国城市建设中的严重浪费问题,我们不能就中国论中国,需要借鉴和学习工业发达国家的做法和经验,而在这方面,我国的研究十分欠缺。因此,本文对此专门进行研究。

三 国外城市高效建设的主要做法与经验

中国是世界上每年新建建筑体量最大的国家,也是浪费最严重的国家,平均建筑寿命只有25—30年,而国外建筑的寿命普遍高于国内水平,如英国建筑的平均寿命是132年,法国是102年,美国是74年,瑞士、挪威等约是70—90年。那么国外建筑长寿的秘诀是什么?

(一) 城市规划管理与决策过程科学性

1. 城市规划管理十分严谨

首先,城市规划编制保持超前性,避免反复拆建。在城市规划制定过程中,周密考虑城市建设发展的历史现状以及新建筑对周围环境的影响才编制规划,使规划具有一定的前瞻性与灵活性。在法国,普遍按照百年甚至数百年不落后的要求制定城市规划。许多城市发展至今仍然使用18、19世纪的规划,少有改动。其次,拥有合理的城市规划管理体系,避免利益冲突。在美国各个城市拥有独立规划管理的权限,联邦政府负责批准规划管理办法。政府通过用地管理办法,保护民众利益,防止市场因追求高利润而产生公共摩擦。最后,规划严格且详细规定城市各地区的用途与分类,听取各方意见。在日本,城市规划分类很详细,有专用地区、商业地区、工业厂区等,并且建筑各用途的比例、高度都有具体说明。都道府县听从并认可市规划署和国土交通大臣的意见,变更之处需要重新审议,重新调整。

2. 城市规划有严格的法律政策支撑

法律和制度是规划管理的基石。欧美国家重视城市规划法规体系的全面性和权威性。与国内的法律法规相比，美国政府对城市建设各方面提供法律制度保障，更加全面、可行和先进，尤其值得我国学习与借鉴。英国是早期建立城乡规划立法的典型代表，其中包括基础法规、附属法规和专项法规等完整法律体系。将城市规划纳入到法治层面上，有效阻止建筑因前期规划的并不合理而引起的拆除，从根本上制止了建筑拆除与建设随意性。法国巴黎的《城市规划和保护法》是国外最全面、最详细的城市建设法律体系之一，它详细规定了规划控制指标和参数，对古城区和老建筑的精心保护达到"苛刻"程度，比如不得擅自改变建筑风貌，不得私自新建或改动，坚持长期维护。以上都是国外先进的城市建设规划经验，严格的法律治理值得国内借鉴。

3. 民众共同参与城市规划与决策

城市是民众聚集并容纳各种生产与生活的地方，民众共同参与有利于城市规划决策的实用性。美国城市规划的编制过程非常透明，依照"自下而上"原则，民主化决策程序在此过程起着关键作用。每个规划必须要有民众参与，他们有权决定土地的开发与利用。德国有法律规定："在制定城市空间规划时必须有公众的参加或者参与。各种城市规划设计方案在议会最终审批前，都要对市民公示，听取公众意见，真正意义上体现城市规划公开。"在英国，在规划工作的重要环节都体现出人民群众参与规划的做法，法律规定有关部门必须留出40天以上的时间，提交给当地有关部门和个人进行评价，评价之后应根据公众的意见做出适当的修改。比利时在城市规划和建设全过程中，都要倾听人民的诉求与意见，所有新建筑都必须经过公众的认可才能够建造。可见，民众参与城市规划的做法也是国外城市建筑长寿秘诀之一。

（二）城市建设中监督与违规惩处十分严格

1. 国外城市建设的监督体制相对完善

严格的监督是城市建设中最重要保障，没有监督与落实，再好的城市规划建设都是不安全的。其中，美国、德国与英国对工程质量的监管最具有说服力。在美国，任何工程项目在动工之前一定要获得有关部门审核颁发的施工许可证；在施工过程中，质量监管机构直接介入城市建设项目进行质检，在施工完成后，必须等到入住许可证书颁发之后，该建筑才能投入使用。在德国，政府部门采取间接管理对工程项目进行监管，由政府总工程建设部门委托或者授权给工程监督部门，该公司成员是国家认可的工程师，这类公司代表州政府有权对任何新建建筑进行必要的质量监督。此外，除了新建建筑的质量监督，审批监督也必不可少。在英国，对建筑工程审批监督检察的过程是全透明的，避免规划管理部门和政府在规划项目审批中出错或者失误。在规划审批中，若开发商向地方政府申请的项目被拒绝，那开发商可以向规划督察署提出申诉，该署将举办听证会，安排开发商和政府开展举证辩论，最后由规划督察署根据规划法、规划政策指导纲要等政策法规作出决定，每个过程都十分严谨。

2. 严格的违规惩处是保证城市质效建设的关键手段

通过严格的法律手段，把城市规划管理、安全建设纳入法制范围。美国各城市不仅法律法规非常健全，而且执法部门具有高效性和权威性。在城市建设过程中，不同监管执法部门分工明确，各守其位，只要是违反了城市建设相关法律法规，都必须接受法律的裁决，即使是总统也不能例外。在法国，则问责建筑师。只要在保质年限内出现问题，建筑师与施工方承担全部责任，对建筑师而言，权力与责任同在。如法国巴黎的戴高乐机场的顶棚坍塌事件，最终经严格审判，在保质期范围内由当年的设计师和施工方来承担责任。有了问责制，设计师与施工方对自己的成品更加负责，杜绝了对建筑物的粗制滥造，很大程度避免了"豆腐渣"等劣质建筑的出现。

（三）强调城市建设发展与生态环境相融合

城市建设与生态环境相融合主要是指城市整体环境和谐，自然环境在城市建设中得到有效的开发和利用，包含生态文明的理念。在法国，城市建设之前，有关部门必须到实地考察当地的人文历史情况，例如不可开发的自然保护区、天然湿地、保障粮食的土地都要保护在内，再根据考察结果编写城市规划。这种环保的理念可以归结成以下两点：一是法国政府和民众共同拥有环保意识。当地政府为鼓励非机动车出行，在道路两旁设有非机动车道和建临时存放点。二是城市规划建设包含敬畏自然的理念。任何的建筑物都必须是在原来的自然地理条件下进行，摒弃了摩登百货广场和宽大马路。坚持自然环境与城市相融合，呈现环境和谐的城市风光。同样，日本人崇尚"生态城市"的建设，将环保理念渗入城市规划、城市建设与城市法制化管理的全过程，力求实现人与自然、城市与自然的文明共生。政府出台详细的相关法律，群众能够严格遵循，与政府形成共同的环保价值观念，共同建立生态城市。因为他们清楚地认识到，物质财富的增加并不能改善生活质量，其根本在于健康的环境，这样才能保护每一座城市宜居、健康、和谐。

（四）重视对古老建筑的保护和修缮

对历史建筑的保护和修缮，不仅体现了对文化的尊重与保护，更表现出对城市记忆的完整保留。在美国非常注重文物的保护与价值观念传播，在青少年教育中融入保护历史文物理念，学校组织学生参观与学习这些妥善保护下的文物，大力开展宣传与教育活动，使他们的文化价值观得以代代相传。俄国早在1933年就通过了"关于保护开始文物及建筑物"的决定，1976年以法律的形式颁布《历史文物古迹的保护和利用》，包括在原来的基础上加大保护力度，对老城区改造要保证城市建设总体格局，不可擅自变动，恰是这种稳定性赋予了该国独一无二的魅力。在英国规划指导思想中处处可见保护意识，大多都是采取了与原来建筑、周围的环境相协调的处理方式。只要有历史价值的建筑均被登记注册并受到有效的保护，不论该建筑产权归属何人，都不具有私自拆建的权利。法国最早在1830年成立了"古建筑保护组织"，19世纪末出台了《文物保护法》，1962年颁布《马尔罗法》，是史上最早保护历史街区的法律。法国对历史文物保护主要也是通过强制手段，营造法治氛围，培养公民意识，使人们在潜移默化中形成保护文物价值观。

四 借鉴国外城市建筑经验，提高我国城市建设质效的途径

他山之石，可以攻玉。面对目前我国存在着城市建设严重浪费和大多建筑寿命问题，我们应该借鉴国外的先进做法和成功经验，提高我国城市建设的质量与效率。由于我国国情、经济发展水平、城市发展状况等具体实际情况与国外仍有很大差别，决定了我国并不能简单照搬欧美发达国家经验，而是要消化吸收其精髓，转变成符合我国实际的需要。

（一）保证城市规划的科学性与严肃性

1. 全面考虑城市实际情况，超前做好相对稳定的城市建设规划

相关部门制定好前瞻性的地区规划，是提高城市发展水平的关键因素之一。通过对比国外与国内部分城市建设的情况，会发现我们有的规划短时效应明显，比如部分城市刚建好的建筑与交通相矛盾，刚建好的道路一通行就拥堵、塞车，这说明有的规划不仅没有超前考虑，还存在滞后的可能性。因此，我们应虚心向国外学习规划的先进经验，不能局限于短期效益，适度做好超前规划，着眼于城市的未来发展，使城市发展更协调。此外，留白考虑也是城市规划的重点。对城市用地进行一定的规划保留，当该地区尚未完全发展或者城市规划尚不清晰的条件下，不宜对全部土地规划，以备不时之需。它不仅仅是对当前建设空间的规划，还是为长远发展做好提前准备的成熟表现。

2. 保证城市规划有章可循，杜绝官员意志

目前，对我国城市规划和城市开发控制大都是按照行政性条例或指令，城市总体规划和详细规划并不完全具有法律的约束力，仍然是以行政权力为主；有关行政领导的"指示"仍可号令一方。城市规划相关法律虽然对城市规划工作的若干方面提出法律规定，但是仅仅是一个对规划法的解释、补充等非规范性文件，这类非规范性文件常常削弱了法律本身的严肃性。因此，抓好城市管理工作重点在于完善法律，树立城市管理权

威，实现依法建市、依法治市，避免官员意识决定一切。同时，加大对官员的法制教育力度，规范政府做法，普遍增强法制意识，让城市建设走向法制轨道，形成良性循环。此外，目前我国许多城市，都想争做国际性大都市，有关部门编制规划时常常互相模仿、攀比，导致摩天大楼重复建设，缺少当地的建筑特色与文化，这是必须引起人们重视与深思的。

3. 增强公民参与规划制定的积极性，克服城市建设的随意性

公民参与城市建设规划有三点重要意义：第一，城市建设关系到多个利益团体的财富链条，民众积极参与其中有助于政府多方面考虑各方意见，能够减少官僚主义和腐败现象，从而有效抑制决策部门为了眼前利益反复拆建，遏制决策的随意性和不科学性。第二，有利于改善行政部门和群众关系，促进政府与群众双向、良性互动，促进城市的文明建设。第三，有助于在今后政府决策工作中与公众认可相统一的意向。2008年年初我国实行的《城乡规划法》虽然明确规定公民有权参与城市建设规划决策，但群众参与机制仍存在不足之处。对此，一是我们应该根据规定，以多种渠道公开该地区建设信息，让群众了解城市建设规划进程；二是大力完善公民参加城市建设的实施条例，该条例包含参与方式和渠道；三是加强规划基础知识的培训教育，增强群众决策判断能力，有助于培养民众的积极性。

（二）健全城市建设法律法规，加强监督与执法力度

1. 建立明确的法律法规，防止出现建筑寿命过短的现象

在我国，城市建筑短命的现象层出不穷，其中重要原因便是相关法律法规存在漏洞，缺少法律权威与强制性约束。因此要从根本上杜绝城市浪费现象，必须借鉴国外经验，将城市规划不合理的现象也纳入法律范围，使整治浪费行为有法可依，有法必依。中国工程院院士陈肇元教授就曾建议，国家有关部门要编制颁布"建筑物立项建造和长期使用管理"的相关法律，对建筑物的设计建造、长期使用直至最终拆除的各阶段行为和要求作出原则规定，其内容就应包括不同建筑物的合理使用寿命。因此，有关部门应尽快出台建筑物拆除的法律法规，不仅要规定拆除建筑物的合理

前提和合法程序，还要在拆除前对建筑的利用功能以及整体功能进行评估，只有不能正常使用才可允许拆除，以减少资源的损耗和减轻对生态环境的冲击。总之，通过这种强制手段约束并严厉打击随意拆除建筑的行为，禁止没有质量问题的建筑提前被拆毁，防止"早夭建筑"反复出现，促进整个城市建设朝着良性发展。

2. 构建施工质量监管机制，确保使用安全

在法律层面，我国关于城市建设方面的主要法律仍有不足，在内容上缺少对安全、环保监督方面的重视，在执行层面不具操作性、约束力与权威性，使行政法规成为摆设，严重影响了执法力度与效率。我们应借鉴国外监督程序，积极采纳基层部门执法反馈意见，及时修改不妥之处，做到职责分明，条款清晰，操作有效，进而开展严格监督活动，保证工程质量。在监督层面，首先，要完善建筑施工质量监管体系。这对于延长建筑寿命是极为关键的。应明确各部门质量监督机构的责任，改变以往官员意志的决策方法，形成依法监督管理的局势，由人治转向法治。其次，严格查处不符合规章制度的房屋建筑，在建造初期制止那些注定"早夭"的建筑，这能够有效防止建筑因前期不合理导致的拆除。同时，要避免不同主体监管，多头管理、职责不清等弊端；要通过行政部门实施城市建筑工程质量监督，保证公众的生命财产安全。最后，建立问责机制。建立当期政府官员、设计师、施工方与城市建筑寿命的紧密联系，在城市建筑保质期范围内，出现建筑的拆除和质量不合格等问题，分别追究政府官员、设计师、施工方的责任，健全监督机制。

（三）建设以人为本的生态城市，实现城市让生活更和谐

目前城市快速发展引发生活矛盾，大都市人口集聚导致地域摩擦、人文矛盾、生态破坏等问题。若不合理调控，继续无节制地扩张城市就会打破人与自然、人与人、精神与物质之间的平衡，进而影响城市发展动力与人民生活的质量。建设生态城市势在必行。对此，我们应响应党的十八大提出生态文明建设的总要求，落实十八届五中全会提出拓展发展新空间"发展一批中心城市，强化区域服务功能。支持绿色城市、智慧城市、森

林城市建设和城际基础设施互联互通"的要求，建设蓝天、碧水、青山、绿地的生态城市，尽可能保护群众的优质健康生活和生态环境，体现出以人为本的健康理念。因此，在城市建设发展中，要综合考虑地区经济发展状况、人文地理条件、环境特点等，将民族特色与城市建筑相结合，延续历史文化传承。此后，我国在发展一批新型城市时，要把以人为本的理念融入其中，满足居民精神需要，提高生活质量。在新城建设中要增加人们休闲娱乐场所比重，比如音乐文化艺术中心、图书馆、博物馆、纪念馆、市民休闲广场、旅游服务中心等都是新城不可或缺的建筑；更重要的是，要拒绝引进效益低、能耗高、污染重的产业，建设美丽城市。

（四）留住城市记忆，丰富城市建设文化内涵

城市是历史文化记忆的独特载体，留下兴衰成败的痕迹，保护古城是留存记忆的需要，是人类文明不断发展的需要。国外对古城、古遗址、古建筑的保护，早已扩大到对整个古城的保护，其发展趋势是社会越发展，对保护历史文化遗产的工作显得越重要。因此，我国必须加强传统建筑的保护。第一，保养与维修古老建筑。传统建筑再利用其实是一个物质的不断折旧过程。为了能有效防止古老建筑受损等问题，修缮显得尤为重要。在建筑使用年限内，需要多种可行的维修方案，再根据各个方案中涉及的维修成本、维修效果等方面来进行全面考虑，从中选择出最佳方案，延长传统建筑的寿命。第二，保护老字号、老城名称。老字号是在艰苦奋斗的漫长岁月中，饱经风霜留下的极品，它们是好质量的代名词，也是百年民间文化的沉淀。然而在现代经济快速发展，使老字号黯然失色，对此，丰富城市内涵，老字号的保护尤为必要，不能让它们在随波逐流中流失了独特的文化与"城市记忆"。同样，古城建筑名称随意更改是对延续城市人文历史的迫害，借城建或行政区划撤并之机，破坏历史文化名城原貌和完整的行为屡见报道，千年古城江陵就是典型例子。古城特定历史文化、地理位置的称号，无法克隆和假冒，随意改名是对城市内涵的破坏，更是对中国历史文化严重的不负责任。为了延续城市记忆，增加城市文化内涵，对老建筑、老字号、老名称的保护，人人有责。

广州成为国际城市创新领导者的可行性分析

刘慧琼[*]

　　创新型城市指的是将创新作为城市主要发展战略的一种城市发展模式，以自主创新为核心。创新型城市由产业创新、文化创新、基础设施创新、体制创新与科技创新等创新要素相互衔接与配合而构成，目的是推动城市经济与社会的持续协调发展使其成为一个完整的创新生态系统。创新中心城市具有创新基础雄厚、创新要素集聚、创新文化发达、创新活动频繁、创新氛围浓郁等显著特征，具备较强的创新枢纽的整合、聚集及辐射能力，能够有效驱动并引领区域发展。纽约、伦敦、硅谷、班加罗尔均是闻名的国际创新中心城市。我国的上海、青岛、大连、深圳等城市也均在努力建设创新型城市的道路上摸索。而广州作为改革开放的前沿阵地，早在2006年便提出建设国家创新型城市的战略构想。2010年，广州成为广东省第二座获批的国家创新型试点城市。广州毗邻澳门和香港，与海外贸易最频繁，地理位置十分优越，是珠三角城市群和经济圈的核心城市，是中国改革开放的最前沿阵地，是国家三大综合性门户城市之一。广州是国家的经济、金融、贸易、航运和会展中心，是中国南方的政治、军事、文化、科教中心，社会经济文化辐射力直指东南亚。因此，具备如此得天独

---

[*] 刘慧琼，中共广东省委党校行政学教研部教授。

厚条件的广州，应在更大程度上发挥出自身优势，努力成为国际城市创新领导者。

一 广州的创新载体与创新环境分析

具体来看，可从创新载体与创新环境两方面来探讨广州成为国际城市创新领导者的可行性条件。创新载体包括区位条件、经济基础和产业基础三部分内容。从区位条件上看，广州毗邻香港、澳门及东南亚，与海外贸易最为频繁，是世界著名的港口城市。广州是国家的经济、金融、贸易、航运和会展中心，是中国南方的政治、军事、文化、科教中心，是国家的综合交通枢纽，社会经济文化辐射力直指东南亚，具备得天独厚的极其明显的区位优势。从经济基础上看，广州的经济实力雄厚，作为改革开放的前沿性城市，广州经济的发展突飞猛进，经济综合实力跻身全国主要城市前三位。2010—2015年，广州五次被福布斯评为中国大陆最佳商业城市第一名。广州港口货物吞吐量居华南第一位、世界第五位。广州白云国际机场是中国三大国际航空枢纽之一。跨境电子商务规模居全国第一。广州正在形成国际、航运中心、贸易中心和金融服务体系融合发展的格局。从产业基础上看，广州大批的传统企业正加紧转型升级以提高其产品的技术含量和附加值。在传统三大产业基础之上，广州以新一代信息技术、生物与健康、新材料与高端制造、时尚创意、新能源与节能环保、新能源汽车六大产业为主体的战略性新兴产业集群已经建立，先后被国家发展改革委认定为软件、生物、信息、新材料、高技术服务以及综合性等国家高技术产业基地，被国家确定为电子商务示范城市和节能新能源汽车示范推广试点城市，各新兴产业已形成一定规模效应。

创新环境包含基础设施、科教环境及创新平台等内容。基础设施方面，广州一直按照国际先进城市的标准进行相关建设，在信息港、国际一流国际机场、轨道交通等基础设施建设方面均取得可喜成就。广州是我国大交通综合枢纽之一，地处珠江入海口，是我国千年不衰的世界著名的港口城市。广州交通骨架清晰、配套完善、网络发达、服务周全，已是我国重要的高速公路、城际轨道、铁路、高速铁路、航空及航运等大交通汇集的枢纽与国家综合性门户城市。21世纪以来，广州高快速路、城际轨道、高速铁路、大机场、大港口等大交通枢纽快速发展，使其作为华南和全国性大交通综合枢纽的地位日益提升，国家中心城市功能不断得以强化。2014年广州港货物和集装箱吞吐量分别居世界第五和第八位，机场旅客吞吐量居世界第十五位。同时，广州还是国家电信网三大通信枢纽之一、国际互联网三大核心节点之一和三大国际贸易出口之一。

科教环境方面，广州拥有各类学科特色的高等院校，科技资源与人才资源数量和质量与其他副省级城市相比均位于前列。广州作为国家自主创新示范区，汇聚了全省70%以上的科技人员、95%的博士、97%的国家重点学科、80%的高校，新型研发机构28家，工程技术研发中心813家，重点实验室337家，数量均居全省第一。广州已建成华南规模最大的科技企业孵化器集群，7家国家级科技企业孵化器被科技部评为优秀，数量居全国第一。广州天河二号超级计算机连续6次位居世界第一。

而近年来，广州不断加快各类创新平台建设，目前已基本形成了以国家级创新平台为龙头，省、市级工程中心为支撑，企业研发和成果转化为主体的技术创新体系。国家创新中心城市建设取得重大突破，国家自主创新示范区和全面创新改革试验取得重大进展，良好的创新生态环境基本形成，企业创新主体地位确立，涌现出一批创新型领军企业和新型研发机构，城市创新能力大幅提升，自主创新能力居全国前列。作为国家中心城市、综合性门户城市和区域文化教育中心的广州市，一直肩负着带动华南地区走创新发展道路的历史使命。广州经济社会发展水平较高，科教资源丰富，创新基础设施比较完善，完全具备成为国际城市创新领导者的有利条件。

二　广州建设国际创新型城市的成就与不足

广州市围绕落实创新驱动发展战略，加快创新型城市建设，积极推动科技与产业、平台、金融、知识产权、人才、民生相结合，深化科管理改革，推动产学研协同创新、科技企业孵化器和重大创新平台建设等重点工作任务，发挥市场对创新资源配置的决定性作用，提升科技创新对产业优化调整、城市转型升级的内生驱动力，力促稳定我市经济增长，实现提质增效，取得了显著成效。概括来说，一是创新型产业快速发展，并且正在成为经济发展的主要动力。其中，移动互联网产业集聚态势明显；软件和信息服务业发展迅速；生物与健康产业突破重点；电子商务发展迅猛；创意产业雏形初现。二是创新驱动产业转型升级。这包括电子信息产品制造业升级加快；商贸服务业转型升级有序开展；重大装备制造业稳步发展。三是企业创新创业势头有一定增强。其中，企业服务创新异彩纷呈；企业技术创新能力增强；创新型企业发展壮大。四是创新发展布局更趋优化。这包括技术服务与转移平稳发展；科技孵化网络日益密集；研发平台布局优化；产业集聚区稳步发展。五是创新基础条件日趋坚实。包括专利数量与质量双提升；知识创新成果突出；创新人才加速集聚。

不过，与此同时，在建设国际创新型城市方面，广州仍然存在一些不足之处，主要表现在三个方面。第一，广州拥有优势创新资源却未能释放应有的创新活力。有些广州企业虽然具有强大的企业制造力，拥有优势创新资源，却没能完全迸发出应有的企业创造力。如何将前者转化为后者，已经成为增强广州国际城市创新领导力过程中必须解决的一道难题。第二，广州原始性创新投入仍然偏少。R&D投入相对不足，该项经费支出在GDP中所占的比重仍然偏低，尚未形成以企业为主体投资的研发态势，总投入强度仍显不够。如何激发企业R&D投资热情，使得全市R&D投入强度与国际发达地区持平，这具有很大的挑战性。第三，高端创新平台仍然不足，高新技术开发企业尚未形成很好的价值链。虽然广州近年来倾力打造了各种高新技术开发区，开发区内也聚集了一批企业，但广州的有些企业依旧呈现散小化特征，企业之间并未形成很好的集群产业链或价值链，没有形成产业上下游之间的创新链，这对于长远的企业创新发展不甚有利。

三 广州成为国际城市创新领导者的发展方向

广州要更好地成为国际城市创新领导者，必须以科学发展观为指导，以加快国家创新中心型城市、建设成为国际城市创新领导者为目标，按照总体跟进，重点突破，壮大规模，发展集群的战略，突出科技引领和创新驱动，以重大技术突破为依托，以重大市场需求为导向，营造良好发展环境，充分发挥市场在资源配置中的基础性作用，发挥企业主体作用，加大政策扶持力度，加快将战略性新兴产业培育成为先导产业和支柱产业，坚持市场导向打破路径依赖，强化企业创新主体地位和主导作用，营造优良创新创业生态环境，推动创新驱动发展走在前列。

（一）建设国家创新中心城市

要不断提升广州城市创新能力，抓住科技创新这个关键驱动要素，统筹推进科技、管理、品牌、组织、商业模式创新，全面推进理论创新、制度创新、文化创新改革。坚持以破除体制机制障碍为主攻方向，重点推进从科技管理向创新治理转变，传统科技部门向发展部门转变，坚持以改革增动力，坚持市场导向，充分发挥市场在资源配置中的决定性作用；坚持开放增活力，用国际化的视野审视广州城市创新工作，以世界创新型城市为标杆，推进国内外和境内外的多方面合作，实现更高级别、更宽领域的全面创新。

广州应大力推进科技与产业、平台、金融、知识产权、人才、民生、国际合作七大领域相结合，明确将高新技术企业发展、企业研发机构建设、科技企业孵化器建设、产学研协同创新、科技金融等作为当前工作重点，努力实现财政科技经费及孵化器的倍增。在促进产学研协同创新方面，充分发挥广州校地协同创新联盟的作用，凝练重大创新需求，搭建"政产学研"结合的平台，继续实施广州市健康医疗协同创新重大专项。加大科技成果转化力度，支持龙头骨干企业和技术实力强的创新型企业牵头实施重大科技成果转化项目，突出企业在成果转化以及技术创新方向、技术路线选择中的主导地位。完善科技服务体系，创新科技服务模式。

集聚创新高端人才。围绕创新驱动发展战略和我市产业、科技实际需要，与市人才部门密切合作，通过引进、培养等多种方式，建设一支创新型人才队伍。积极落实现有各项人才政策，解决创新人才的后顾之忧，创造人尽其才、才尽其用的良好环境，激发人才的积极性和创造性。广州应努力探索发挥市场和政府作用的有效机制，大力采取激发创新者动力和活力的有效举措，积极寻求促进科技和经济深度融合的有效途径，摸索深化开放创新的有效模式。要全面推动产业、市场、企业、科技创新、产品及管理创新，系统提升广州在国家创新中心城市中的引领性能力。

（二）建设国际科技创新枢纽

近代以来，世界经济中心地位数度转移。仔细观察，一条清晰的脉络浮现：科技创新是支撑经济中心转移的强大力量，科技创新和尖端人才流向哪里，发展的制高点和新动力就转向哪里。作为国家中心城市，广州已成为代表国家参与国际产业分工合作和竞争的重要门户城市。要实现这一目标，唯有建设国际科技创新枢纽。

要发挥广州全面创新改革试验核心区和深圳创新型城市的创新引领作用，打造国际产业创新中心，推动形成珠三角各市创新驱动发展各有特色、一体联动格局，实施高新区升级行动计划，促进高新区集聚发展和辐射带动作用。广州将围绕建设国家创新中心城市，加快珠三角国家自主创新示范区和全面创新改革试验核心区建设，嵌入全球创新链条、融入全球创新网络，打造国际科技创新枢纽。今后广州将坚持市场导向打破路径依赖，强化企业创新主体地位和主导作用，营造优良创新创业生态环境，推动创新驱动发展走在前列。

科技创新是支撑经济中心转移的强大力量，科技创新的流向直接决定发展的制高点和新动力的方向。广州努力建设国际科技创新枢纽，并与国家航空枢纽乃至国际航运枢纽互为促进，形成深度互动。近年来，广州已深度嵌入全球创新链条，融入全球创新网络，在世界范围内集聚创新要素。

立足广州本土建设国际创新枢纽，着眼广州东部建设城市科技创新走廊，打造国际产业创新中心，加快发展资本密集型、技术密集型与知识密集型经济，从全球创新要素配置和新一轮国际产业分工中找寻动力。广州要从全球城市体系中找标杆，在国家大战略及区域发展中找动力，在全球发展要素配置与国际产业分工中找动力，这也是广州推进创新发展的指南。

2015年11月，第三届广州核酸国际论坛在广州举行。美国国家基因组研究所所长Eric D. Green博士，三位诺贝尔生理或医学奖得主——Jack W. Szostak博士、Craig C. Mello博士、Thomas A. Steitz博士及10余位全球生命科学核酸领域最具影响力的科学家及企业家齐聚广州科学城，探讨核酸科技领域的研究热点和最新进展。三位诺贝尔奖得主齐聚广州正是因为广州核酸国际论坛已成为行业创新风向标，而且广州生物医药产业军团已然位列前沿，足以参与全球创新。在此之前，新一期全球超级计算机500强榜单在美国公布，坐落于广州大学城的中国"天河二号"超级计算机连续第六度称雄。目前世界上正酝酿着第三次产业革命，其核心内容就是如何把信息技术的大数据向制造业、实体经济辐射。依托广州超算中心等平台带动，广州国际技术合作发展迅猛。近5年，广州国际技术合作平台从8个增至39个，世界级源头创新与产业化活动开始向广州汇聚。

广州今后应当继续加大引技力度。充分调动各区积极性，着力引进国内外知名科研院所和产学研合作项目。加强与欧美、以色列等科技先进国家和地区的交流与合作，积极"引进来""走出去"，进一步提高自主创新能力。构建和完善有利于自主创新的体制机制，推动产学研深度合作；以具有自主知识产权成果的开发和应用为核心，加强原始创新、集成创新和引进技术消化吸收再创新，全面推进战略性新兴产业发展再上新台阶。多层次、多渠道、多方式推进国际科技合作与交流。鼓励外资投向战略性新兴产业，提高国际投融资合作的质量和水平。积极支持战略性新兴产业领域的重点产品、技术和服务开拓国际市场。

建设国际科技创新枢纽需要建设优质创新载体。今后广州将立足广州高新区、中新知识城、科学城、琶洲互联网创新集聚区、生物岛、大学城、民营科技园等建设国际科技创新枢纽，打造国际产业创新中心，加快发展知识密集型、资本密集型、技术密集型经济。将广州高新区、中新知识城、科学城、智慧城、琶洲互联网创新集聚区、生物岛、大学城、国际创新城、南沙明珠科技城连成一线，建设形成广州科技创新走廊。

广州高新区将成为珠三角国家自主创新示范区的核心区，重在发挥龙头带动作用。中新知识城作为国家战略，将重点发展新一代信息技术、生命健康、智能制造等产业，引进一批高端创新人才，培育高成长创新型企业，深化与新加坡在科技创新、知识产权等领域合作，打造中新合作新标杆，建设成知识密集型产业集聚区、创新要素集聚区和国际创新合作平台。

基于全球互联网创新浪潮，琶洲互联网创新集聚区对标国际先进创新区域，促进互联网创新要素集聚，支持基于互联网的各类创新。下一步将重点引进一批互联网总部企业，培育一批本土互联网经济领军企业，带动互联网集聚集群发展。2015年以来，阿里巴巴、腾讯微信等互联网龙头纷纷抢滩进驻。

近年来，国际一流研发机构向广州汇聚态势明显。仅广州开发区、黄埔区便已有三星通信研究院、卡尔蔡司研究院等一批跨国研发机构落户，瑞士通标、英国天祥等二十多家国际检测认证机构也纷纷入驻发展；德国慕尼黑工业大学、新加坡南洋理工大学与华南理工大学共建的"联合研究院""中国—乌克兰巴顿焊接研究院"亦落户于此。

（三）坚持市场导向打破路径依赖

坚持市场导向，使市场在资源配置中起决定性作用；打破路径依赖，转变政府在创新创业活动中的角色定位，强化企业的创新主体地位与主导作用。破除一切制约创新的思想障碍和制度藩篱，激发全社会创新活力和创新潜能。推进创新型标杆企业示范工程，发展一批创新型领军企业，形成一批创新集群。推动大型骨干企业建立研发机构，突破一批关键核心技术和共性技术；培育大批科技服务机构与企业，成为新产品、新技术、新业态、新制度、新模式的先行地。

要探索进一步厘清市场和政府边界，明晰在推动创新中市场与政府的功能定位，既要充分发挥市场优化配置资源的基础性作用，使企业真正成为战略性新兴产业发展的主体；又要充分发挥政府对战略性新兴产业的推动作用，在政策法规、体制机制等方面营造有利于产业发展的良好环境，为战略性新兴产业发展建立良好的支撑平台。要进一步减少政府对市场的行政干预，建立和完善政府创新管理机制和政策支持体系。最大限度发挥市场配置创新资源的决定性作用，强化市场主体作用，加快推进市场准入、金融创新、知识产权等改革，构建技术创新市场导向机制。强化科技同经济对接、创新成果同产业对接、创新项目同现实生产力对接、研发人员创新劳动同其利益收入对接。

互联网产业在广州的强势崛起，正是市场导向的最好印证。继网易、微信之后，广州又陆续崛起 UC 优视、酷狗音乐、欢聚时代等一批互联网创新弄潮儿。依托市场驱动，大数据、云计算、互联网、电商及游戏动漫之间密切联系、相互交叉，创新业务涟漪般地延伸，最终形成了互联网创新生态圈。广州拥有一大批充满创新精神与创造活力的创业者和企业家，让广州有条件打破路径依赖。

（四）营造创新创业生态环境

营造创新良好生态环境。加大舆论宣传力度，在全社会营造浓厚的创新文化氛围，推动形成大众创业、万众创新的社会氛围。营造鼓励创新、宽容失败的人文环境，激发全社会的创新活力和动力。广州要着力营造优良创新创业生态环境，完善创新创业支持体系，解决科技金融产业深度融合"痛点"。实施"众创空间孵化器加速器"攻略将为创新发展供给优质载体。建立、深化产学研协同创新机制，大力引进国际一流高校和研究机构、人才合作设立分支机构或新型研发机构，推进应用型技术研发机构市场化、企业化改革，促进科技成果转化。建设创新共享服务平台，将大众创业、万众创新热潮引向深入，形成鼓励创新、宽容失败的社会氛围。

创业投资层面，可设立科技企业孵化器天使投资引导基金，按一定比例参股引导孵化器和社会投资机构，共同组建天使投资基金与种子基金，为在孵企业与项目提供融资渠道。建立孵化器风险补偿制度，设立专项资金池，对天使投资失败项目可按损失额的一定比例给予补偿。

广州营造创新创业生态环境将主要体现在市场需求为导向、多样化模式组建、企业化模式运作、多种主体投资，体现出研发模式集成化、运营模式柔性化、职能定位综合化等新特征。营造优良创新创业生态环境，使高端创新要素与资源逐渐向广州汇聚，托起广州建设国家创新中心城市、打造国际城市创新领导者的脊梁。

"21世纪海上丝绸之路"区域旅游合作研究

庄伟光　邹开敏[*]

"一带一路"蕴含丰富的文化旅游资源，而旅游业是一快速发展的服务型产业，其与国家的政治经济文化的关联程度、开放程度、创意程度都非常高。旅游合作能避开政治意识形态和法域差异，易达成共识，促进文化融合，不失为稳定区域社会政治经济的一剂柔性良方。提升区域旅游合作的形式与层次，实现区域旅游空间结构演变和区域旅游经济的协调发展，未来应该站在世界版图上实现旅游业创新—协调—绿色—开放—共享发展。按照开放发展的理念，预计到"十三五"末，中国有可能成为世界第一大经济体，通过开放型经济走向全球经济的中心大国，"一带一路"倡议将会得到集中体现。那么，在这样的大背景下，作为改革开放前沿的广东，旅游业发展的方方面面都将进一步与"开放"紧密相连，率先站在世界版图上实现全球资源参与全球配置。这要求我们更加自觉地梳理全球视野和战略思维，推进"一带一路"倡议的实施，尤其是"21世纪海上丝绸之路"的建设，与"海上丝绸之路"沿线国家对接，和沿线国家在政策沟通、设施联通、贸易畅通、资金融通、民心相通方面展开

---

[*] 庄伟光，广东省社会科学院旅游研究所所长、研究员，广东省政府决策咨询顾问委员会专家委员；邹开敏，广东省社会科学院旅游研究所副研究员。

互动，加快推进旅游转型升级，通过遍布全球的自贸区网络深化搭建的一座座桥梁，率先完成从产品"走出去"深化到服务"走出去"。这样才能使我们广东旅游业发展在未来竞争中立于不败之地。

一 "21世纪海上丝绸之路"区域旅游合作的重要性

"21世纪海上丝绸之路"旅游，是指以邮轮交通为主体，与国内沿海城市、港澳台及东南亚、南亚、东非乃至欧美国家合作，将海上丝绸之路沿线自然景观和历史文化景观作为旅游资源，共同打造长短多条国际精品"海上丝绸"旅游路线的总称。

"21世纪海上丝绸之路"旅游作为一个包括信息流、人员流、资本流等在内的一个立体的互联互通网络，有助进一步促进粤港澳台及中国与南海周边国家合作，甚至中国与太平洋、印度洋沿线国家的全方位合作，构建更广阔领域的共赢关系。通过5年努力，使我省在全国新一轮对外开放中的地位进一步确立，全方位、多层次、宽领域、高水平的国际交流合作新格局形成，开放型经济新体制基本建立，开放型经济综合优势进一步扩大，参与全球配置资源要素的能力和国际竞争的新优势显著增强。"21世纪海上丝绸之路"旅游线路的设计可丰富广东旅游的内容，提高广东旅游的文化内涵、文化品位和文化形象，扩大广东沿海各个城市在国内外的影响，提升对外开放的水平。

近几年来，随着旅游产业的大发展，拥有绵长海岸线的广东省，首次出台了滨海旅游发展规划，其中发展邮轮游艇业成为大量民众关心的焦点。目前，广东省沿海地区已建有8家游艇会及6个游艇游船码头，共有525个泊位，分别分布在广州、深圳、东莞、中山等地。同时，广东也开始加大力度推动邮轮旅游的发展，《广东省滨海旅游发展规划》提出培育游艇邮轮旅游。根据《规划》，广州、深圳将按照国际一流的标准规划建设国际邮轮母港，为到港乘客提供便利的交通、购物、餐饮、宾馆和通信等服务。但是，这些规划除了更多地推动了制造业及游艇俱乐部的发展之外，发展邮轮旅游和游艇旅游的实际性工作方面却很少，游艇线路和邮轮母港至今基本上没有任何进展。"21世纪海上丝绸之路"可使广东近年来努力推行的邮轮、游艇旅游得到实质性的发展，引领广东邮轮、游艇市场迅速朝着国际市场发展。

区域经济发展水平不均衡是广东的一个老大难问题。2013年7月，广东省委常委会议审议了《中共广东省委广东省人民政府关于进一步促进粤东西北地区振兴发展的决定》，提出促进粤东西北地区振兴发展，不仅关系粤东西北地区自身的发展，也是珠三角地区加快经济转型升级的迫切需要，是广东实现"三个定位、两个率先"总目标的现实要求。在旅游方面，从资源角度来看，珠三角地区的旅游资源只占全省的46%，品牌旅游产品也只占到全省的51%，但大部分的旅游资源却聚集在粤东西北地区。"21世纪海上丝绸之路"旅游对内可衔接广东省8条"海上绿道"，将旅游范围推广到广东的内陆纵深腹地，将粤东西北的各个景区纳入"海上丝绸之路"旅游线路中，形成黄金旅游带，直接可以推动粤东西北地区旅游经济水平的提升，从而推动粤东西北经济发展并助推广东振兴粤东西北战略的实现。

二 广东"21世纪海上丝绸之路"区域旅游合作的可行性

广东是中国海上丝绸之路文化资源非常丰富的省份，其文化遗产主要分布在广州、阳江海陵岛、湛江徐闻县等地，根据港口地理、主题与历史的关系，大体可分为：航海与通商贸易、宗教与多元文化、城市本身的历史三大类史迹。航海与通商贸易的历史遗迹主要包括：如最早的"海事"见证——南海神庙，明清时期珠江航道上的地标式建筑——莲花塔、琶洲塔和赤岗塔明清三塔，还有广州城标镇海楼。广州作为古代贸易港和通商口岸，拥有众多古代贸易旧址与遗迹，如目前广州仅存的丝织行业会馆——锦纶会馆，是清代广州丝织业盛衰的历史物证，而现存的清代广州行商花园、外国人墓地和巴斯商人墓地及蕃坊、怀远驿等遗痕，都是清代来华外国人经商和生活的缩影。此外还有著名的十三行、秦代造船工场遗址、粤海关旧址以及沙面西式建筑群等。在徐闻，始发港还有保存完好的中国最早航标灯座、航海八卦定位仪等古迹。阳江的"南海Ⅰ号"和汕头的"南澳一号"更是"21世纪海上丝绸之路"主航道上的珍贵文化遗产。汕头市澄海区的樟林港是宋代重要的商贸港，汕尾的白沙湖航段是古代海上贸易的必经之地，潮州市饶平县的柘林港是潮汕地区最早的对外通商港口，也是"21世纪海上丝绸之路"粤东第一港。宗教与多元文化遗迹主要包括：反映中西文化交流尤其是宗教文化传入的史迹，如广州的怀圣寺、华林寺、光孝寺、花塔、光塔等史迹。唐宋时期大批来华经商的阿拉伯人带来了伊斯兰文化，并在广州的蕃坊兴建中国最早的清真寺。这些文物古迹见证了佛教僧侣和伊斯兰教徒到广州传教弘法的事迹，历尽沧桑，千百年来屹立不倒。城市本身的历史文化遗迹主要包括广州的南越王宫、南越王墓、南越国木构水闸遗址、南汉二陵、北京路千年古道等，以及珠江古航道上的港口史迹。潮州广济桥是全国首座集梁式桥与浮桥于一身的启合式桥梁，其规模和结构技术为我国现存古代桥梁中罕见，反映了我国宋代造桥的最高成就。以广州陈家祠、潮州已略黄公祠、番禺留耕堂等为代表的祠堂建筑和以佛山祖庙、广州南海神庙、德庆悦城龙母庙等为代表的庙宇建筑，具有浓郁的地方特色。园林建筑保存至今的佼佼者有东莞可园、佛山梁园、番禺余荫山房和顺德清晖园等。民间建筑具有浓郁地方特色，有以广州西关大屋、佛山东华里、三水大旗头村、东莞南社村等为代表的单门独院式的粤中民居，以始兴满堂围、大埔泰安楼、深圳鹤湖新居等为代表的聚族合居的客家民居，以揭阳丁府、潮州许驸马府等为代表的装饰考究的潮汕民居。石湾南风古灶、高灶自明代至今延续使用，时间之长，为国内罕见。在徐闻始发港遗址南山港一带，发现有200多座汉墓及汉代生活遗址，大汉三墩遗址、侯官神座和龙泉古井等古迹。同时，广东还集聚了1个世界文化遗产、1个世界自然遗产、1个世界地质公园、3处国际重要湿地、7个国家历史文化名城、21个中国优秀旅游城市、9个5A级旅游区、11个国家级自然保护区、22个国家级森林公园、2个中国旅游强县，这些丰富的旅游资源加上独树一帜的岭南文化构成了广东

"21世纪海上丝绸之路"旅游纵深拓展的重要支撑。

广东是中国旅游第一大省，2015年全省实现旅游总收入10365亿元、同比增长11.8%；其中旅游外汇收入179亿美元、增长4.7%；接待过夜游客3.6亿人次、增长8.8%，其中入境过夜游客3447万人次、增长2.7%；全年旅游业增加值达4663亿元，约占全省GDP比重6.8%，占第三产业比重14%。广东是全国对外开放最发达的地区，先后和世界上200多个国家和地区在经贸、文化、旅游、教育等多个领域建立了联系，这一切都为"21世纪海上丝绸之路"旅游开发带来了有利的推广宣传、客源等条件，为广东提供了潜力巨大的海外游客市场。

广东与港澳台、东南亚地区的旅游合作已有良好基础，基本上已形成政府主导、民间推进的多极化、多层次旅游合作模式。2008—2009年，广东就分别与印度尼西亚、新加坡、马来西亚和泰国等东盟国家旅游管理部门签署了旅游合作与交流协议。部分东南亚、南亚国家对中国游客简化签证手续，实施落地签证或免签证。广州实行72小时过境免签，老外免签玩通全省。在旅游交通方面，邮轮旅游近年发展迅猛，广州南沙、深圳、珠海、湛江、汕头都提出建设邮轮港口甚至邮轮母港，且在沿海高速公路、潮汕新机场建成的基础上，沿海高速铁路、湛江新机场即将建设。在投资方面，惠州巽寮湾、阳江海陵岛、湛江五岛一湾、汕头南澳岛、汕尾红海湾等旅游民营投资大大增加，一批高星级度假酒店正在建设，粤港澳自贸区的推进，游客到广东感受"21世纪海上丝绸之路"旅游将更加便利，满意度更高。

三 广东"21世纪海上丝绸之路"区域旅游合作的突破口

广东开发"21世纪海上丝绸之路"旅游有三大突破口：一是邮轮旅游的发展，还需要扫清政策性障碍，目前投资商未能下决心大手笔投资广州建设邮轮母港，其中最关键的因素是政策还没到位。发展邮轮旅游，需要加强边检、口岸、海关、海洋、渔业等部门的通力合作，清除政策障碍，这是发展邮轮母港的先决条件。二是支持具备条件的港口转型发展，加快发展港口旅游业，建设邮轮母港，发展邮轮和高端游艇产业，为开发"21世纪海上丝绸之路"旅游做好准备。早在2012年，深圳太子湾邮轮母港工程已动工建设，未来这里将建成可容纳22万吨级大型国际邮轮停靠的母港，整个项目预计10年建成。三是加大力度推动《引发广东省滨海旅游发展规划（2011—2020）的通知》的执行力度，发展相关的酒店、餐饮、娱乐多个服务业领域，重点提升滨海观光旅游、丰富滨海休闲旅游、强化滨海度假旅游、拓展滨海运动旅游、开发滨海文化旅游、发展滨海节庆旅游、打造特色海岛旅游，为"21世纪海上丝绸之路"旅游提供丰富的旅游产品和完善的旅游设施。四是要迎合市场需求，立足广东，面向国际，紧抓国际、国内两大市场，遵循现代旅游营销理念，以营销机制创新、营销高端创意策划、营销经费保障等为抓手，推进"海上丝绸之路"旅游市场的开拓。

四 广东"21世纪海上丝绸之路"区域旅游合作的框架和构想

"海上丝路"是一条涵盖了海上交通、经济、政治、文化、历史、地理、科技、移民文化等丰富内容的东西方文明碰撞、交流之路。"海上丝绸之路"旅游具有跨城市、跨区域、跨国的特点，广东应立足旅游合作开发，由政府旅游管理部门牵头协调，市场化运作，积极探索尝试多元化投资结构，鼓励民间资本进入，采取"走出去，请进来"的双向线路策划和推介模式，开创"海上丝绸之路"沿线多城市、多区域和多国合作的模式。

（一）"21世纪海上丝绸之路"区域旅游合作模式框架构想

"21世纪海上丝绸之路"旅游联合开发模式，是指在多个城市、地区和国家之间开通多条由邮轮以及其他陆地交通工具串联起的远洋、近海、沿海以及内陆景点的旅游路线，整合丰富的海上丝绸之路文化资源，并通过拓展延伸、深度整合、发掘盘活,将"21世纪海上丝绸之路"周边或沿线的自然或人文景点联系起来,将城市、地区和国际旅游联系起来,游客可将沿海上丝绸之路的各种文化遗迹、民俗风情、乡村风光、自然风光、城市风光等一览而尽,大大拓展旅游的内涵、内容和空间。

(二)"21世纪海上丝绸之路"文化旅游品牌的分区打造落地方案

"21世纪海上丝绸之路"旅游应形成自然风光、文物古迹、民族风情、休闲娱乐相得益彰的体系。立足广东,围绕古代海上丝绸之路这一大主体,可形成四个各具特色的海上丝绸之路旅游区。

方案一:21世纪海上丝绸之路西线旅游区。徐闻、阳江、合浦(现划归广西)等地是海上丝绸之路始发港口,海南是船舶从广东出发向西前往印度洋和阿拉伯海的必经之地。长远观之,海上丝绸之路西线旅游区可以包括粤西地区(湛江、阳江、茂名)、广西、海南、越南、泰国、缅甸、印度、斯里兰卡、马尔代夫,甚至更远的阿拉伯海沿岸国家和非洲东海岸国家、欧洲地中海沿岸。短期而言,粤西地区作为海上丝绸之路西线旅游区的出发地,其旅游目标定位为世界著名的滨海度假旅游目的地。

产业发展:高起点规划,多元化投资。以广东海上丝绸之路博物馆(南海1号,又称"海上敦煌")作为该旅游区的龙头,将海陵岛、放鸡岛、湛江五岛一湾、徐闻大汉三墩等粤西丰富的滨海旅游资源作为主打产品,结合粤西地区的乡村旅游(如大澳渔村古村落)及旅游产业园区的建设,将湛江打造成为粤西地区的中心旅游城市。同时,拓展西行路线,加强广东与广西、海南以及越南、泰国甚至印度洋沿海国家之间的旅游合作,打造"古代丝路之旅"(沿途体验粤西、广西、海南以及东南亚、印度、阿拉伯、非洲等地区的风土人情)。

方案二:21世纪海上丝绸之路东线旅游区。按照古代海上丝绸之路从潮汕地区出发,向北通往福建和台湾、东亚、大西洋沿岸等地的线路,粤东地区(潮州、揭阳、汕头、汕尾、梅州)延伸至福建和台湾就形成了海上丝绸之路东线旅游区。粤东地区作为海上丝绸之路东线旅游区的出发地,其旅游目标定位为世界级潮汕文化和客家文化旅游目的地。

产业发展：突出"21世纪海上丝绸之路"中的文化交流部分，深挖潮汕文化和客家文化的内涵，主打潮汕文化游、客家风情游为两大旅游品牌。汕头、潮州、揭阳是潮汕文化的主要发源地，可辅以滨海旅游、侨乡文化和民俗文化，将其打造成世界潮汕文化之都。梅州有"世界客都"之称，结合乡村旅游、生态旅游和红色旅游，提升其知名度。加强与台湾的旅游合作，从粤东出发，可打造"文化迁徙与交融之旅"，再现潮汕、客家人迁徙台湾构成当地原住民的历史过程。同时，从台湾出发到广东，打造"台胞寻亲之旅"。

方案三：粤港澳旅游区。香港、澳门是古代船舶从广州出发向南前往东南亚地区、大洋洲各国的必经之地。香港是世界大都会旅游中心之一，有东方之珠之称；澳门的旅游业以博彩业为基础，东方文化色彩和欧陆风情兼备；广东历史文化悠久，名胜古迹众多，又得内地改革开放风气之先。三地旅游合作已于多年前开始，目标定位为世界知名旅游目的地，亚太旅游中心区。

产业发展：粤港澳旅游合作的重点是探索粤港、粤澳游艇出入境便利化措施，支持游艇行业开展进口游艇租赁业务，粤港澳三地邮轮旅游蓄势待发。三地应整合优势旅游元素，推出"一程多站"旅游线路，开发精品旅游项目，构建不同主题、特色、档次的多元旅游产品体系，旅游线路可涵盖"主题公园之旅""高端滨海度假之旅""休闲购物之旅""温泉之旅"以及"近代历史文化之旅"等。

方案四：东南亚丝绸之路旅游区。古代船舶从广东出发，向南通往越南、泰国、新加坡、文莱、菲律宾、印度尼西亚、马来西亚、东帝汶等国家，是古代海上丝绸之路最著名的一条线路。这一旅游区域充满异国情调、异域风景，目前已经开通一些邮轮航线，如新马泰邮轮游等。广东与东南亚各国可利用"海上丝绸之路"，共同打造面向国际游客的、更具东南方文化内涵的旅游品牌。目标定位为世界知名旅游圈。

产业发展：以"古代海上丝路之旅"为主线，游客沿着中国自汉代以来所开辟的海上丝绸之路航行，沿途有当年经贸交往的古老城镇，可体验多元文化，多样化的民族风情，加深中国与东南亚各国人民的相互认识和了解。打造"郑和下西洋之旅",欣赏沿线海洋风光,了解航海知识,体验历史的沧桑巨变。

古老的海上丝绸之路自秦汉时期开通以来,一直都是沟通东西方经济文化交流的重要桥梁。"21世纪海上丝绸之路"是习近平总书记基于历史,站在历史的新起点上,为进一步扩大对外开放,深化中国与东南亚甚至与亚非拉各国的合作而提出的战略构想。目前,打造"21世纪海上丝绸之路"虽存在一些风险和挑战,但应看到沿线国家加强与中国合作是大势所趋。广东应积极利用广东作为"21世纪海上丝绸之路"桥头堡的地位和自身华侨大省的优势,促进广东转型升级与"21世纪海上丝绸之路"战略的良好结合,以旅游业为先导产业,从现有区域旅游合作着手,大力推进"21世纪海上丝绸之路"旅游的建设,通过旅游把这些国家和地区串联起来,搭建友好对话的合作平台,实现国家"21世纪海上丝绸之路"的伟大战略构想。

广东自贸区与"21世纪海上丝绸之路"重要枢纽的融合发展：必要性与路径

欧 燕 王 曦[*]

一 广东省参与建设"21世纪海上丝绸之路"重要枢纽的内涵、任务

作为海上丝绸之路最早的发祥地，广东省是海上丝绸之路历史最悠久、港口最多、航线最长的省份，与海上丝绸之路沿线国家经贸往来密切，在"21世纪海上丝绸之路"建设中优势独特、地位不可替代。积极参与和推动海上丝绸之路建设，有利于促进经济转型发展，有效发挥广东作为打造中国—东盟自贸区升级版主力省的积极作用；有利于充分发挥自贸区有利条件，促进对外投资和贸易，加强与沿线国家在港口航运、海洋能源、经济贸易、科技创新和生态环境等领域的全方位合作。

（一）内涵

将广东打造成内外联通、陆海交汇、安全高效、开放包容的海上丝绸之路交通枢纽和国家门户，加快推进外联东南亚、南亚，内接周边及内陆

---

[*] 欧燕，中山大学中国转型与开放经济研究所副研究员；王曦，中山大学国家治理研究院研究员。

腹地的铁路、公路、港口与航运等通道建设，构建互联互通的服务体系，形成联通内外、便捷高速的海陆空综合大通道，为国家海上战略通道建设和推进"亲、诚、惠、容"的周边外交战略实施做出贡献。

（二）主要任务

提升广东省的国际影响力，以珠江三角洲为重点，打造具有交通、功能与文化等多方面内涵的"21世纪海上丝绸之路"战略枢纽，引领华南乃至泛珠三角地区参与全球化竞争。（1）构建泛珠区域紧密相连的一体化综合交通运输体系推动国家运输通道的贯通和扩容，强化跨省对接和协调发展，对接面向国家层面的中部纵向的满洲里—港澳台运输大通道、西向的包头—广州运输大通道、东向的沿海运输大通道。（2）形成陆海统筹、内外扇面的多向运输格局面向全球，以东盟为重点，构建生产和贸易组织中心，完善国际航空和海运网络。面向省域，建设产业链高端服务中心，强化国际枢纽功能建设，完善陆路口岸服务。（3）建设与港澳错位发展、优势互补的世界级机场群和港口群根据珠三角机场分布及容量拓展需求，完善优化机场枢纽体系，打造世界级机场群；完善港口集疏运系统，扩大港口腹地，支撑港口货物运输，增强港群竞争力。

二 自贸区与"21世纪海上丝绸之路"核心枢纽的内在联系

两者一脉相承，互相促进，广东自贸区的建设发展将吸引更多国家参与"21世纪海上丝绸之路"建设，"21世纪海上丝绸之路"的发展又将促进广东自贸区实现更深层次的改革开放。没有自贸区带来的贸易和投资便利，"21世纪海上丝绸之路"对周边国家吸引力不够；没有"21世纪海上丝绸之路"的基础设施建设，难以打造真正意义上的自贸区，难以实现自贸区的升级。

(一) 自贸区助推"21世纪海上丝绸之路"建设

广东自贸区的成立有效推动了海关进出口程序的简化、外商投资限制的减少和贸易便利化的提升。我国建设"21世纪海上丝绸之路"第一阶段的目标主要是扩大与东南亚和南亚国家间的贸易联系。2014年广东省对东盟进出口总额为1122.86亿美元，占全省进出口总值10765.84亿美元的10.43%，占全国对东盟贸易额的23.38%，与2014年广东省与美国1217.76亿美元的贸易额和与欧洲1250.06亿美元的贸易额相当。东盟国家中马来西亚、新加坡、泰国、印度尼西亚与广东省的贸易联系最为紧密，广东全省向四国出口总额占向东盟十国出口总额的67.61%。自贸区的发展使广东与东盟国家的外贸渠道更加顺畅，海丝沿线国家也能搭载广东省经济快速发展的列车，获取成本更低的消费品，利用广东省充足的资金完善本国的基础设施，增加外汇收入。

表1　　　　　　　　广东省进出口市场结构　　　　　　（单位:%）

	2000	2005	2010	2013	2014
出口总额	100.0	100.0	100.0	100.0	100.0
亚洲	53.5	53.3	55.3	63.3	60.2
#港澳地区	34.9	35.7	34.0	41.5	35.8
中国台湾	1.9	1.5	1.3	1.3	1.2
日本	8.4	5.8	4.8	4.1	4.0
东盟	4.6	4.9	6.9	7.2	7.9
中东十七国		2.5	3.8		
非洲	1.1	1.5	2.7	2.5	3.4
欧洲	14.9	16.2	16.4	12.8	14.0
#欧盟	13.7	14.0	14.7	11.2	12.4
俄罗斯	0.2	0.7	1.0		
拉丁美洲	2.3	2.4	4.5	4.3	4.4
北美洲	26.9	25.2	19.7	15.8	16.5
#美国	25.7	24.0	18.5	14.7	15.5
大洋洲及其他	1.4	1.3	1.5	1.4	1.5

续表

	2000	2005	2010	2013	2014
进口总额	100.0	100.0	100.0	100.0	100.0
亚洲	77.1	81.3	78.7	75.2	75.5
#港澳地区	6.8	3.4	1.8	1.5	1.4
中国台湾	19.3	16.3	13.2	14.8	13.0
日本	17.9	15.9	14.0	9.1	9.8
东盟	11.7	13.3	14.9	12.4	14.2
中东十七国		3.6	3.3		
非洲	1.0	1.0	1.9	6.4	6.4
欧洲	10.8	8.7	9.1	7.6	8.1
#欧盟	9.0	7.1	7.9	5.6	5.9
俄罗斯	0.8	0.7	0.5		
拉丁美洲	1.1	2.2	2.9	2.2	2.4
北美洲	7.7	5.3	5.1	6.2	5.7
#美国	6.8	4.7	4.4	5.5	5.1
大洋洲及其他	2.3	1.5	2.4	1.7	1.9

资料来源：根据《广东统计年鉴2015》计算得出。

（二）建设"21世纪海上丝绸之路"重要枢纽，推动自贸区升级

"21世纪海上丝绸之路"的建设重点在于沿海各国港口、码头等基础设施，实现贸易相通，建立升级版自贸区——区域自由贸易协定。未来自贸区的发展方向是建立类似东亚或亚洲的自由贸易体系，真正实现区域一体化。"21世纪海上丝绸之路"战略将在基础设施建设上给予保障，在规则和制度制定上给予更多的探索和实践。

（三）区路融合将促进国际航运中心东移

东移的趋势。南沙、横琴和深圳为我国重要航运中心，自贸区和"21世纪海上丝绸之路"重要枢纽的融合发展，将促进亚洲区域间贸易增长，形成亚洲国家间的港口群，带动亚洲金融系统的发展，形成新的定价、法律、仲裁规则体系，实现国际航运中心东移。南沙、横琴和深圳作

为我国重要航运中心，迎来重大发展机遇。

（四）区路融合将共同推动人民币金融贸易圈的形成

近年来随着基础设施的互联互通和贸易便利化的推进，广东省与"21世纪海上丝绸之路"沿线国家的贸易规模不断扩大，通过人民币进行贸易结算的需求不断增加。借助广东自贸区的各项优惠政策、香港国际金融中心地位和粤港澳金融市场创新发展，有利于进一步扩大人民币在海丝沿线国家的跨境贸易结算，加速人民币国际化进程，推动人民币金融贸易圈的形成。

三 自贸区与海丝枢纽融合发展的现实基础

广东省紧邻东盟国家，具有良好的交通设施和港口条件，自贸区与海丝枢纽融合发展具有先天优势。

（一）海洋经济发展优势突出

一是地域、资源优势。广东省海域辽阔，滩涂广阔、岛屿众多，海洋生物和能源、资源丰富，大陆海岸线绵延4114公里，滩涂面积2042平方公里，海岛1431个，岛屿岸线4214公里，其中面积大于500平方米的海岛有759个，无居民海岛1386个，可管辖海域面积约42万平方公里。以拥有的大陆海岸线长度论，广东是全国第一海洋大省。广州港、深圳港、汕头港和湛江港是国内对外交通和贸易的重要桥头堡。二是海洋产业优势。2015年，全省海洋生产总值达1.52万亿元，占地区生产总值的20.9%，年均增长10.8%，连续21年居全国首位；渔业经济总产值2535亿元，年均增长9.4%；渔民人均纯收入1.5万元，年均增长7.3%。三是政策与发展优势。广东是中国改革开放的前沿，经过几十年的对外开放，市场经济开放程度高，具有较强的领先性和示范性。此外，广东省还是中国海洋强国建设的重点实验区，拥有《珠江三角洲地区改革发展规划纲要》《广东海洋经济综合试验区发展规划》两个国家层面的宏观规划，具有先行先试的政策优势。

（二）与"21世纪海上丝绸之路"沿线东盟国家保持长期友好往来

第一，双方贸易额稳步增长合作存在良好前提。2005年双方外贸总额为369.01亿美元，占广东省外贸总额4280.02亿美元的8.62%，占广东与亚洲外贸总额2812.01亿美元的13.12%。2010年双方贸易额攀升至806.27亿美元，同比增长27.37%，是2005年的两倍多，占全省外贸总额的比重也升至10.27%。最新数据显示，2014年双方贸易总额为1122.86亿美元，首次超越欧盟（1056.31亿美元），成为仅次于香港（2352.24亿美元）的广东省第二大贸易伙伴。

第二，双方在产业结构、产品结构和要素结构方面具有很强的互补性，合作潜力巨大。2015年广东省第三产业占比为57.1%，产业发展水平基本处于与东盟国家第二层次[①]相当的水平。根据产业经济学的观点，广东省与东盟各国在产业融合发展上存在很大的可能性，加强合作有利于双方产业结构优化升级。

第三，贸易互补性较强，合作存在坚实基础。广东省对东盟出口产品中机电产品约占五成，以机械设备、运输工具、电器及电子产品为主，而从东盟进口的主要是铁矿砂、煤炭、塑料原料、天然橡胶、原油及成品油等能源型商品，有效解决了广东省生产性原材料不足和能源缺口大的困境。

第四，天然的纽带联系合作具备深远的历史渊源。广东省为我国第一侨乡，拥有三千多万海外侨胞，占全国的2/3，其中东南亚华侨占华侨总数的60%以上。改革开放以来，海外侨胞、港澳同胞累计在广东直接投

---

① 根据东盟10国的产业构成状况，可以把其分为四个层次：新加坡属于第一层次，其第三产业最为发达，占GDP的比重超过50%，并且第一产业所占比重非常小，其发展水平基本达到发达国家的水平；第二层次包括菲律宾、马来西亚、泰国，其第三产业所占比重均超过了50%，并且第一产业所占比重在10%左右；第三层次包括印尼、文莱，其第一产业所占比重很小，但是工业所占比重较大，工业对GDP的贡献率远远高于第三产业的贡献，这类国家目前正在处于转型发展的关键时期；第四层次包括老挝、缅甸、柬埔寨，这类国家的农业对GDP的贡献高于20%，处于相对落后的农业社会时期。

资 1200 多亿美元，创办企业近 4 万家，占广东全省实际吸收外资总量近 70%。海外捐赠数额折合人民币超过 400 亿元。广东与外国建立了 78 对友好省州关系，其中不少是由华侨华人促成的。

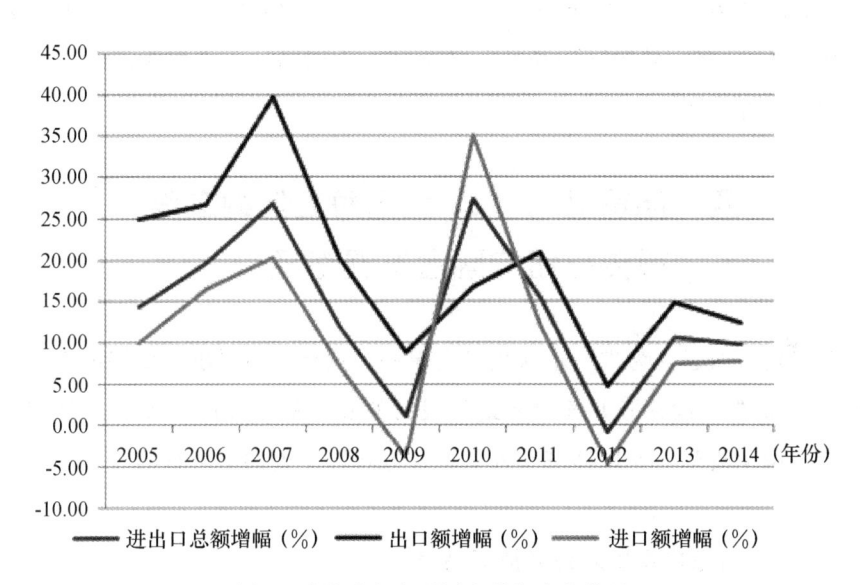

图 1　广东省与东盟国家外贸变化状况

（三）具有海陆统筹的先进港口群和高速公路网优势

第一，良好的港口条件拥有 5 个亿吨大港，已建成我国沿海最大的 30 万吨级原油码头和 25 万吨级铁矿码头。2014 年广东省港口的集装箱吞吐量首次突破 5000 万标箱，达到 5293 万标箱，居全国第一。全省有 8 个港口的集装箱吞吐量超过 100 万标箱[1]，珠三角港口群拥有覆盖世界各国的密集的运输航线。其中，广州港与马士基、地中海、法国达飞、中国远洋、中国海运等全球知名航运企业建立了良好的合作关系，与世界 80 多个国家和地区的 300 多个港口有海运贸易往来，开辟外贸直航航线 46 条，世界前十大集装箱班轮公司均在广州港开辟班轮航线。深圳港 2013 年已超过香港港成为世界第三大集装箱港口、我国内地居上海港之后的第二大

---

[1]　其中深圳港完成集装箱吞吐量 2396 万标箱，广州港完成集装箱吞吐量 1660 万标箱，分列全球集装箱吞吐量排名的第三位和第八位。

集装箱港口,其中盐田港区是华南地区的国际集装箱远洋干线运输枢纽港。

第二,拥有我国华南地区最重要的交通网络系统至2015年底,全省高速公路通车总里程达6880公里,居全国第一,67个县(市)实现"县县通高速"。珠三角地区的高速公路密度为全国第一、世界第二,仅次于美国纽约都会区。

四 自贸区与"21世纪海上丝绸之路"重要枢纽的融合发展路径

自贸区的建立为进一步深化粤港澳经济贸易联系提供了更好的平台和载体,而"21世纪海上丝绸之路"战略的实施从更高层次和更广范围为广东省深化改革、实现经济和外贸增长方式转变提供了可行路径。

(一)打造广东省对外开放新格局

广东自贸区的建立发展为广东省建设"21世纪海上丝绸之路"重要枢纽提供了更广泛的平台,发挥了示范窗口作用。建设自贸区和"21世纪海上丝绸之路"重要枢纽是广东省进一步深化改革、突破发展约束的重要途径,共同构成了广东省对外开放的基本战略。自贸区战略侧重于利用粤港澳联系,降低贸易门槛、提升贸易便利化水平;建设"21世纪海上丝绸之路"重要枢纽侧重点是加强海丝沿线国家的基础设施建设从而促进互联互通。在广东自贸区建设中要充分注重与海丝沿线国家开展在海洋产业发展、港口航运、旅游文化、金融联系等方面的合作。

(二)打造粤港澳金融合作的新平台

和上海自贸区定位不同,广东自贸区更加强调与港澳的金融合作。在自贸区9000多字的总体方案中,重中之重是关于金融创新。在关于金融创新政策的32句表述中,也有大半带有港澳字样,可谓是"三句话不离港澳"。广东处于"21世纪海上丝绸之路"重要枢纽的地位,有利于放大粤港澳金融创新合作优势，打造金融合作新平台。在香港和澳门实行"一国两制"的体制框架下，充分发挥香港国际金融中心优势，特别是一个国家同时拥有两种以上金融体系的独特优势，消除金融合作的体制、机制和功能性障碍，将广东省的市场优势、政策优势，与港澳的管理、人才优势、地位优势有机结合，推动三地金融产业全面深入合作与改革创新，促进金融资源充分利用、自由流动，金融产业合理布局、联动发展，实现三地资金资本、金融产品、金融机构流通，金融基础设施连通和货币融通，共同打造不同金融体系和监管模式相互融合、优势互补、互连互通的金融市场共同体。金融业的发展，不但可以为三地产业转型升级、投资与贸易往来提供优质的融资、结算等方面的金融服务，而且有利于进一步发挥金融的资源配置功能，引导生产要素在区域内自由流动和优化配置，促进三地经贸合作深化，推动区域经济实力提高。具体来说，香港仍然是以银行业、证券市场、外汇交易、黄金交易为主的国际金融中心；澳门是以银行业、金融通讯业为主的金融市场；广州、深圳、珠海着重发展货币市场、资本市场、保险市场、离岸市场，成为辐射珠江三角洲以及华南地区的金融中心。而粤港澳金融合作的不断深化，也有利于为"21世纪海上丝绸之路"沿线国家提供更丰富的金融合作模式和更大的金融支持力度，进一步促进海丝沿线国家的基础设施建设和经济社会发展。

（三）打造与海丝沿线国家经贸合作的新载体

自 2005 年《中国—东盟货物贸易协议》开始实施、启动降税进程后，广东省与东盟的贸易规模持续快速扩大。2005—2008 年广东对东盟出口增速分别为 24.9%、26.7%、39.8%、20.3%，同期，进口增速分别为 10%、16.4%、20.3% 和 7%。2009 年，在全球金融危机的严峻形势下，在与其他主要贸易伙伴都有 10% 以上降幅的逆境下，广东省与东盟进出口总额为 633.03 亿美元，依然保持 1.04% 的增长率，占中国与东盟贸易总额的 30%，位居全国各省市首位。2014 年，广东对东盟贸易保持增长势头，出口额为 512.87 亿美元，同比增长 12.4%，进口额为 609.99 亿美元，同比增长 7.8%。东盟已经超越日本和中国台湾，成为广东省第一大进口来源地。东盟各国资源丰富，石油、铁矿石、有色金属及木材等资源蕴藏量大，这些正是广东省急需的。因此广东省要借助自贸区和"21世纪海上丝绸之路"发展的大好机遇，深化与东盟国家的经贸合作，打造广东省对外开放新载体，措施包括：（1）搭建平台促进经贸发展作为华南乃至中南和西南地区物流运输的枢纽，广东省已经逐渐成为内地与东盟商品进出的重要集散地，在国际国内区域合作的双重战略地位和作用凸显。下一步应加强基础设施建设与现代物流服务，建立起以珠三角为中心的物流体系，以吸引东盟各国中间产品向珠三角集聚，成为辐射东盟的重要制造业基地；加大对物流运输企业的财政扶持，如对重点进出口货物承运企业给予财政补贴；加强海关、检验检疫、外汇、税务等部门间的协调配合，进一步简化手续，提高工作效率、加强电子商务平台建设；积极组织企业参加中国—东盟博览会，帮助企业对接东盟，推介企业与产品。（2）加快实施"走出去"战略组织企业到东盟国家进行市场考察，了解产业结构、投资法律、政策及鼓励措施，重点引导纺织服装、家电、建材、箱包鞋帽等行业的优势企业，如华为、中兴、格力、美的等，到东盟国家设立生产加工基地、营销网络和研发机构。把握国际金融危机蕴含的机遇，加强农林渔业和境外能源，如石油、铁矿、橡胶、煤炭、有色金属等广东省急需资源能源的开发合作。（3）优化贸易结构，进一步扩大进出口贸易。双方产品结构较强的互补性决定了双方贸易的巨大潜力。2010年广东省对东盟出口产品中机电产品约占五成，应继续加大机电产品开拓东盟市场力度，加大家具、轻工类产品、医药保健品等有比较优势的产品，建立营销网络、拓展市场。同时继续加大纺织品出口，扩大具有比较优势的煤炭、木材、天然橡胶及矿产资源产品、纸浆、水果进口，建立长期稳定的供应渠道。

（四）打造金融支持海上丝绸之路建设的新渠道

"21世纪海上丝绸之路"建设离不开亚洲基础设施投资银行、丝路基金等金融机构，但是这些金融机构本身资本容量有限。[1] 根据2009年亚

---

[1] 亚洲基础设施投资银行法定资本1000亿美元，丝路基金400亿美元。

洲开发银行（下称亚行）与亚行学院联合发布的《亚洲基础设施建设》报告，2010—2020年亚洲基础设施投资总需求预计为8.28万亿美元，因此必然要引导商业性股权投资基金和社会资金共同参与"21世纪海上丝绸之路"建设。由于"21世纪海上丝绸之路"建设主要是支援发展中国家，贷款利率不会太高，项目建成后的收益也要经过一段时间才能显现，因此对社会资本的吸引力明显不足。广东省作为我国改革开放的先行区、试验区，资金实力雄厚，香港作为国际金融中心，有着较为完善的金融资本运作体系和专业的金融人才，随着粤港澳金融合作和创新的不断深化和发展，有可能在一定程度上缓解"21世纪海上丝绸之路"建设的资金紧缺问题。可以考虑从以下几个方面着手：（1）搭建平台。在前海、南沙、横琴片区搭建外汇、金融产品、大宗商品、跨境股权投资、跨境项目合作方面的交易性平台；小步快跑，建设人民币、其他币种的跨境流通通道，逐步推进人民币资本项下的兑换；（2）吸引国内外金融机构落户。建设GP（普通合伙人）的总部基地，吸引LP（有限合伙人）汇聚广东，并以自贸区为基地进行全球性金融资产配置；（3）鼓励本省金融机构开展跨境业务。积极拓展国际金融业务国际合作，大胆走出去；（4）讨论组建广东金融控股集团。借助广控集团，通过新设、并购等方式，丰富业务板块，完善业务线条，提升金融创新能力，提供跨境担保、融资、外汇、资产管理、财富管理等多样化服务。

构建开放型经济新体制的战略支点

——中国自由贸易试验区

朱 煜[*]

一 建设自贸试验区的背景与意义

2008年全球金融危机造成世界经济动荡,也使中国面临着新的国内外环境:发达经济体微弱复苏,全球经济治理规则重构;国内经济下行、产业转型、金融风险等压力并存。对外开放体制的沉疴,主要体现在不协调上,即外贸体制改革较为深入,利用外资和对外投资体制改革相对滞后;沿海地区开放型经济体制较为成熟,内陆地区相对滞后;企业治理结构改革进程较快,政府职能转变和中介组织建设相对滞后。因此,构建开放型经济新体制是我国站在新的历史起点,推动新一轮高水平对外开放的重要举措。2015年9月17日,中共中央、国务院发布《关于构建开放型经济新体制的若干意见》(简称《意见》),明确了新体制的内涵在于创新经济运行管理模式、构建对外开放新格局以及塑造国际合作竞争新优势等,将投资管理体制改革、培育外贸竞争新优势、参与国际经济合作等作为主攻方向。然而,这是一个具有宏大视角的战略框架,关键在于落实,

---

[*] 朱煜,中山大学自贸区综合研究院、粤港澳发展研究院助理研究员。

而其中一个重要抓手正是推动中国自由贸易试验区（简称"自贸试验区"）建设。

2013年9月29日，上海自贸试验区挂牌成立，迄今已近三年。实施自贸试验区战略的背景是国内经济新常态迫切需要全面深化改革，国际环境对促成自贸试验区则更为直接。长期以来，多边贸易制度安排与区域一体化是驱动经济全球化的两个轮子。近年来，WTO多哈回合谈判进程停滞不前，一方面使多边贸易体制的权威性受损，另一方面也迫使一些国家转变合作策略，寻求更小规模的自由贸易区（FTA）谈判尽快达成共识。跨太平洋伙伴关系协定（TPP）、跨大西洋贸易与投资伙伴协定（TTIP）以及东盟主导的区域全面经济伙伴关系（RCEP）便有深刻的时代烙印。一些新的规则开始从传统的关境上的公平环境演变为边境内措施（如国有企业竞争中立、劳工标准、环保标准）；国民待遇的关切点从以往的货物贸易转移到投资准入与服务贸易自由化。这些规则变化表明，全球投资贸易规则体系进入深度调整阶段。目前，对我国造成较大外部压力的原因是我国未参与当前TTP、TISA等高标准投资贸易谈判的进程。美国采取"ABC"（Anyone But China）的意图在TPP谈判结束后表露无遗，不允许中国主导全球经济规则，反映了中美经贸关系在更加制度化的同时，也逐渐从浅层次的贸易摩擦演变为深层次的规则竞争。另外，把我国排除在外的前提下，TPP实施对我国造成的影响程度尚未评估，可以预见的是，这种特定区域范围内的互惠措施，将对中国商品和服务进入欧美市场设置不利的贸易壁垒。更重要的是，一旦发达经济体合谋形成新的规则范式，通行全球，中国又将遭遇"受制于人"的被动局面。

面对日臻加剧的开放压力，我国相继提出"一带一路"、自由贸易区战略、双边投资协定谈判（BITs）三种应对方案。"一带一路"倡议是我国参与全球经济治理的"一号工程"，设立亚洲基础设施投资银行（亚投行）、丝路基金是我国建立对标全球高标准的开发性金融体系的初步尝试，开展国际产能合作和基础设施互联互通对企业、资本"走出去"提出需求。BITs谈判是我国直接参与全球经济新规则构建的重要环节，能够在我国被排除在TPP、TTIP谈判进程情况下，同步与美国、欧盟等发达经济体谈判,从而了解国际规则最新动态的主动作为。构建立足周边、面向全球的高标准自由贸易区网络,寻求以局部带动整体的开放效果,这是我国接触国际新规则的主要阵地。自贸试验区是自贸区战略的重要组成部分,是自贸区网络的关键棋眼。我国亟须利用这一平台,开展压力测试,用制度创新对接全球高标准投资贸易规则体系。正如我国领导层提出的,建设自由贸易区(包括自贸试验区)是一项国家战略,是我国积极参与国际经贸规则制定、争取全球经济治理制度性权力的重要平台,我们不能当旁观者、跟随者,而是要做参与者、引领者,善于通过自贸区建设增强我国国际竞争力,在国际规则制定中提出中国方案,维护和拓展我国的利益。

因此,自贸试验区实际上是统筹国内改革与参与全球治理的衔接点,通过制度创新,对内形成可复制推广的试点经验,形成良好营商环境;对外为实施"一带一路""走出去"战略提供技术方案,形成自贸试验区对国际经贸谈判的介入机制,了解我国BITs、RCEP、FTA谈判的最新进展,熟悉全球高标准投资贸易规则变迁,使自贸试验区在压力测试中更有针对性。

二 自贸试验区制度创新是构建开放型经济新体制的深刻内涵

构建开放型经济新体制的内涵是探索一套适应经济新常态、开放新形势的制度体系,破除外向型经济的体制机制障碍,改变既有体制不平衡、不协调的局面。具体而言,开放型经济新体制的"新"主要体现在经济运行管理模式创新、形成全方位的开放新格局以及国际合作竞争优势的更新。其中,经济运行管理模式创新的内容是以投资贸易便利化为导向,建立与国际高标准投资贸易规则相适应的管理方式,形成参与国际宏观经济政策协调的机制;形成全方位开放新格局主要是指通过自由贸易区网络,提高对外开放的广度和深度,参与国际规则制定,同时借助"一带一路"倡议,推动基础设施互联互通,开拓国际客货运航线,发展江海联运,以及铁水、陆航等多式联运,形成横贯东中西、联结南北方的对外经济走廊,拓展开放型经济发展新空间;国际合作竞争优势的更新则是通过一系列制度创新,尤其是法治建设,营造良好的市场竞争环境与科技创新氛围,使开放优势从劳动力成本、优惠政策优势升级为营商环境的吸引力。

构建开放型经济新体制需要试验平台,而自贸试验区建设的核心任务恰恰是制度创新,与构建开放型经济新体制的内涵高度统一。为国家试制度,为开放搭平台,上海、广东、天津、福建自贸试验区扩区、挂牌成立后,主要在对接国际投资贸易通行规则先行先试,经过一年多的实践,在投资管理体制改革、贸易便利化改革、金融开放创新、事中事后监管体系四方面形成各具特色的制度创新成效,探索开放型经济新体制的改革路径。

首先,投资管理体制与服务体系创新实现突破。投资管理体制改革主要立足于三个维度——外商投资、境外投资以及商事登记,一是对外商投资实行"准入前国民待遇+负面清单"管理模式。政府对外商投资的管理逐渐从产业指导目录和项目、企业合同章程审批制度转变为实行备案管理。2013年,上海自贸试验区推出全国首张负面清单,外商投资准入特别管理措施有190条;2014年6月修订出台第二版负面清单,特别管理措施压缩至139条;2015年,国家推出第三版负面清单,特别管理措施再压缩至122条,四个自贸试验区共用一张负面清单。此外,国家将在自贸试验区试行金融负面清单、港澳版负面清单,以及市场准入负面清单(内资负面清单)。二是自贸试验区加快构建对外投资服务促进体系。上海自贸试验区搭建了境外投资服务平台。该平台涵盖了综合咨询、境外投资备案、投资项目推荐、投资地介绍,行业分析、境外投资专业服务等功能,比如,绿色丝绸之路股权投资基金便能够依托该平台快速完成人民币跨境投资并购等业务。三是商事登记制度改革涌现出多种地方模式,增强了市场主体"获得感"。比如,上海自贸试验区率先启动"先照后证、证照分离"改革,福建自贸试验区平潭片区首创"一照一码"在全国复制推广,广东自贸试验区横琴片区在全国首发"商事主体电子证照卡",将其作为企业的"电子身份证"。应该说,商事登记制度是自贸试验区改革以来力度最大的制度创新领域，推动区内的新设立企业、注册资本数量井喷式增长。

其次，贸易便利化改革大幅提升通关效率。一是四个自贸试验区均设立了国际贸易"单一窗口"，企业通过互联网公共服务窗口，一点登录，一次性提交格式化单证和电子信息，处理结果通过互联网反馈企业。上海自贸试验区的国际贸易"单一窗口"，该系统涵盖货物进出口、运输工具申报、贸易许可、资质办理、支付结算以及信息查询六大功能模块，覆盖口岸通关监管与国际贸易活动的主要环节，该项创新被列入商务部自贸试验区8个最佳实践案例。二是口岸监管部门密集出台关检便利化措施，多项创新措施成为可复制可推广的试点经验。比如，国务院推广上海自贸试验区首批可复制改革试点经验共34项，其中，贸易便利化领域有11项；广东省复制推广广东自贸试验区首批27项创新经验中，涉及贸易便利化的改革措施多达16项。三是跨境电商、汽车平行进口、融资租赁等新兴业态领域涌现多项制度创新。一些自贸试验区依托保税港区的政策优势创新监管、业务模式，比如广东自贸试验区南沙片区首创跨境电商商品质量溯源体系，对跨境电商企业和商品实现备案管理，对进口保税货物实行快速高效通关。天津自贸试验区东疆保税港区（天津港片区的主要载体）着力打造国家租赁业创新示范区和新金融业态培育基地，中国天津租赁平台、中国金融租赁登记流转平台开始筹建，实施融资租赁企业进出口飞机/船舶和海洋工程结构物等大型设备海关异地委托监管、融资租赁企业设立登记备案限时办结、允许融资租赁企业开展主营业务相关的保理业务和福费廷业务、允许收取外币租金等制度改革，开创国内飞机租赁资产交易"交付监管"的全新模式，建立起完善的租赁企业服务体系。截至2016年2月底，东疆飞机、轮船、海工设备租赁资产累计总额达364.2亿美元。

再次，金融开放创新聚焦资本跨境流动与境外融资，为全国资本项目完全开放探路。自贸试验区金融改革主要围绕资本项目可兑换、人民币跨境使用、金融服务业开放等方面展开。在资本项目可兑换方面，自由贸易账户（FT账户）体系的运用是上海自贸试验区金融基础设施的重大创新。设立 FT 账户体系，为推进人民币资本项目可兑换提供了管理与风控载体。该体系有两大核心功能：一是开放通道，不改变现有制度而设计成为对外开放的闸口，快速实现境内外市场的互联互通，同时有效监控资本流动；二是试验平台，尝试开展目前尚不能在境内开展的证券投融资业务，为扩大开放积累经验。企业可以通过 FT 账户进行跨境投融资活动。目前所有上海市的金融机构都已经接入 FT 账户管理系统，占金融活动总量 87% 的金融机构总部牵头建立内部系统接入中国人民银行的系统，还有一些小型金融机构则是借助大的金融机构和人民银行的系统连接，截至 2016 年 5 月，共开设 5.12 万个 FT 账户。FT 账户的功能也在不断拓展，本外币境外融资业务放开，使得境外低成本资金能够流入区内，与上海的国际金融交易平台连接起来，黄金交易所的国际板交易、自贸区跨境同业存单都是通过 FT 账户交易或发行的。在风险管控方面，人民银行上海总部针对 FT 账户体系建立了一个 7×24 小时的实时监控系统，对跨境金融活动进行监测，针对跨境资本异常流动设计了一套信息预警系统，构筑一个强大的电子围网。在人民币跨境使用方面，广东自贸试验区前海蛇口片区在境外融资模式创新上取得显著进展。前海是我国首批外债宏观审慎管理试点地区，中外资企业适用于同一个外债管理办法，对区内非金融企业实行比例自律管理，加上跨境人民币贷款业务，构成前海本外币境外融资双渠道，降低了企业的资金成本。此外，自贸试验区推行跨国公司总部外汇资金池集中运营管理和跨境人民双向资金池业务也为金融开放提供实践经验。

最后，以政府职能转变为导向构建开放型事中事后监管体系，加强对市场主体"宽进"以后的过程监督及后续管理。从上海自贸试验区的实践来看，强化事中事后监管主要有六个方面，即建立社会信用体系、建立信息共享与综合执法制度、建立反垄断审查制度、建立企业年度报告公示与经营异常名录制度、建立社会力量参与市场监督制度、建立外资安全审查制度等。这主要依托大数据、互联网以及专业服务，让行业协会、会计师事务所、第三方检验机构、商事仲裁机构参与市场监督，同时能够缓解投融资中信息不对称的顽疾，发挥信用约束作用。比如广东自贸试验区横琴片区在全国率先推出"商事主体电子证照卡",归集企业营业执照、资质认证等信息,经国家密码管理局认证,可作为企业电子身份证。银行与政府信息联网共享,审查电子证照卡,根据企业信用状况为企业提供相关金融服务(转账、贷款等),从而赋予证照卡的金融功能。这是一项破除政府、企业之间信息孤岛的重大制度创新措施,列入自贸试验区最佳实践案例,引领事中事后监管向更加注重智能化与共享性的趋势迈进。

自贸试验区四大领域的制度创新逐步缩小了我国现行制度与国际通行规则的落差,但改革过程中面临着很多体制机制障碍,为下一步对接高标准规则、构建开放型经济新体制积累了经验。

三 制度创新矛盾是构建开放型经济新体制的共性难题

作为构建开放型经济新体制的试验田,自贸试验区制度创新过程遇到堵点是全国的共性难题,主要体现在中央授权与地方执行的矛盾、系统集成与条块监管的矛盾、改革推进与法律调整的矛盾、市场开放与行业规制的矛盾、扩大开放与监管滞后的矛盾五个方面。

第一,中央授权与地方执行的矛盾。自贸试验区某些领域的改革属于中央事权,需要中央政府的改革授权,地方政府才能实施。比如,金融监管是中央事权,改革的策划主体是"一行三会",实施主体是地方,改革成功,经验升华为地方模式向全国复制推广,但改革失败的问责却落在金融监管部门,改革风险与收益受众的不一致,中央地方信息不对称以及开放过程中不断涌现出新的风险问题也在困扰中央的监管部门,从而弱化了改革的激励机制。根据南开大学的调研,在自贸试验区改革执行方面,地方政府效率高于中央政府。原因在于地方政府积极性高,勇于尝试制度创新,简化程序;而中央政府需要统筹全国大局,尤其要考虑危及国家经济安全的风险,部委间协调事项也较多。中央授权较慢会导致细则落地滞后于国家对自贸试验区制度创新提出的总体要求。

第二,系统集成与条块监管的矛盾。随着改革逐渐深入,自贸试验区制度创新更加强调系统集成的理念，改革不再是简单的流程优化，而是触及深层次的制度问题。目前，自贸试验区基本沿用原先海关特殊监管区域的管理体制，仍采用中央与地方共管的双层架构。改革设计由中央部委及派驻机构、直属机构负责，自贸试验区经济开发与行政管理由地方政府负责，管委会是地方政府派出机构，承担具体事务执行与协调工作。具体到上海自贸试验区金融开放创新，改革框架依赖于"一行三会"、国家外汇管理局等监管部门分头研究并出台相关政策，缺乏较好的协同性，实施细则也是五花八门。而金融混业经营程度逐渐加深，宏观金融结构日趋复杂，对现有的监管体制提出挑战。虽然上海市层面成立了自贸试验区金融工作协调推进小组、国际金融中心建设工作推进小组，但毕竟属于非正式制度安排，无法改变条块分割的监管现状。

第三，改革推进与法律调整的矛盾。自贸试验区制度创新为构建开放型经济新体制探路，既然是对接高标准，需要实行全新的经济运行管理模式，不可避免会存在与现有法律法规冲突的地方。虽然在国家层面，全国人大、国务院针对自贸试验区试点内容已经暂时调整实施 4 部法律、15 部行政法规和 3 部国务院文件的部分规定，有效期 3 年；此外，商务部、国家税务总局、海关总署等 17 个中央部委出台商事登记、贸易航运、金融财税、服务业开放等支持政策、实施细则；这些政策措施有力推动了自贸试验区制度创新的进程，却因为缺乏法律依据，无法将创新经验固化为制度安排。与此同时，改革深化将进一步触碰法律红线，自贸试验区"大胆闯、大胆试、自主改"与"重大改革于法有据"存在时间上的矛盾，中央提出自贸试验区要大胆探索，但并未对自贸试验区做出明确立法授权，因此对一个专门适用于自贸试验区的制度创新的系统性立法已是非常迫切。

第四，市场开放与行业规制的矛盾。这一矛盾主要体现在外商投资"负面清单"管理模式上。第三版负面清单的不符措施数量较多，仍体现较高的整体限制强度，负面清单的政策透明度与可操作性仍较为模糊。同时，这是"窄口径"的负面清单，主要针对外资准入前设立阶段与直接投资，却未直接涉及跨境贸易和市场准入规则。这意味着外商投资欲进入中国市场，需要经过外商投资负面清单的筛选，进入国内后，按照国民待遇原则，还要经过市场准入负面清单的二轮筛选，这涉及各部门的行业监管。粤港澳服务贸易自由化进程启动十年有余，尤其是CEPA服务贸易协议更是中国内地首次以"准入前国民待遇+负面清单"模式对外签署的自由贸易协议，对港澳服务业的开放部门达到153个，涉及WTO服务贸易160个部门总数的95.6%，保持我国对外开放的最高开放度，并且给予最惠待遇，在内地其他对外签署的协议，如果在服务贸易领域、货物贸易领域，如果比对香港的开放度更高，都将引入到CEPA中对香港开放。但是，CEPA框架下的服务业开放一直面临"大门开小门不开"的问题，由于缺乏实施细则，国内行业管理规定未及时调整，导致开放措施难以落地，这些问题在粤港澳专业服务合作方面体现得尤为突出。

第五，扩大开放与同步监管的矛盾。自贸试验区要为新一轮高水平对外开放搭建平台，扩大服务业开放是其重要任务。具体而言，就是要推进金融、教育、文化、医疗等服务业领域有序开放，放开育幼养老、建筑设计、会计审计、商贸物流、电子商务等服务业领域外资准入限制。但是，扩大开放也面临着同步监管的挑战，事前审批削减了，却对事中事后监管提出了更高要求。比如，对外商投资实行"准入前国民待遇+负面清单"的管理模式，需要政府建立外商投资信息报告制度及信息公示平台，又要构建外商投资国家安全审查、金融风险防控体系等一系列配套制度，同时要求政府部门打破各自为战的局面，实现协同执法，从而形成各政府部门信息共享、协同监管、社会公众参与监督的外商投资全程监管体系。"法无禁止即可为"的市场开放度要求政府出台"权力清单"与"责任清单"，把政府的权力关在制度的笼子里，提高权力运行的透明度。短期内转变政府行政思维是一项重大挑战，也涉及相关法律条文的调整。

此外，自贸试验区制度试验进程与国际经贸谈判进度也存在时滞问题，比如金融业负面清单出台进度较慢，不利于增进国内金融业对国际规则的理解，从中美BIT谈判进程看，有些开放措施甚至可能会走在自贸试验区前面。这些改革堵点对全国构建开放型经济新体制是一些难以避免的共性难题。

四 下阶段自贸试验区如何为开放型经济新体制提供经验

自贸试验区进入新阶段，制度创新更加强调各项措施的系统集成，注重综合性、模块化、制度化的改革措施；更加强调制度创新的辐射和溢出效应，加快向区外的辐射、复制和推广步伐，在更广阔的空间内服务国家战略；更加强调法治建设，以法律依据提升改革合法性、权力透明度与政策稳定性，以优良的营商环境增强企业的改革"获得感"。

第一，制度创新路径从单兵突进到系统集成转换。自贸试验区制度试验逐步告别单兵突进的阶段，更加重视各项改革措施之间的关联性、互动性、耦合性，如上海自贸试验区金融开放创新与国际金融中心建设、广东自贸试验区服务贸易自由化与粤港澳深度合作等涉及更加复杂的问题，需要进一步加强中央各部门之间以及中央部门与地方之间的协调，统筹联动，提高改革的协同性。自贸试验区进入"双自联动"阶段后，需要充分利用自贸试验区与国家自主创新示范区的政策叠加优势，通过制度创新破除科技创新的体制机制障碍，如传统的科技管理制度影响科技人员创新的积极性，传统的人事管理制度影响人才团队发挥创新活力，传统的条块分割管理体制、商事登记制度、跨境监管制度影响到创新创业环境和营商环境等。上海在推动"双自联动"机制方面提供了经验，主要有三方面：一是借鉴国际通行规则，比如试点药品上市许可人制度，允许药物研发企业与制药企业开展制药委托生产业务（CMO），免除了新药研发企业必须自建工厂才能获得药品批文的制度障碍，配套推行合同生产药品质量责任险制度与合同生产药品的风险救济基金制度，加强了事中事后监管。二是利用自贸试验区保税政策，启动集成电路全程产业链的电子围网保税监管模式，探索开展进口高端装备再制造试点，允许试点企业对再制造原材料开具增值税发票并进行税前抵扣，打通高端装备回收和成品销售"两头在外"的运作模式，破除了进出口环节增值税税负高、会占用企业一大笔流动资金的难题。三是以科技创新的政策需求倒逼自贸试验区加快制度创新，在科技金融服务、新型科研机构建设、人才引进、产学研结合、国际及粤港澳合作、创新创业孵化体系建设、知识产权运用和保护等方面形成一批可复制可推广的创新经验，推动国家自主创新示范区建设。

第二，着重发挥自贸试验区制度创新的溢出效应。主要机制一方面在于自贸试验区创新经验对"区外境内"地区的推广作用，如上海自贸试验区管委会与浦东新区政府合署办公，探索自贸试验区制度创新区域延伸到浦东新区，合署办公模式对天津自贸试验区与滨海新区、广东自贸试验区南沙片区与南沙新区的改革联动具有借鉴意义。另一方面在于发挥自贸试验区（FTZ）与自由贸易区（FTA）的互动作用，自贸试验区驱动自由贸易区谈判，制度创新有助于提高我国在国际谈判的议题设置与倡议能力，探索发达国家高端服务业进入国内市场以及国内资本、产能走向海外的监管与服务模式，对接高标准国际规则的探索越深入，制度创新越成功，我国与其他国家的FTA、BITs谈判分歧就越少。同样，自由贸易区网络越密集，中国开放领域也会增多，反过来对自贸试验区改革形成外部压力。制度创新经验的可复制可推广标准可从三方面入手：一是程序优化型改革，简政放权，能压缩尽量压缩；二是事权可得性，不涉及中央事权的，地方能自主推动的，尽快复制推广；三是服务FTA、BITs谈判，把谈判面临的最迫切、共性的任务在自贸试验区进行制度试验，尽快复制推广。此外，"一带一路"倡议的国际产能合作，基础设施互联互通夹杂着要素流动、专业服务等问题，可以借助自贸试验区制度创新与服务平台寻求开放路径，比如在前海设立亚投行资金运营总部、南沙建立高铁"走出去"产业基地等。

第三，以营商环境为导向，更加重视立法进程，为改革提供法律依据。下一阶段制度创新必须更加注重法治建设，强化改革合法性，提高政策透明度与稳定性。自贸试验区接下来的制度创新任务应着眼于以下三方面：首先，完善涉外法律体系，做到重大开放举措于法有据。外商投资与境外投资保留的审批事项要实现审批标准化、格式化、目录化，清晰明了，勿保留不置可否的空白地带；建立企业信用信息共享机制，运用大数据、互联网等手段，对所有市场主体进行事中事后协同监管。其次，推进国内服务业的制度、标准、规范和监管体系与国际高标准规则体系对标，为专业人才、专业服务跨境流动提供便利，在人才培养、资质互认、标准制定方面加强国际合作。比如广东自贸试验区前海蛇口片区可以利用深港现代服务业合作区的优势地位，寻求突破。最后，构建知识产权保护与服务体系。抓手是建设国际知识产权交易服务平台，完善挂牌竞价、交易、结算、信息检索、政策咨询、价值评估等服务功能；探索知识产权资本化、证券化交易，推动知识产权跨境交易便利化，提高知识产权专业化服务能力；完善专利导航产业发展机制，形成市场导向的转移转化制度；完善专利、商标、版权等知识产权行政管理和执法体制，健全综合执法体系，建立知识产权侵权查处快速反应机制，加大侵权行为查处力度；探索建立知识产权司法保护和行政保护相衔接的工作体系，完善司法保护、行政监管、仲裁、第三方调解等知识产权纠纷多元解决机制。

开放发展背景下广东省港口经济发展思考

邹宝玲[*]

一 前言

现代经济社会系统的有效性取决于物流、人员流、信息流、资金流的速度和质量。而交通运输正是上述流动的主要载体，是现代经济社会赖以生存和发展的基础。随着交通运输的发展，劳动力要素、资本、技术等流动与传播成为可能，并且极大地促进不同主体之间的合作与贸易。水路运输是最传统的交通运输方式，早在重商时期，海上运输就是发展对外贸易的主要途径，所以西欧国家对发展海运和海军力量具有很大热情。一般来讲，水运业可以分为航运和港口两个组成部分，而港口在其中具有基础性地位。因此，要想促进经济增长和贸易半径的扩大，合理的港口布局和高效的港口经营是非常重要的条件之一。[①] 党的十八大提出发展海洋科学、建设海洋强国的目标，这既是高瞻远瞩的国家战略，是开发利用海洋资源、维护国家安全和海洋权益的重要基础，同时也是迫切性的行业需求，是区域经济社会发展的现实需要。而"扩大内陆沿边开放"也是党的十

---

[*] 邹宝玲，华南农业大学经济管理学院博士生。
[①] 李南：《中国港口建设发展述评与趋势展望》，《综合运输》2008年第2期。

八届三中全会所提出的，要求积极发挥沿海、内河大型港口的辐射作用和示范效应，因为这对于相对落后的中西部地区内陆和内陆的经济社会发展具有很好的带动作用，同时支持与引导我国陆港事业走上健康发展的道路。在此大背景下，我国水运港口的发展问题已经成为各地政府及水运港口和陆港企业共同关注的重要热点问题。尤其是依托于沿海港口进行的互联互通建设，以及港口发展所带来的经济合作很好地推进了"一带一路"国家战略的实施。

广东省在改革开放之后，经济增长迅猛，综合实力不断提高，汇聚了来自各地的劳动力要素、投资资本等。广东省交通发达，而港口业的发展需要区位优势。广东省是一个沿海大省，海岸线较长，能够使用南海资源、珠江资源、琼州海峡等资源，使港口业发展具有天然优势。基于有利的港口优势，积极参与国际分工，努力与国际经济接轨，形成了由珠江三角洲、汕头、湛江为核心的沿海经济带，并且在港口群的合作与竞争下，港口的服务能力、港口经营效率都逐年提高，进一步提升了港口的经济发展贡献。未来五年是实施《珠江三角洲地区改革发展规划纲要（2008—2020年）》的冲刺阶段，也是广东省港口转型升级的黄金时期。随着2015年《推动共建丝绸之路经济带和21世纪海上丝绸之路的愿景与行动》的发布，在面对国家加快建设"21世纪海上丝绸之路"和"开放创新"的背景与重要发展机遇下，广东省港口行业如何对接国家"一带一路"倡议，构建具有竞争力的发展引擎，开创发展新格局，值得我们进一步思考与探索。

二　广东省港口发展现状

（一）广东省港口区位优势

区位就是指区位主体所处的特定场所与空间。区位论是研究人类活动及其相关设施最优场所或空间（位置）的选择及组合的理论，目的是实现综合效益（利润、效用或福利）最大化。[1] 而港口的区位优势则是港口

---

[1] 方远平、闫小培：《服务业区位论：概念、理论及研究框架》，《人文地理》2008年第5期。

所处空间与位置的资源禀赋与经济、社会环境等的比较优势。

广东省具有良好的区位优势。首先，从地理位置来看，广东省位于中国大陆最南部，临近南海，大陆海岸线长达3368公里，内河通航里程13596公里，港口众多，有利于利用水运与外界进行贸易往来，自古以来就是中国海上贸易活动开展最早、最多的省份。其次，从港口发展的资源禀赋来看，广东省岛屿众多，其中500平方米以上的海岛759个，天然海湾和港口130多个，万吨级泊位有70个左右，可利用的浅海滩涂面积20多万公顷，是理想的"蓝色国土"[①]。广东省还拥有在全国江河水系中排第二位的珠江，仅次于长江，年径流量达到黄河的7倍，其长度与流域面积也名列前茅。在航运方面，珠江是华南水上运输的大动脉，通航能力仅次于长江，居全国第二位，以广州为中心的通航河道达5500公里。珠江口东西两侧分别与香港、澳门特别行政区接壤，西南部雷州半岛隔琼州海峡与海南省相望，临近西太平洋地区，有利于促进并加强西太平洋沿岸南北之间的沟通与联系。整体地理优势凸显。

最后，从经济发展来看，广东省从20世纪90年代初就因为较高的国民生产总值而确定了其全国经济大省的地位，而且自改革开放以来，广东省的GDP总额就一直稳步上涨。1978—2000年，广东省的GDP就从185.85亿元增至1万亿元，并在2005年突破2万亿元，2015年GDP超越7万亿元。经济的快速发展也带动了广东省港口经济的发展，并推动了贸易的发展。

（二）广东省港口港区建设

港口投资建设指的是为保证港口日常运营而在港口设备、航线、铁路集疏等方面投入状况，主要包括港口固定资产投资额度、基础设施、航线条件以及集疏运等方面。广东省内亿级港口有5个，具体是深圳港、广州港、湛江港、珠海港和东莞虎门港。在此主要介绍深圳港与广州港的港区建设状况，具体如下：

---

① 黄良民：《利用广东区位优势，加速发展海洋经济》，《海洋信息》1997年第4期。

1. 深圳港

深圳港区位优势明显,首先是位于特区城市,享受国家经济发展政策优待,发展后劲动力充足,深圳港伴随着深圳特区发展速度同步高速发展,港口业务承载能力突出。深圳是我国南方对内对外的交通枢纽。至2014年年底,深圳港货物年吞吐能力23607万吨,其中集装箱吞吐能力2441万TEU;客运泊位19个,年设计通过能力513万人。深圳港全年完成货物吞吐量22323.72万吨,其中外贸货物吞吐量18396.66万吨,占货物总吞吐量的82.41%。深圳市交委统计快报显示,2015年深圳港集装箱吞吐量达到2421万标箱,其中重箱吞吐量1606万标箱,占全港吞吐量比例超过66%。这意味着深圳港集装箱吞吐量已连续第3年站在全球第三的位置。深圳港在华南地区经济发展中,继续担当着外贸进出口集装箱运输枢纽港的重要角色。

2. 广州港

广州港是港口经济发展最早,竞争最激烈的珠三角区域最重要的港口之一。作为广东省省会城市,广州港是华南区域重要的商业贸易和内外贸物流运输的集散地,也是华南地区大型的综合性港口。2014年,广州港有港口经营人278家;各类码头泊位863个(万吨级及以上泊位71个),其中生产用泊位686个;港口年综合通过能力3.43亿吨;锚地88个,其中生产用锚地52个,日常基本能够满足船舶锚泊需求,最大锚泊能力30万吨。2014年,广州港口固定资产投资20.5亿元,下降13.9%。珠江电厂煤码头也进行了扩建,而且已经投入运行;南沙港区三期部分集装箱泊位工程等交工验收;广州港深水航道拓宽工程完成立项。新建成投产12个生产性码头泊位,3个水上巴士(客运)码头泊位,2个舾装码头泊位和4个工作船泊位,完成2个沿海码头结构加固改造项目。[①]

综上所述,广东省港口建设规模不断加大,为合理区位分工和产业结构优化转型发展创造了良好的条件。各个港区建设情况较好,能够满足不同的业务需求,而且高于国际建设标准。

[①] 朱小丹主编:《广东年鉴》,广东年鉴社2015年版,第194—195页。

（三）广东省港口运营能力

港口运营能力指的是港口依托自身基础设备、航运条件、管理和技术等内外部资源为客户提供泊船、运输、装卸等服务所能达到的水平。广东省港口总体运行状况良好，整体保持增长态势，亦能实现运营能力的稳定提升。2014年广东省港口完成货物吞吐量16.5亿吨，位居全国第二，比上年度增长了5.81%。具体指标方面，取得了优异成绩，如沿海港口完成货物吞吐量13.76吨，位居全国第一；完成集装箱吞吐量5326万TEU，位居全国第一；深圳港集装箱吞吐量连续两年位居全球第三位。广东省港口旅客吞吐量也稳步增长，2014年规模以上港口旅客吞吐量完成3347万人次，比上年增长9.90%。尤其是，广州港国际海运通达80多个国家和地区的300多个港口，并与国内100多个港口通航，发展成为中国华南地区最大的对外贸易口岸。

主要港口的运营能力如表1所示。

表1　　　　　　　　广东省主要港口运行能力（2014年）

港口	货物吞吐量（亿吨）	比上年增长（%）	旅客吞吐量（万人次）	比上年增长（%）
广州港	5.00	5.95	142	-7.27
深圳港	2.23	-4.59	569	15.98
湛江港	2.02	12.40	1303	5.49%
珠海港	1.07	6.79	748	16.86
东莞虎门港	1.29	15.31	—	—

资料来源：《中国港口年鉴2015》。

三　开放发展背景下广东省港口发展面临的机遇与挑战

"十八大"以来，随着"一带一路""开放创新"等发展战略的部署，港口经济的发展对于扩大对外开放、建设自由贸易区、构建经济联盟具有重要作用。"21世纪海上丝绸之路"的提出以沿线国家的互惠共赢为基本准则，通过基础设施互联互通，增加沿岸各国的贸易往来和经济联系，实现区域内的协调发展和共同繁荣。[①] "一带一路"的本质在于互联互通，促进陆路骨干通道建设，营造便利的国际运输环境，强化海上战略通道安全畅通，提升经济发展和产业布局纵深，使得我国能够在更高水平上参与国际分工和竞争，提高以我国版图为核心的陆海双向国际辐射能力。[②] 随着国内需求拉动以及"一带一路"倡议实施的推进，广东省港口群在贸易往来的地位不断提升。李飞星等认为广东参与到"一带一路"的路径主要有三重建设任务，一是面向内地，参与"陆上丝绸之路"经济带建设；二是作为南部海洋大省，参与和拓展21世纪"海上丝绸之路"建设；三是作为海岸线最长的省份，大部分城市集中在沿海地带，涉及省内"海上丝绸之路"经济带建设。[③] 可见，当前背景给广东省港口带来不小的发展机遇与历史重任，要求广东省港口拓展贸易线路和运输通道，以开拓的功能契合国家的政治、经济、能源安全战略。

"一带一路"的背景以及开放创新的时代要求，也给广东省港口发展带来了很多的发展机遇。但是，广东省港口发展还存在一些问题，主要是：第一，规模扩大受到资源约束。充足的码头数量和丰富的满足大型船舶停港作业航道是港口吸引船舶选择挂靠海港的基础，港口会随着业务处理量的扩大而扩大基础设施建设规模。但是港口规模的扩大必然受到海岸线资源以及整体区域环境规划的约束。目前广东省的海岸线资源还是有限，而优良的海岸线资源则更少，资源约束客观存在。

[①] 赵旭、王晓伟、周巧琳：《"海上丝绸之路"背景下的港口战略联盟稳定性研究》，《大连海事大学学报》2016年第2期。

[②] 李鸿、蒋新新：《"一带一路"战略背景下的南京港发展SWOT分析》，《改革与开放》2015年第19期。

[③] 李飞星、罗国强、郭丽珍：《广东参与一带一路建设的战略选择》，《开放导报》2015年第1期。

第二，经济结构需要改善。在经济新常态下，第三产业的发展越发重要，对经济拉动作用越加明显，其在国民经济发展中所占的比例会越来越高。尽管广东省港口众多，生产规模较大，但是其航运服务业的发展水平与国内外先进港口相比较还存在较大差距，与建设国际航运中心的目标要求也存在一定差距。港口经济的服务功能还需要进一步完善，需要进行港口经济结构的调整，实现港口经济的战略转型。

第三，港口发展带来的环境问题。广东省港口作为华南地区重要的中转运输港口，承担着大量的油品、液化品运输，而频繁的运输加大了港区油污染和液化污染发生概率，大型邮轮一旦发生液化污染泄漏，将对港区造成严重影响，这大大提高了港口环境监测和保护难度。此外，大量船舶挂靠还带来了空气污染，挂靠的船舶会排放出大量的柴油颗粒物、氮氧化物、硫氧化物等空气污染物，长期影响周边居民健康。

第四，港口管理不善。尽管港务局有对港口进行管理的职责，但是真正要制定科学合理的港口发展规划需要更高层面的机构进行统筹协调，尤其是旧港区的改造必然会涉及国土、城建、地税等相关部分，也需要由统一的专门机构进行管理与协调。此外，部分港口还存在一些管理漏洞，对危险货物集装箱监督管理不力，导致大量的谎报、匿报现象时有发生。资料显示，2014年广州海事部门对危险货物集装箱违规问题加大了查处力度，仅在广州港内就查处了40多宗船舶危险货物违规违法操作案件，港务部门立案查处好几宗。[①] 原因可能在于港口专业检测设备不足，港务部门缺乏高效的监管机制，所在地港口经营人、代理企业与船舶之间的监督也不到位。

第五，竞争力降低。广东省港口发展面对的竞争越发激烈。主要的原因是，上海"长江战略"的实施，进一步推动了对长江流域的整合，大连港也通过海铁联运将市场领地扩大至东三省地区与内蒙古东部，等等。尤其在国家对于上海国际航运中心的定位及其建设的重视程

---

① 王培鑫：《广州港危险货物集装箱匿报、谎报问题分析及其对策》，《珠江水运》2015年第9期。

度，使得很多政策支持偏向于上海港，直接导致广东省港航资源的严重流失。

因此，有必要根据目前广东省的发展机遇与现状所存在的问题，进行当前背景下的发展战略思考。

四 广东省港口发展思考

面对当前国家扩大开放以及"一带一路"倡议背景，需要结合目前广东省港口发展现状，就广东省港口的进一步发展，把握当前机遇，并在更高平台、更宽领域、更深层次上参与全球资源配置，进一步提升区域经济合作水平做出思考。主要有以下四个建议。

（一）发挥比较优势，强化区域合作

不同的港区本身存在各自区位优势和资源优势，因此彼此间存在一定的差异化而产生合作空间。省内港口间，可以在市场开发、业务协作、信息共享、人才交流等方面开展全面合作，同时向外延伸，深化双方全方位、多领域的合作，进一步畅通南北物流通道，共同助力"一带一路"国家战略。

（二）充分利用好现有投资建设资源，巩固和拓展内贸货源

随着我国经济逐步转向内需拉动增长，内需消费能力释放将无疑扩大未来内贸运输市场。未来广东省港口在内贸运输方面应继续提升港口基础设施。加快码头深水泊位、航道、信息化网络等水上支持保障系统等建设，满足大型化、专业化、多样化船舶进港业务需求；强化基础设备调配管理，减轻港口的拥挤程度，保持港口在贸易旺季通达，避免船舶和货物在港长时间停留导致高额成本，缩短货物周转周期，降低资金和时间成本，并使得港口能满足船舶日益专业化大型化的要求。

(三) 整合内外部资源提高港口运行能力

相对于上海港、大连港等，广东省港口整体竞争力还存在一些薄弱之处，尚待改进。具体可通过以下三点进行改进：一是借鉴并引进先进大型集装箱装卸系统。集装箱货运吞吐量低的原因不仅是货源偏于散杂，还与自身装卸系统的作业效率不高、可处理货物强度不足有关，为顺应大型化船舶趋势，可以借鉴或引进先进的大型装卸系统由此提高港口专业化运行能力。二是强化港口内部流程化管理。在互联网时代，港口信息化和现代物流技术仍有较大提升空间。另外，建立流程化作业程序，实施货运作业"无纸化"管理，提高港口运行效率。三是提升港口人力资源。港口竞争力离不开优秀技术、管理人才支撑，强化港口运行能力还需要人才技术、智力资源投入。因此，要加强在港员工知识、技能培训，强化员工效率、成本、效益管理观念，紧跟内外贸港口业务办理工作人员要求动态；还可以通过加强与新加坡等国际化大港的人才交流，扩展广东省港口优秀员工国际化视野，提升港口人才国际化业务办理能力。

(四) 科学开发港口资源并增加港口服务功能

港口腹地需要重视发展第三产业，全面考察全球对港口有长远拉动作用的绿色环保"低碳"产业，建设两头在外的临港工业园区，优化产业结构和布局，增加有形产品对港口的拉动力度。同时应当重新审视广州的岸线资源，保护和预留港口周边未开发区域，进行旅游观光、休闲度假、水产养殖以及原生态保护。除此之外，港口资源开发中还应注意到可能造成的环境破坏，建立港口动态环评系统，严格执行港口企业、船舶环保准入政策，确保港口资源绿色可持续运用。加快港口商务中心建设，强化航运中心建设的服务功能，积极培育港口金融、物流、租船、二手船等市场发展，拓展港口服务功能。通过不断创新，建设全国甚至国际上最有效率和最具效益的港口。

扩大开放与创新发展视野下的广东外语学科创新环境报告

李海琳　梁　永[*]

一　理论背景和研究方法

（一）关于知识转移理论的建设性与批判性思考

20世纪80年代以降，源于国家间知识经济竞争的战略需要，知识创新成为经济增长、社会发展、就业机会增加的重要引擎，大学作为国家创新驱动体系的主要创新动力来源，在介入和推动国家经济发展方面作用日显。

1977年，美国技术和创新管理学家Teece提出"知识转移"概念，提出"通过技术的国际转移能积累大量的跨国界应用知识"[①]，对组织之间知识传播现象的研究逐渐成为各国学者的关注焦点。一般认为，"知识转移"是指大学、商业和公共部门通过鼓励支持知识流动并最终实现合

---

[*] 李海琳，广东外语外贸大学科研处助理研究员；梁永，广东外语外贸大学教育技术中心实验师。

[①] 王炳富、刘芳：《创新集群内知识转移的模式与特点研究》，《科技进步与对策》2010年第27卷第16期。

作而从中获益的一切活动。曹兴[①]等人在分析国内知识转移的有关文献后总结出四大研究路径，即知识转移过程及模型、知识转移影响因素、知识转移理论和知识转移应用。而在高校知识创新能力方面，焦点集中在创新理论研究、创新评价指标体系研究以及创新能力实证研究等方面。国内的知识转移研究学者大多侧重宏观数据搜集和整体评价模型建构的宏观研究视角，并倾向认为：大学所拥有的知识类型是其开展知识转移的关键资源，大学拥有的知识类型被社会需求越大，其在同类型组织中的竞争优势越明显，其进行知识转移的范围也就越广，创新能力越强。

在国外，随着欧洲一体化进程推进、美国"9·11事件"以及经济危机的发生，欧美多国开始反思人文社会科学在国家经济发展、安全策略以及社会福祉方面的重要作用。在西方，知识转移理论研究学者开始对知识转移理论进行批判性反思。

一是把知识转移的考核和评价指标从单一的技术要素上升为侧重创新整体性的知识要素，并提出政策制定和知识转移管理流程应兼顾人文社会科学知识生产和运用的特殊性。据王志章统计[②]，在美国硅谷的人文社会科学工作者达上万人，他们在硅谷科技创新中推出新理念，发挥潮流导向作用，以其学术软实力赢得社会的广泛认同。在欧洲，经济合作与发展组织（OECD）和欧盟统计署（Eurostat）出版的第三版《奥斯陆手册》也将创新的范围从技术创新扩大到非技术创新（例如市场创新、金融创新、管理创新、社会创新）的人文社会科学领域，强调创新要素之间的关联和协调。[③]

二是关注"知识转移"的风险和时间成本问题。Gabriel Szulanski 质疑传统理论研究所声称的知识转移是"投入少并瞬间共享的"，他指出，知识转移总是费时而困难的，但由于传统知识转移理论的认识局限，转移

[①] 曹兴、郭然：《知识转移影响因素研究及其展望》，《中南大学学报》（社会科学版）2008年第14卷第2期。

[②] 王志章：《人文社会科学服务科技创新的路径与启示——基于美国硅谷的视角》，《社会科学家》2014年第1期。

[③] 金吾伦：《创新的哲学探索》，东方出版中心2010年版，第146页。

的困难总是被当成反常事物而非转移本身特性,而致使艰难的知识转移过程缺乏有效的制度性支持。

三是,市场虽然极度需要新知识、新技术,但当未经验证的新知识新技术进入市场时,由于无法预期其回报以及成功的可能,这种风险往往使得合作者谨小慎微,从而增加了知识转移的时间成本。①

(二) 问题的提出

中国是外语教育大国,有着庞大的外语教师队伍,根据汪晓莉等人统计,2008年中国普通高校专任外语教师数量为11.94万人,占全国普通高校专任教师总数的9.7%,比任何一个人文社会科学门类的专任教师数都多,比哲学、法学和历史学3个学科门类专任教师总数(10.72万人)还多。② 然而,一直以来高等外语院校被人诟病的是"科研创新动力不足、研究成果薄弱",而与之形成迥然差异的是社会经济发展对外语的巨大需求,这两者的差异既是高等外语院校(院系)的生存现状,也是当下解放和激发广大外语教师创新能力的症结所在。

十三五期间,广东提出"构建全方位开放发展新格局,形成广东参与国际竞争的新优势提升国际竞争力,构建开放发展新格局"的建设愿景,作为国际人才培养、文化传播以及对外合作和交流主要阵地的外语院校迎来了新的机遇和挑战。然而根据赵蓉英③、原长弘④等人的研究,大学体制类型会对高校知识转移造成影响,自然科学类比人文社会科学类的投入、产出要大,且投入和产出更容易量化。由此产生的疑问是:人文学

---

① Gabriel Szulanski, "The Process of Knowledge Transfer: A Diachronic Analysis of Stickiness Wharton School, Department of Management, University of Pennsylvania", *Organizational Behavior and Human Decision Processes*, Vol. 82, No. 1, May, 2000, pp. 9 – 27.
② 汪晓莉、韩江洪:《基于实证视角看中国高校外语教师科研现状及发展瓶颈》,《外语界》2011年第3期。
③ 赵蓉英、陈必坤:《2012年中国高校创新指数分析》,《重庆大学学报》(社会科学版) 2013年第19卷第1期。
④ 原长弘、贾一伟、方坤、刘朝:《中国大学体制类型对高校知识转移的影响:一个基于资源观的分析》,《科学学与科学技术管理》2009年第7期。

科是否适应量化创新框架？如何衡量和评价人文学科对地区经济的贡献和作用？

为此，本文从学科创新环境的角度，着重考察了外语学科在知识管理规划和社会外部需求长期作用下的发展状况。通过分析广东省外语学科的专业结构、学科层次和社会需求，尝试从学科建制角度探讨广东省外语学科在经济价值、社会需求等方面的新特点与新变化，并就如何创造广东省外语学科科研学术环境提出建议。

二 广东省外语学科的创新环境

（一）广东外语类本科专业学位点迅速增长，语种设置布局集中在英语和日语上，外语学科生均教育经费投入与北京、上海等地区差距明显

根据国家学信网的检索数据：2015年北上广地区8个常用或热门语种的[①]本科专业分布中，广东省共设有英、俄、法、西、阿拉伯、德、日、韩的本科专业学位点110个，在北上广地区中排名第二，仅落后于北京的113个本科专业学位点，而超过上海的83个本科专业学位点（见表1）。

表1　2015年北上广地区部分外语本科专业学位点分布情况

	5种联合国常用语言（汉语未列入统计）					3种国内热门非通用语种			合计
	英语	俄语	法语	西班牙语	阿拉伯语	德语	日语	朝鲜语	
广东	51	3	7	2	2	5	36	4	110
北京	41	10	12	10	5	10	19	6	113
上海	28	4	6	4	2	12	22	5	83

资料来源：阳光高考网（http://gaokao.chsi.com.cn/sch/search.do）。

在本科专业学位点设置数量上，广东省占绝对优势的本科专业学位点

---

① 本文界定的外语学科范畴为教育部《学位授予和人才培养学科目录（2015年）》中外国语言文学下设的62个本科以上专业。

是英语和日语,分别有51个英语本科专业学位点和36个日语本科专业学位点,为全国最多,此外广东的阿拉伯语本科学位点设置数与上海并列第二,然而在俄语、法语、西班牙语、德语和朝鲜语的本科专业学位点设置上均少于北京和上海。

根据李祥云[①]、戴炜栋[②]等学者的研究,尽管外语在整个国民教育体系中的地位和作用得到提高,但扩招后,地方普通高校生均投入省际分布差距呈现逐年扩大的趋势,高校外语学科发展所获得的资源支持与要素投入明显不足。为此,课题组对北京外国语大学、上海外国语大学和广东外语外贸大学三校的师生规模进行调查后发现(见表2),广外的本科生师生比为1∶17.5,超出北外师生比2.34倍,超出上外师生比2.26倍,仅达到全国平均师生比水平。而根据教育部2015年10月公布的2014年全国教育经费执行情况统计公告(见表3),广东高校的生均教育事业费支出为北京高校的四分之一,为上海高校的二分之一,较全国生均教育事业费支出减少了1741元,广东高校生均公用经费支出约为北京的六分之一,约为上海高校的三分之一,较全国高等教育生均公共经费支出减少了2091元。上述数据表明,在广东外语学位点迅速增长的同时,资源(师资及经费)投入问题仍未得到有效解决。

表2　　　　　　　　2014年北外、上外、广外师生数据

高校师生数据	北外	上外	广外
本科生	4965	5972	20054
专任教师	665	772	1148
本科生师生比	1∶7.47	1∶7.74	1∶17.5

资料来源:三所学校的门户网论介绍。

[①] 李祥云、魏萍:《地方高校生均支出地区差异及其原因的实证分析》,《高等教育研究》2009年第7期。

[②] 戴炜栋、吴菲:《我国外语学科发展的约束与对策》,《外语教学与研究:外国语文双月刊》2010年第3期。

表3　2014年北京、上海、广州地区高等教育生均公共财政预算教育事业费增长情况

高等教育公共财政预算经费执行情况	北京	上海	广州	全国
生均教育事业费支出（元）	58548.41	27111.70	14361.68	16102.72
增长率（%）	22.93	-10.19	1.24	3.28
生均公用经费支出（元）	34710.96	17831.19	5546.02	7637.97
增长率（%）	28.28	-25.26	-8.27	-1.55

资料来源：《教育部、国家统计局、财政部关于2014年全国教育经费执行情况统计公告》（2015年10月9日），2015年10月13日，教育部门户网站（http://www.moe.gov.cn/srcsite/A05/s3040/201510/t20151013_213129.html）。

（二）广东省外语学科建设层次和发展水平与北京和上海存在较大差距

根据课题组对北京、上海、广州地区高校中8类外语硕士点（其中5种联合国通用语言，3种热门非通用语言）设置情况的统计（见表4），在8个语种的外语硕士学位点设置中，广东省有17个外语硕士学位点，在北上广中排名第三，远远落后于北京的72个外语硕士学位点和上海的32个外语硕士学位点。而且，广东的外语硕士点侧重在英语和日语，其余6个语种的硕士点设置多为1到2个，远低于北京和上海同类外语硕士点。

而从全国的外国语言文学硕士点设置情况来看（见图1），广东省的外国语言文学硕士学位点仅为9个，在全国排名第8，与天津市、辽宁省并列，远落后于北京市、江苏省、上海市、山东省等教育强省，甚至也低于陕西、四川、湖北等西南和内陆省份。

在外语类博士学位的设置方面，全国15个拥有外语类博士学位授权点高校的省市中，北京市拥有的高校数量最多（11所），占总数的27.5%，其次是上海、江苏等省市，拥有2个外语类博士学位授权点的广东省排在第7位，[①] 再次与天津市、辽宁省并列。

---

① 史耕山：《中国高校外语学科定位与教师发展模式研究》，南开大学出版社2014年版，第18页。

表4　　2015年北上广地区部分外语硕士学位点分布情况　　（单位：个）

	5种联合国常用语言（汉语未列入统计）					3种国内热门非通用语种			合计
	英语	俄语	法语	西班牙语	阿拉伯语	德语	日语	朝鲜语	
广东	7	2	1	1	0	1	4	1	17
北京	17	10	10	6	5	9	11	4	72
上海	9	3	4	1	1	4	9	1	32

资料来源：中国研究生招生信息网（http://yz.chsi.com.cn/zsml/）。

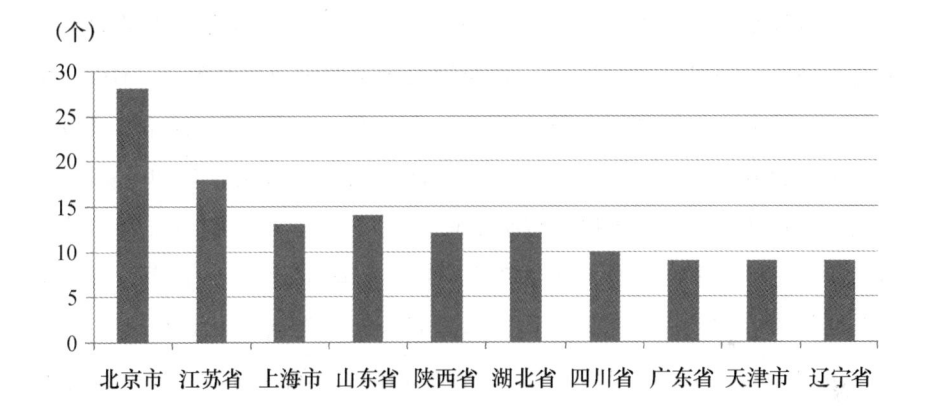

图1　外国语言文学硕士学位点院校分布（数量最多的前10个省市）

资料来源：中国研究生招生信息网（http://yz.chsi.com.cn/zsml/）。

关于外语学科层次的数据表明，北京、上海、江苏的外语硕士、博士学位点高度集中，外语学科的研究基础和研究水平处于国内领先位置。虽然这种局面与北京、上海、江苏等高校的学科先发优势、学科历史传统不无关系——在全国设有国家级重点学科外国语言文学的高校，北京有7所，上海有3所，而广州仅有两所（中山大学和广东外语外贸大学）。但广东省地处外向型经济需求明显的沿海地区，其外语学科的结构层次和研究实力与北京、上海、江苏等地存在的巨大差距令人深思。

（三）广东外语学科语种设置布局较为单一，未能适应广东外向型经济的多语市场需求，未能提供与区域经济发展相匹配的语言红利

从社会生产的角度来看，外语是国际贸易、国际交流中的稀缺资源。劳动力人口的语言能力不但代表该地区的教育水平，同时也与该地区的经济活跃度与开放程度有着正向关系。相关研究发现，瑞士2008年GDP中约一成由语言经济构成，其中大部分是通过对工作语言在贸易中的作用的计算得到，在欧盟，有17%的中小企业因为缺乏外语技能而蒙受经济损失。①

广东省作为中国大陆与"一带一路"沿线国家经贸合作量最大、人文交流最密切的省份（2014年广东与沿线国家的进出口总额达1310亿美元，占中国大陆与沿线国家进出口值的22.4%），其自身在经济、政治、文化和社会方面存在大量的外语人力需求。据广东省统计局的《广东国民经济和社会发展统计公报》数据表明（见表5），广东省出口贸易总额持续4年保持较多增长的出口对象是东盟、韩国和俄罗斯，其中，韩国平均年增长率达34.8%，东盟年增长率达13.6%，而欧盟以13%的4年出口贸易份额逼近美国的16%；从4年进口贸易总额来看，进口贸易总额前4名分别是东盟（28%）、日本（22%）、韩国（21%）和欧盟（14%），随着香港市场与内地市场的进一步融合，新的贸易需求和增长趋势将会集中在东盟、欧盟、韩国等非英语国家。

2015年零点公司的初步统计数据表明（见图2），设置"一带一路"沿线国家语种类别最多的15所高等院校中，北京有6所（占40%），上海有两所（占13%），广东有1所（占6%）。其中，可覆盖语种数量位居前列的院校分别是：北京外国语大学（可覆盖54个"一带一路"沿线国家的35个语种）、北京大学（可覆盖34个"一带一路"沿线国家的17

---

① Grin, F., Sfreddo, C. & Vaillancourt F., "Languesétrangères dans l'activité professio-nelle", rapport final de recherché, 2009/10/12, www. unige. ch/eti/recherches/groupes/elf/recherche-activite/projets-acheves/LEAP/leaprf resume. pdf.

表5　　　　广东省2011—2014年主要进出口贸易国家和地区

（单位：亿美元、%）

进出口总额及比例	中国香港地区	美国	欧洲联盟	东盟	日本	韩国	俄罗斯
4年出口总额	8987.4	2729.48	2126.79	1232.18	780.07	581.21	196.47
占主要出口比例	54	16	13	7	5	3	1
4年进口总额	205.3	596.74	805.32	1644.76	1350.88	1250.91	41.09
占主要进口比例	3	10	14	28	23	21	1

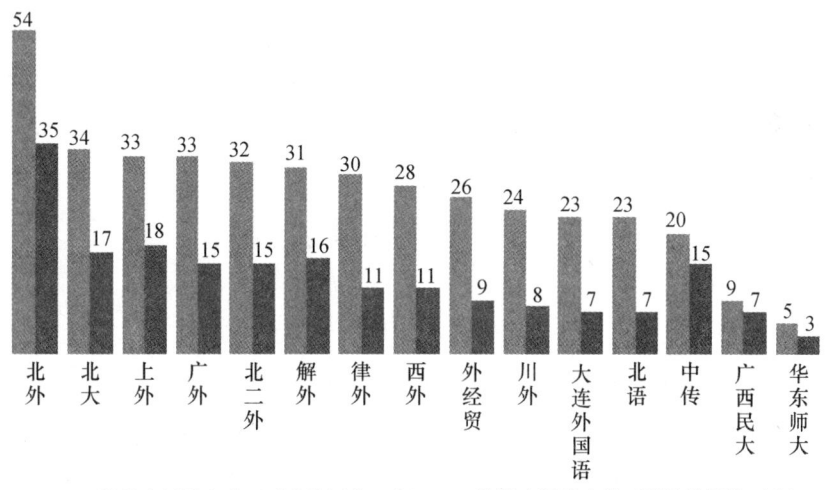

图2　我国语言类院校覆盖一带一路沿线国家和语种情况

资料来源：零点门户网站（http://www.horizon-china.com/page/4102）。

个语种）、上海外国语大学（可覆盖33个"一带一路"沿线国家的18个语种），广东外语外贸大学（可覆盖 33 个"一带一路"沿线国家的 15 个语种）。而随着 2016 年 6 月英国公投决定脱欧，英国与欧洲有可能转向与中国、美国等国家分别建立更紧密经贸关系，这一重大变化将为中欧经济、中英经济带来新的机会与挑战。

从上述经济活动和人才市场的分析来看，广东省目前的外语专业设置虽然一定程度上辐射了广东省对外经济社会文化发展与交流的重点国家和地区，譬如香港、美国和日本，但从广东地处东南亚、比邻南海的地理优势和经济发展前景来看，广东省的语种人才培养规模和就业需求之间的关系不如北京和上海均衡，外语语种设置布局仍较为单一，语言资源远未能适应广东外贸型经济活跃的多语市场需要；而在与国家"十三五"规划密切相关的欧盟、东盟、朝鲜半岛、阿拉伯等未来经济重点增长区域的本科学位点建设上，缺乏关键语种的人才培养战略规划，尤其在当前"一带一路""自由贸易区""广州建设国际化大都市和国家中心城市"等重大政策需求下，外语学科顶层规划缺失不但将对广东地区外语专业结构与学科层次产生深远影响，其导致的高层次非通用外语人才储备匮乏和外语研究创新动力不足，都将影响和降低广东在全球竞争中获取产业、人才、资本、技术等新资源的优势和吸引力。

三 结论和建议

沈壮海等人的研究发现，"学术环境""评价导向"和"管理制度"是影响哲学社会科学发展的重要因素。[①] 为此，课题组提出，在当前广东省扩大开放与创新发展方针下，广东省外语学科应该更重视长远目标和整体规划，营造优长结合可持续发展的学科生态，从学科层面重点解决以下三方面问题。

---

① 沈壮海：《当前中国高校的哲学社会科学创新：观念和路径——基于全国 50 所高校的调查》，《中国社会科学》2012 年第 8 期。

（一）探索和建立广东省高校的学科分类评估体系

建议将外语成果应用的影响规模、重大社会价值等指标纳入学科评估中的社会影响因子，为具有长期战略发展意义而非短期利益回报的小语种专业预留发展空间，在制度设计上确保有可持续的稳定投入和发展支持政策，以学科生态良性发展为目标以引导和培育学科发展，重视不同学科发展的独特性，鼓励不同层次的高校错位发展。

（二）重视发展广东省外语学科的质量、层次和特色

从全国、东南亚区域乃至全球竞争的角度，组织国内外语、教育、经济和政策规划领域的专家学者依据政治与经济目标，调查人才市场需求，了解民众的态度与行为，在对经贸语种需求进行科学分析和预测的基础上，合理编制广东省外语政策、广东省经贸语种发展规划、广东省重点扶持语种规划等。根据广东省外语学科发展的重点领域和发展方向，合理编制涵盖高中、本科、硕士、博士等层次的广东省关键外语语种建设实施方案，培养完整的人才培养、科学研究、社会服务的外语学科生态体系。

（三）重视发挥高等外语院校在语言研究和人才培养方面的既有优势

支持高等外语院校加强广东省重点扶持发展语种的高层次外语人才、区域和国别研究专家、语言规划专家等领域人才培养，鼓励高等外语院校开展与语言科学、语言政策、语言经济、区域经济与政治、信息技术等重点领域的交叉研究。重视建立不同层次的外语协作组织和平台。改变目前大部分外语教师教学投入时间长、科研方法缺乏、研究个体化、课题碎片化的生存现状，重视外语学科研究平台、研究团队的建设，注重基础性课题研究方向的聚合性，通过建立协作平台，为语言成果应用提供有效的支持和服务。

广东率先构建开放型经济新体系的战略构想[*]

黄晓凤　王廷惠[**]

经过 30 多年的改革开放，广东已成为我国崛起最快、人口集聚最多、创新能力和综合实力最强、经济最为发达的省份之一，取得了举世瞩目的成就。但随着世界经济格局的深度调整，广东开放型经济发展面临新的挑战，对外经济发展的道路上仍存在不少矛盾和困难，主要是：不平衡、不协调、不可持续问题凸显；贸易结构不合理，对外贸易在国际分工中依然处于"低端"，现代服务贸易发展滞后；在国际市场中缺乏"广东价格"影响力；自主创新仍是突出短板等。这些问题的存在不仅会影响到广东经济持续增长，而且不利于新常态下中国经济保持中高速增长和迈向中高端水平。因此，如何进一步提升对外开放新水平、构建开放型经济新体系、增创开放型经济新优势以解决这些问题，成为当前乃至今后一段时期广东改革开放面临的最迫切的战略任务。

与此同时，随着中国（上海、广东、天津、福建、辽宁、浙江、河南、湖北、重庆、四川、陕西）自由贸易试验区的启动及"一带一路"

---

[*] 本文为国家社会科学基金重大项目"提高发展平衡性、包容性和可持续性动力机制研究"（15ZDC012）之阶段性研究成果。

[**] 黄晓凤，广东财经大学国民经济研究中心常务副主任、教授；王廷惠，广东财经大学副校长、教授、博士生导师。

倡议的实施，中国新一轮开放的大幕在内外两个方面同时拉开，呈现出一种前所未有的开放格局。在国家新一轮改革开放启航之际，广东又一次被推到了先行者与排头兵的位置，这不仅突出了广东发展开放型经济作为国家战略的特殊意义，实际上也要求广东承担建立中国开放型经济新体制、增创中国开放型经济新优势的改革、探索和试验的责任，要求广东抢占开放型经济制高点，成为开放型经济发展的引领者，将中国的对外开放推进到一个新水平。

一　广东率先构建开放型经济新体系的战略目标

"一带一路"倡议下广东加快构建对外开放型经济新体系，发展更高层次开放型经济，就是要顺应世界经济发展新趋势，创新开放型经济体制机制，培育国际经济合作竞争新优势，强化中国（广东）自由贸易试验区的溢出效应，形成"一极（珠三角）突破、两翼（粤东、粤西）提升、多点支撑"的推进粤港澳经济深度融合、辐射"泛珠"发展、面向全球的多层次、立体化的广东对外开放新格局，[①] 提升广东服务中国经济"全球布局"的能力，促进经济平稳健康发展和社会和谐稳定。其具体发展目标为：

（一）建成一个高地：将广东建设成为开放型经济"新高地"

"新高地"归纳为"三新""三高"。"三新"为：以实现互利共赢为目标，构建开放型经济新体制；以创新为动力，培育参与和引领国际经济合作竞争新优势；以全球为视野，打造对外开放新格局；所谓"三高"：全球新技术、新产业、新业态的高集聚，国际贸易投资规则的高标准，法治轨道上推进对外开放的高水平。

---

① 黄晓凤：《发挥自贸区带动就业进一步提升对外开放水平》，《南方日报》2015年2月16日第2版。

（二）实现两大跨越：实现扩大高端制造业和现代服务业开放的新跨越

抓住全球价值链重新布局的机遇，有序扩大高端制造业和现代服务业两大领域对外开放。重点推进金融、高端航空航运服务、文化教育和健康医疗等领域逐步开放，除限制涉及国家安全的高新技术产业如深海、深空、深地、深蓝以及武器制造业的市场准入外，进一步放开船舶、高铁和其他机械设备等高端制造业，培育"中国广东高端制造"和"中国广东现代服务"双轮驱动的外贸发展格局。

（三）促进三大平衡：内外需平衡、进出口平衡、引进外资和对外投资平衡

当前全球经济复苏依然脆弱，国际市场有效需求不足，再加上"逆全球化"的升温，倒逼广东经济增长从过去更多由出口拉动向现在更多依靠内外需双轮驱动转变，通过双轮耦合实现内外需平衡。新常态下不仅要通过扩大进口高端设备、原材料、高端消费品等推进进出口量的平衡，更要通过引入国外高级生产要素、出口高附加值产品来追求进出口质量均衡。实施"引进来"与"走出去"均衡发展战略，形成资本双向流动平衡格局。

（四）打造四大中心：国际商贸中心、国际科技创新中心、国际制造业中心和国际航运中心

加快建设国际商贸中心，创新发展"智慧贸易"模式，试点打造离岸国际贸易示范区，增强全球商贸资源配置能力。创建国际科技创新中心，积聚国际高端创新资源，在基础研究、原始创新和世界科技前沿领域取得突破，把广东建设成为一个研发创新能力高度发达的研发中心。打造国际制造业中心，加快发展互联制造、智能制造、绿色制造、数字制造等新型制造，引领世界制造业发展方向。建立国际航运中心，加快航运要素市场建设，全面提升广东航运中心配置全球航运资源的能力。

（五）增创五大优势：新制度、新技术、新产业、新业态、新市场优势

全面开展贸易投资规则创新，积极参与国际经贸规则的制定，在与国际接轨的制度规则方面保持先发优势。前瞻布局先进制造、海洋、空间等前沿技术，在孕育新科技革命的若干新兴交叉领域成为"领跑者"。谋求在世界新兴产业领域的先发优势，引领中国开放型产业结构向高端化迈进。拓宽新业态的发展空间，重点发展跨境电子商务、离岸贸易、保税展示交易平台、国际检验检测等新兴经济业态。推动"一带一路"建设，深耕欧、美、日等传统市场，大力开拓前景广阔的新兴市场，在世界各国建立起广东对外投资开放新模式。

二 广东率先构建开放型经济新体系的战略重点

"一带一路"建设和自由贸易区建设是党中央顺应世界发展格局新变化，提升我国国际竞争新优势的重大战略部署，而广东"四个国际中心（国际商贸中心、国际科技创新中心、国际制造业中心、国际航运中心）"的建设是积极践行这两大战略的具体行动方案，因此"一带一路""四个国际中心"和建设中国（广东）自贸试验区三者联结成为一个"大三角"战略的有机整体。这个大三角包含三个顶点：一是由"一带一路"串起来的国际经济合作战略，包括中国—东盟"10+1"、亚太经合组织（APEC）、亚信会议（CICA）、中阿合作论坛、大湄公河次区域（GMS）经济合作、中亚区域经济合作（CAREC）、粤港澳大湾区、泛珠三角经济圈、北部湾经济区和珠江—西江经济带等；二是由全球高端要素和国际产业集聚概念串起来的"四个国际中心"；三是由全球新格局新规则所催生的、中国全方位改革探索所架构起来的中国（广东）自由贸易试验区建设；三个顶点相互支撑、有机融合，推动"一带一路"沿线国家或地区实现共赢发展。

(一) 加快建设中国（广东）自由贸易试验区

根据国家和省、市赋予的重大的历史使命和战略任务，依据中国（广东）自由贸易试验区总体方案，建设中国（广东）自由贸易试验区的思路是：

以制度创新为核心，以深化粤港澳合作为重点，以打造综合型自由贸易区为方向，在国际投资贸易、知识产权等领域探索对接国际高标准规则体系，打造新型国际投资贸易规则试验区，为国家参与新一代投资贸易协定谈判先行先试。

着力营造法治化国际化营商环境，提供高水平基础设施，推进投资贸易便利化先行先试，扩大金融、商贸物流、航运等服务业开放，全面深化贸易功能，提升投资功能，拓展离岸功能，发展运输、仓储、商品展示、金融甚至旅游等服务行业功能，成为总部经济、平台经济等贸易业态模式创新、离岸型功能创新、政府管理创新的"试验田"和示范区，探索全面深化改革扩大开放的新模式。

发挥毗邻港澳的优势，在CEPA框架下实施对港澳更深度开放，在金融创新、国际航运服务、企业走出去等方面全面深化穗港澳合作。

坚持充分发挥区域优势、体现产业功能集聚与联动、实现国内外资源高效配置的产业布局原则，将南沙片区打造成具有全球竞争力的以生产性服务业为主导的现代产业新高地和具有世界先进水平的综合服务枢纽，重点发展总部经济、国际会展、国际航运、高端制造等功能业务；将深圳前海蛇口片区打造成创新能力高度发达、对全球具有辐射影响力的国际金融服务和科技研发功能服务区及国际性枢纽港，充分发挥联通深港的优势，与香港深入融合重点发展科技研发、离岸金融、大宗商品交易（期货保税交割）、跨境电子商务、专业服务等功能业务；将珠海横琴片区打造成健康医疗和科技文化服务功能区，充分发挥毗邻澳门的优势，与澳门深入融合重点发展旅游休闲、健康医疗、文化科技和高新技术等产业。

（二）全面建设"一带一路"特别是"21世纪海上丝绸之路"桥头堡

广东位于南海之滨，是我国海上丝绸之路最早的发祥地之一，也是新丝绸之路的重要战略枢纽，为此在构建对外开放新格局、争当"一带一路"建设排头兵的战略布局中，要发挥资源禀赋、经济强省、毗邻港澳和东南亚、政策红利等诸多优势，深化与南太平洋岛国合作，建设环南海经济合作圈和中巴、孟中印缅两个经济走廊，打造"中国—东盟自贸区"升级版，构建"一带一路"发展的龙头枢纽，把开放型经济建设提升到一个新台阶。

着力扩大与沿线国家的贸易经济交往。扩大广东对沿线国家汽车及零部件产品、精细化工产品、轨道交通车辆、船舶装备、医药产品、高端金属材料、高分子材料、电子信息、纺织服装、家居用品、鞋帽产品等优势商品的出口，扩大对沿线国家优势产品进口市场份额；建立健全服务贸易促进体系，扩大服务业相互开放，规划建设广东专业性的跨境电商平台，推进跨境电子商务便利化。

着力拓宽产业投资合作领域。推进钢铁、服装、纺织、塑料制品、电子信息等部分产业的企业赴沿线国家投资，提升沿线国家制造业的发展水平；同时，积极鼓励沿线国家企业进入广东服务业与制造业市场，扩大对粤投资，分享广东改革发展的新机遇；支持广东与沿线国家企业围绕产业链分工开展投资合作，深化广东与沿线国家在研发设计、加工制造、市场营销等领域的服务产业投资合作；推动新兴产业合作，促进沿线国家加强在新一代信息技术、生物、新能源、新材料等新兴产业领域的深入合作。

着力促进与沿线国家的资金融通，深化金融合作，支持沿线国家金融机构落户，支持信用等级较高的企业以及金融机构在广东境内与沿线国家双向发行人民币债券和外币债券；探索建设金融创新试验区，开展离岸金融和跨境业务，争取引进亚洲基础设施投资银行功能总部，探索设立中国—东盟、中国—南亚、中国—欧洲等跨境人民币结算中心，积极推进与沿线国家"货币流通"。

着力加快海陆空交通设施的互联互通，深化与沿线国家和地区在港口、机场、陆路交通等方面的合作，推动跨境交通网络的规划协调和对接，推动广东和沿线国家在港口、铁路、航空领域的互联互通进程，共同构建连接海上丝绸之路各国的国际大通道。海运方面，努力开拓与西亚、南亚、东南亚、东非等国际海运线路，支持广船国际等优势企业参与"21世纪海上丝绸之路"沿线国家重要港口国际合作，共建友好港口、临港物流园区和产业园区，完善海上丝绸之路港口网络。陆运方面，广东应加强在公路、铁路（高铁）的联通和口岸基础设施建设，开通国际高铁专列，打造与沿线国家更加便捷的贸易通关体系。空运方面，增加与沿线国家的航空线路和直达航班，增强与沿线国家贸易的空运物流承载力。

联合打造具有丝绸之路特色的国际精品旅游线路，如广东—东盟—南亚游；广东—乌鲁木齐—中亚游等；推动21世纪海上丝绸之路邮轮旅游合作。

着力与沿线国家加强科技合作，支持领军企业到沿线国家设立研发中心、产品设计中心，合作建设国际技术转移中心、科技企业创新园等创新载体。推动企业从输出产品向输出技术、标准和品牌转变，提升对沿线国家科技创新辐射力。

（三）着力打造"四大国际中心"：国际商贸中心、国际航运中心、国际科创中心和国际制造业中心

1. 加快建设国际商贸中心

基于国际经贸格局新变化，以"平台化、高端化、精细化"为导向，在增强全球商贸资源配置能力、塑造商贸交易平台、发展新型商贸业态模式、营造接轨商贸环境等方面取得新突破。

2. 加快建设国际航运中心

重点依靠研发、技术、服务等手段实现广东航运业务从价值链低端向高端的攀升；形成以广州为中心、以珠江流域为腹地、与国内其他港口错位发展的国际航运枢纽港；大力发展高端航运金融服务、法律服务、物流服务，形成服务优质、功能完备的现代航运服务体系；增强国际航运资源

整合能力，打造具有全球航运资源配置能力的国际航运中心。

3. 创建国际科创中心

着眼世界科技发展前沿，实施创新驱动发展战略，开展协同创新，抢占新一轮经济和科技发展制高点，在孕育新科技革命的若干新兴交叉前沿方向上成为"领跑者"，建设具有全球影响力的"一轴两核三圈三弧"国际科技创新中心。所谓"一轴"指"广州—深圳—香港创新轴"；"两核"指广州、深圳两大国家创新型城市；"三圈"指"广佛肇创新圈""深莞惠创新圈"和"珠中江创新圈"；"三弧"指粤东、粤西、粤北地区。

4. 打造国际制造业中心

站在世界新一轮产业和科技革命的前沿，以数字化、网络化、智能化、低碳化为发展方向，谋高端、增效益，在"中国制造2025"战略指导下，抢先进入工业4.0时代，打造广东制造升级版，保持广东第一大支柱产业——制造业的国际竞争力，加快建设国际制造业中心。

三 广东率先构建开放型经济新体系的战略路径

（一）加强海陆空国际大通道建设，全面增强与世界各国互联互通功能

1. 提升世界级海港枢纽地位

实现广东港口群资源优化配置，与其他区域港口协同发展，共建我国华南、中南和西南地区的国际出海大通道；大力推进江海联运码头、邮轮母港码头等重点项目，积极开辟国际班轮航线，布局邮轮运营、建造及邮轮母港等产业链的各个环节，打造国际采购、国际配送和全球集拼分拨管理平台，携手香港共建辐射全球的具有全球航运资源配置能力的航运中心。

2. 建设通畅安全高效的国际高铁运输大通道

根据"一带一路"走向，建成广州南站、深圳北站、珠海北站、湛

江站交通枢纽，规划建设广州南沙高铁站，新建穗莞深连接新加坡、连接中南半岛的曼谷、连接印度半岛的新德里的高铁项目；以沿线中心城市为支撑，开通穗莞深至莫斯科、至乌兰巴托等国际高铁专列，与西南、西北等省市共同打造新亚欧大陆桥、中蒙俄、中国—中亚—西亚—东南亚、中国—中南半岛、中巴、孟中印缅等国际经济合作走廊。

3. 打造世界级复合型国际航空枢纽

完成白云、深圳国际机场及惠州、韶关、佛山军民合用机场的扩建工程建设，加快推进广州南沙新区商务机场规划建设，吸引国际航空公司来珠三角设立基地、开拓市场，开通更多的东盟、南亚、中亚、非洲、欧洲航班航线，构建亚洲绝大部分城市"5小时航空圈"，打造世界级复合型门户枢纽。

4. 加快建成全球信息网络的核心节点

推进智慧城市建设，打造枢纽型国际化信息港。基本建成国家超级计算中心、新一代宽带网络、若干个云计算中心、城市大数据信息资源库和智能物流骨干网，推进跨境光缆等通信干线网络建设，提高国际通信互联互通水平，畅通信息丝绸之路，成为汇聚亚太、辐射全球的信息资源中心。

（二）构建开放型经济新体制，创新国际一流的法治化市场化营商环境

1. 构建开放型经济新体制

对接国际贸易新规则，创新贸易自由化投资自由化的开放制度，重点是：

自由贸易试验区"境内关外"的海关监管制度。推进实施"一线放开、二线管住、区内自由"的海关监管模式。

接轨国际的服务贸易管理制度。进一步扩大服务业开放，建立服务贸易便利化制度，创建服务新型标准体系，建立科学的服务贸易管理体制和政策框架。

基于负面清单的外资准入制度。借鉴国际通行规则，对外商投资试行准入前国民待遇，研究制定自由贸易试验区外商投资与国民待遇等不符的负面清单，将涉及国家经济安全的战略性列入负面清单。

更加高效规范的投资管理制度。对负面清单之外的领域，将外商投资项目由核准制改为备案制；实施外商投资安全审查制度，推动行政监管重心从准入许可转向产业安全、专业资质认定和外资并购安全审查。

宽松可控的外汇管理制度。实行人民币资本项目可兑换，开放自由汇兑交易，对区内与试行跨国公司总部外汇资金集中管理、跨境贸易电子商务服务外汇管理、国际贸易结算中心外汇管理，建立跨境支付、跨境信用、跨境物流等领域的外汇管理方式。

与市场化全球化金融业务相适应的金融制度。推行人民币跨境贸易结算与跨境直接投资；自由贸易试验区内设立跨境金融资产交易平台，向区内和境外投资者开放；推行利率市场化改革，探索金融机构市场化自主定价机制；探索离岸金融发展的有效模式。

遵循国际惯例的税收管理制度。建立与海关监管模式相适应的税收征管机制，在出口退税、免税、保税等方面探索更加简便的征收方式；对重点鼓励发展的服务贸易、离岸业务、功能性总部等领域实行税收优惠；完善保税船舶登记制度、期货保税交割运作机制、国内货物保税延展及保税延展物流运作模式。

2. 创新国际一流的法治化市场化营商环境

创新法治化营商环境。以国家相关法律法规为基础，研究制定与国际规则相衔接的知识产权保护、仲裁制度、权益保护及新兴业务相关的法律法规，推动涉及营商环境的法规规章体系全面与国际接轨。

创新市场化营商环境。重新审定政府与市场之间的关系，政府管理服务的着力点要放在真正营造市场规范、标准制定、环境改善、公平竞争、诚信体系、劳动者权益保护等现代市场经济发展环境；完善规范的市场竞争环境，加快建立符合现代市场经济要求的社会信用体系。

创新政务环境。进一步深化行政审批制度改革，创新政府管理方式，拓展电子政务，推进大通关体系建设，促进贸易投资便利化，加强事中事后监管，建立透明高效的政务环境，全面提升公共管理质量和效率。

(三) 推动外贸与投资实行创新发展

1. 推动外贸稳增长调结构

(1) 积极培育外贸新业态

顺应全球经贸发展新趋势新格局，创新集聚发展具有高开放度、高技术含量和低碳等特征的新型国际贸易业态。创新离岸贸易新业态；促进总部经济发展；创新跨境电子商务新业态，培育一批互联网时代广州企业抢占国际市场的"航空母舰"和"排头兵"；大力发展金融贸易核心功能业态。

(2) 大力发展高端价值国际服务贸易

建立健全有利于服务贸易发展的财税、金融、产业等政策，重点发展文化创意与工业设计、海洋科技研发、软件开发与云服务等领域的服务外包、高端航运、特色金融与专业服务、智慧物流、融资租赁、仓单质押融资、检验检测、健康医疗、教育培训等国际服务贸易。

(3) 推动广东外贸从"大进大出"转向"优进优出"

所谓"优进"，就是有选择地进口紧缺高新技术、先进设备和关键零部件，充分发挥技术、装备和零部件应用过程的示范关联效应和溢出辐射效应，推动广东产业结构高度化和合理化。而所谓"优出"，就是一方面扩大高科技含量、高附加值、低污染产品出口，另一方面推动产品、技术、标准、管理的"全产业链出口"。

2. 高水平引进来，宽领域"走出去"

(1) 放宽市场准入，强化高端引资

放宽外资准入限制，有序开放金融、教育、文化、医疗等服务业领域；丰富外商投资方式，支持外资企业以并购、证券投资和投资基金、特许权协议等多种方式进入广东，并以股权、知识产权等非货币方式扩大投资；强化高端招商选资，围绕发展战略性新兴产业，有针对性地瞄准相关企业开展招商；抓住德国工业4.0契机，重点引进欧洲高端制造业关键技术和先进设备；充分发挥外资的技术、知识溢出和带动、辐射效应。

(2) 创新投资方式，拓宽投资领域

推动跨境人民币投资、股权投资等对外投资新方式，推动对外承包工程向高附加值领域拓展，挖掘对外投资新的增长点。

丰富投资方式，拓宽投资领域。充分利用境外技术、自然资源、资本和人力，建立境外生产加工园区、产品销售中心、境外营销网络、海外研发中心，进行资源能力开发；鼓励有实力的企业在境外资本上市，扩大海外融资渠道和规模；开展跨国并购、品牌收购和技术合作等。

（四）创建区域协同开放、面向全球的多层次、立体化的广东对外开放新格局

1. 推进珠三角、粤东、粤西、粤北四大区域协同开放

珠三角地区充分发挥引领作用，打造国际商贸、国际航运、国际科技创新、国际制造业中心，提升珠三角城市群国际化水平，更好服务国家"一带一路"倡议；汕头、阳江、湛江、茂名等市要着力参加21世纪海上丝绸之路建设，深化与沿线国家海洋领域的经贸合作，积极培育对外贸易新增长点；韶关、河源、梅州、清远等地加快发展特色外向型产业，提高产业的国际竞争能力；通过协同开放，形成珠三角，粤东、西、北全方位开放的新格局。

2. 促进"泛珠三角经济圈"区域协同开放

泛珠区域内的广东、广西、福建、海南、云南、香港、澳门都是沿海或沿边省份和城市，国家都给予了不同的对外开放先行先试的优惠政策。因此，广东应抓住国家批准设立广东和福建自由贸易试验区的有利时机，以交通基础设施建设为切入点，整合"北部湾经济区""珠江—西江经济带""海峡西岸经济区""粤港澳大湾区"和"海南国际旅游岛建设"等"9+2"区域内相关政策和资源优势，与"泛珠三角经济圈"其他区域共同打造海上丝绸之路与丝绸之路经济带有机衔接的重要门户。

3. 带动内地更广大区域参与全球竞争合作

一是依托广东在高端制造、新一代信息技术、生物医疗、海洋产业、航运物流等战略性新兴产业优势，吸引内地与港澳各类相关科研资源在广

东集聚，在战略性新兴产业领域不断增强源头创新能力，提高产业国际竞争力。二是充分发挥港澳的国际化优势，开拓英联邦国家、葡语系国家市场，促进粤港澳及内地更广大地区参与全球互利共赢的合作。

4. 促进与"一带一路"沿线国家融合共赢发展

充分发挥港澳作为国际金融中心、贸易中心、航运中心的带动作用和开放程度高、经济实力强、辐射带动作用大的优势，与港澳共同建设面向"一带一路"沿线国家、联通内地的开放门户与21世纪海上丝绸之路建设的排头兵和主力军。创新在"一带一路"沿线发达国家建立起广东对外投资的开放新模式，与"一带一路"沿线国家在竞争合作中实现错位发展；主动参与孟中印缅经济走廊、中巴经济走廊、中新经济走廊等建设，深化泛北部湾、大湄公河、环南海区等地区的合作，打造环南太平洋、印度洋经济合作圈；重点深化与南太平洋岛国合作，推动中国—东盟自由贸易区升级版建设。

5. 推进全方位对外开放

深入实施市场多元化战略，进一步拓展对外开放的广度和深度，抓住欧洲、北美、日本市场有所回暖的机遇，深度开发欧、美、日等传统市场，加强与欧、美、日等发达经济体在产业、技术、贸易、投资、人才等领域的深度合作。开展与非洲、南美、澳大利亚、新西兰等在进出口贸易、基础设施建设、能源开发、海外并购等领域的合作。积极参与国家自由贸易区建设，深化与我国已签订自由贸易区协定的冰岛、瑞士、智利等国的经贸合作，引导企业充分利用协定安排下的各种投资、贸易便利化措施和原产地优惠贸易政策。

以大开放促深改革：增加
有效供给的现实路径[*]

王廷惠 黄晓凤[**]

推进供给侧的结构性改革，是中国改革进入深水区和攻坚期的重大改革部署，是"十三五"时期的发展主线，是经济中高速增长和产业迈向中高端水平的必然要求。供给侧结构性改革的关键，在于通过制度改革解决结构问题，推动生产要素和资源价格市场化改革，降低市场运行和配置资源的制度成本，强化政府监管生产经营活动的环境治理、生态治理和公共安全治理，充分发挥市场决定性配置资源作用，更好发挥政府作用，减少低效和无效供给，提升供给动能，增加有效供给，提高供给质量。

一 有效供给不足：供求矛盾的主要方面

改革开放以来，中国经济长期高速增长，三十余年时间完成了从商品匮乏、供不应求的卖方市场到物资服务丰富、供过于求的买方市场的转变，告别了短缺经济时代。经济增长的中国奇迹，建立健全了产业体系，

---

[*] 本文为广东省委宣传部打造"理论粤军"课题"如何看待使市场发挥在资源配置中起决定性作用和更好地发挥政府作用"之阶段性成果。

[**] 王廷惠，广东财经大学副校长、教授、博士生导师；黄晓凤，广东财经大学国民经济研究中心常务副主任、教授。

迅速提高了中国生产能力，迅速提高了中国供给水平，供给满足需求水平日益提升，百姓生活水平显著提高，经济总量迅速增加，中国成为全球第二大经济体。当前，经济运行的主要矛盾表现为供求失衡，矛盾的主要方面在于供给侧，具体表现为生产能力普遍过剩和有效供给相对不足，现有生产力不能满足人民日益增长、不断升级和个性化的物质文化与生态环境需要。[1] 现有生产能力开工不足，过剩产能和积压的库存沉淀了大量的厂房、土地、设备和劳动力等生产要素，使得要素无法从过剩领域流到有市场需求的领域、从低效率领域流到高效率领域，降低了资源配置效率，[2] 造成资源浪费。

（一）过剩生产能力：低层次、普遍性和长期性

有效供给不足的源头，在于过剩的生产能力。一般认为，产能利用率低于75%为严重过剩。1998年至今，中国经济半数以上时间、许多重要行业平均产能利用率大体为70%—75%，均处于产能严重过剩状态，IMF的研究报告甚至认为，中国产能利用率仅为60%。[3] 钢铁、水泥、有色金属、平板玻璃、石化、家电等传统产业均存在产能过剩，部分行业产能过剩甚至呈现全面性、长期性和绝对性。统计数据显示，2012年底，中国钢铁、水泥、电解铝、平板玻璃、船舶产能利用率分别仅为72%、73.7%、71.9%、73.1%和75%，明显低于国际通常水平。[4] 工业和信息化部2013年年底报告显示，6万余户大中型企业产能利用率平均低于80%，产能过剩从钢铁、有色金属、建材、化工、造船等传统行业向风

---

[1] 马建堂：《供给侧结构性改革的意义与途径》，《人民日报》2016年6月24日第7版。

[2] 王一鸣、陈昌盛、李承健：《正确理解供给侧结构性改革》，《人民日报》2016年3月29日第7版。

[3] 胡迟：《产能过剩状况的最新分析及对策（上）》，《中国经济时报》2016年4月8日第5版。

[4] 《国务院关于化解产能严重过剩矛盾的指导意见》（国发〔2013〕41号，2013年10月6日），2013年10月15日，中央人民政府网（http：//www.gov.cn/zwgk/2013 - 10/15/content_2507143.htm）。

电、光伏、碳纤维等新兴行业扩展,部分行业产能利用率不到75%。① 如光伏行业短期内投资过度,中国太阳能光伏电池产能占全球60%,光伏电池产能过剩达到95%。2016年2月,中国欧盟商会研究了粗钢、电解铝、水泥、炼油、玻璃、纸和纸板、化工和造船等产业,指出前六个产业工厂开工率比2008年全球金融危机后更低,认为中国总过剩产能不断上升而产能利用率不断下滑,断定产能过剩将严重阻碍中国经济改革进程。② 中国企业家调查系统发布的《2015·中国企业经营者问卷跟踪调查报告》认为,产能过剩问题更加突出,设备利用率仍在下降。③ 如此大范围、大规模的产能过剩如果不能有效解决,经济增长可能继续下行,中国工业可能陷入长期萧条。

(二)有效供给不足:供给的低端性、浪费性和破坏性

低层次生产能力过剩,必然表现为有效供给不足,供给效率低。有效供给是与有效需求匹配的供给,是与需求意愿和需求能力适应的供给。无法满足有效需求的供给,成为无效供给,表现为供给不能适应和满足有效需求。无效供给最为典型的表现,就是因为国内供给不能满足需求升级要求,百姓以境外购货方式替代国内购买和消费,以进口境外产品或境外购物、消费方式获得替代性供给。一段时期以来,日本的马桶盖、电饭煲,欧美名牌服饰,澳洲、香港的奶粉,成为中国海外购买军团的扫货对象。日本马桶盖价格不菲却依旧畅销,据说是运用了自动感应、光触媒釉面、温水洗净和漩涡式冲洗等技术,具备杀菌、除臭、加热、冲洗等功能,坐便器更加清洁、舒适和节水。日本研发创新电饭煲内胆材质、涂层和加热方式,也迎合了中国消费者口味需求。由于国产奶粉等国货存在质量问题和安全隐患,由温饱型向小康型消费转型的中国百姓,转而将货币选票投

---

① 《2013年中国工业通信业运行报告》,2014年1月9日,中央人民政府网(http://www.gov.cn/banshi/2014-01/09/content_2563156.htm)。
② 杨舒:《中国欧盟商会支招产能过剩》,《国际商报》2016年2月24日第A04版。
③ 《2015年中国企业经营者问卷跟踪调查报告》,2015年11月16日,中国市县招商网(http://www.zgsxzs.com/a/20151116/2817993.html)。

给了洋奶粉，虽然价格更高，交易费用不低，但为了下一代健康，家长愿意花费更高价钱、占用更多时间和不畏周折代价。海外淘货热潮一度引起相关国家和地区的反感，甚至采取措施限制中国消费者购买行为。理性而言，境外扫货现象，充分说明国内部分有效需求无法在国内得到满足，消费者只好转向国外供给。类似产品或服务，国内虽然有供给，但有的产品质量低劣，技术含量低、存在安全隐患，实际上成为无效供给。在需求结构变化、需求加快转型、服务需求占比增高的新需求背景下，供给侧未能做出及时有效的适应性调整，不能满足多样化、个性化、高端化需求，[1]导致供给低端、低效甚至无效。换言之，也就是马克思所言无法完成从商品到货币的惊险跳跃，产品成为废品，劳动成为无效劳动，供给成为无效供给，造成资源浪费，影响代际公平，威胁持续发展。

二 有效供给不足的主要原因：市场不足与政府缺位

当前经济结构失衡的主要问题，在于供给侧。具体而言，就是生产效率低，市场成本高，供给质量差，中低端产能过剩、产品积压，有效供给、高端供给不足，综合表现为"供给失灵"[2]。供给体系具有外向型、低端性、粗放式和低适应性的特征，不能有效满足国内有效需求，成为产业转型升级和发展方式转变的掣肘。中国式有效供给不足的主要原因，根源上仍然在于未能处理好市场与政府的关系。一方面，市场化供给体系尚未真正形成，市场发挥决定性配置资源的作用未能发挥出来，市场优化资源配置功能受阻、效果有限。另一方面，政府未能为市场发挥作用提供良好的制度条件和制度体系，在市场监管和矫正市场失灵方面，政府仍然存在严重缺位现象，导致生产经营活动产生严重的社会问题，企业生产的社

---

[1] 王一鸣、陈昌盛、李承健：《正确理解供给侧结构性改革》，《人民日报》2016年3月29日第7版。

[2] 胡鞍钢、周绍杰、任皓：《供给侧结构性改革——适应和引领中国经济新常态》，《清华大学学报》（哲学社会科学版）2016年第2期。

会成本高，经济发展的社会代价高。

（一）市场化改革不足：非市场化要素价格导致资源配置效率低下

产能过剩、供给低效甚至无效的最为重要的原因，在于市场化改革不够深入，市场发挥决定性作用的经济体制尚未真正完全建设起来，市场化体系和市场制度远未完善，市场配置资源的优势发挥不出来，市场难以有效发挥对资源的决定性配置作用。供给的源泉在于投资以及相应生产要素的组合、配置和使用，因此，投资主体与投资机制，以及生产要素的配置主体和配置机制，决定了配置效率和配置质量，进而决定了供给效率和供给质量。在供给环节，企业家和企业以市场化价格获取生产要素，并以市场方式组织动员要素使用，才能实现生产要素的优化配置，实现市场配置效率。

中国市场经济体系建设仍然存在滞后问题，政府投资并主导生产要素与经济资源配置的惯性和痼疾仍然存在。地方政府过度干预微观经济，通过税收减免、财政补贴、土地优惠、降低能源资源价格甚至纵容企业污染排放、损害劳动者合法权益等方式，开展招商引资的激烈竞争，导致企业过度产能投资，人为降低企业经营成本，使企业低估真实生产成本，高估盈利能力，持续扩张的结果，导致不少行业产能不断扩大，非市场化生产与不计成本供给方式，必然导致系统性产能过剩。其中，生产要素市场体系发展滞后，更是影响资源配置效率的关键因素。生产要素价格仍然未能形成市场化价格，要素市场化改革不足，要素价格仍然存在扭曲。扭曲的生产要素价格体系，加上地方政府GDP竞赛引发的投资驱动，国家层面一揽子刺激政策造成投资过度，必然导致扭曲的要素配置和资源粗放使用，导致要素和资源错误配置，必然影响供给效率和供给质量。土地使用权的流转过程仍然存在很多问题，土地仍然未能真实反映土地供求力量对比情况，城乡统一的土地流转制度尚未建立，土地资源配置效率仍然有待提高。金融市场特别是银行业仍然实施较为严格的市场准入规制，利率市场化改革进展有限，即便是互联网金融全面渗透以前所未有方式将存量资金引入增量渠道并推进了利率市场化进程，整体而言，反映资金实际供求关系的市场利率仍未形成。由于户籍制度藩篱和城乡二元差异，劳动力市场也未能真实反映劳动力供求实际情况。企业家市场中的企业家，尤其是国有企业高层经理，仍以计划方式通过组织渠道官员安排模式确定人选，而不是通过市场方式选择和激励国企老总，如此架构下的企业家创新要素组合、优化资源配置的激励方式，难以胜任企业家发现机会、扩展机会、实现价值增值的职责。由于生产要素市场发育不成熟，市场化改革相对滞后，要素价格仍不能反映要素市场实际供求关系及力量对比情况，价格扭曲必然导致资源错误配置和低效配置。有效供给不足的制度原因，正是市场制度不够完善，具体表现为市场发展不足、市场作用有限，市场功能未能有效发挥作用。

面对供求失衡、产能过剩和结构扭曲等现实问题，虽然中国政府采取了很多办法治理产能过剩产业，但并未得到根本治理，产能过剩状况依然十分严峻。提质量、优结构、转方式提了很多年，实际成效不佳。产能过剩和无效供给治理失效的根本原因，在于治理思路沿循了计划体制下政府主导的逻辑，关停并转等行政方式去产能、去库存的调整效果有限。在人口红利、环境红利、生态红利、政策红利递减和发展动能减弱的背景下，生产要素价格和资源价格改革滞后、市场经济制度缺陷以及政府主导资源配置惯性，加剧了资源错误配置问题，产品低端、质量低劣和效率低下成为普遍现象。微观层面而论，扭曲价格导致生产要素使用成本相对较低，生产过程投入生产要素的成本偏低，导致生产经营的成本约束不足，企业普遍以低成本方式过度使用生产要素，以致生产要素使用效率低，有效供给不足。宏观层面而言，表现为经济增长靠增加要素投入带动，导致发展方式粗放，发展质量和发展效率不高。

（二）政府规制乏力：企业私利动机导致生产的社会成本增高

中国经济快速发展的过程中，一方面，取得了有目共睹的惊人发展绩效。另一方面，发展太快也产生了不容低估的发展问题。经济发展产生了一系列日益严峻的问题，发展的生态成本日益增高，发展的环境代价也与日俱增，民生消费的安全隐患日渐凸显。这些问题的产生，一定程度上与政府无为有关。在中国现实背景条件下，由于法治仍然不健全，企业缺乏社会责任，企业行为缺乏生态与环境约束与激励，导致企业在生产过程中，通常会只考虑企业成本，不考虑生产过程产生的负外部性，市场规范严重不足。因此，如果政府作为不积极，不强化治理职责，环境规制和生态监管乏力，必然产生生产过程的高社会成本，导致低企业成本、高社会成本的无效供给。生产过程产生的环境污染、生态破坏和公共安全问题，未能通过政府规制方式实现外部性的内部化。政府未能有效矫正市场失灵问题，必然导致企业生产决策不考虑环境成本、生态成本和公共安全，只追求企业自身利润最大化，甚至为追求蝇头小利牺牲公众健康，完全忽略了企业的社会责任。在产品质量之外，各种有毒、有害产品，更是直接威胁公众生命健康，百姓对部分国货失去信任的结果，必然是将货币选票投给国外境外产品，购买进口产品或者境外消费，以境外有效供给满足国内有效需求。企业生产经营不考虑社会成本的结果，必然导致资源配置的社会成本低估，企业侵蚀原本应该属于公众的生态福利和环境收益，也损害了资源与环境的代际公平，严重影响了发展的可持续性。

三　以大开放促深改革：增加有效供给的现实路径

供给侧结构性改革，核心仍是处理好市场和政府的关系。解决经济结构失衡，必须以处理好市场与政府关系为改革主线，用改革的办法推进结构调整，减少无效和低端供给，扩大有效和中高端供给，实现资源重新配置，增强供给结构对需求变化的适应性和灵活性。结构性调整资源配置的实践逻辑，只能是通过深化改革完善市场经济制度，充分发挥市场决定性配置资源作用，以市场方式淘汰僵尸企业和落后产能，提高资源配置效率。同时强化政府监管与规制职责，矫正环境污染、生态破坏等市场失灵现象，提高资源配置效率和可持续发展水平。在这一深化改革的过程中，以大开放促进深改革，借助扩大开放的战略机遇、升级开放的国家平台和内外开放联动的一体化格局，纵深改革妨碍形成有效供给的体制机制，改革导致落后的生产力环节和因素，对加快结构调整，增加有效供给，提升供给质量，提高全要素生产率，具有十分重要的现实意义。

（一）供给侧结构性改革的开放路径：开放增量促进改革存量

中国经济运行与发展过程中的严峻问题，突出表现为供给侧有效供给不足。有效供给不足本质为结构问题，深层次原因在于缺乏形成有效供给的制度安排。一方面，生产要素市场化改革不足，表现为市场经济制度建设滞后，市场配置资源的制度体系不完善，市场无法发挥决定性配置资源的作用。由于受到人为分割的要素市场制度制约，扭曲的要素价格导致资源配置结果的扭曲，导致投资短视、粗放以及供给低端、低效甚至无效。另一方面，政府职能转换不到位，在环境治理、生态治理和包括食品安全在内的公共安全治理方面，政府作为不够强势，表现出政府严重缺位的"弱政府"问题，在政府应该管起来、管到位、严格监管和严加规制的相关领域，未能更好发挥政府作用。因此，要解决有效供给不足问题，必须深化改革，通过完善市场经济制度和强化政府监管，强化微观生产的要素成本约束，使社会成本约束刚性化，最大程度矫正市场失灵问题，实现市场有效配置资源功能，实现经济社会持续协调发展。

以开放促改革是中国改革行之有效的现实路径。通过实施开放政策，对特定区域、特定领域、特定层面的有限开放，引入计划体制存量之外的新主体、新理念、新组织、新模式和新体制，开展改革试点、试错和试验，通过引入开放增量推动存量改革，扩展市场作用范围、领域与层次，带动市场化方向的深化改革，拓展了中国改革的实践路径，有序有效推动了中国改革进程。供给侧结构性改革是当前中国经济体制改革的战略抓手，同样，在全面深化改革进入深水区和攻坚期的现实背景下，也必须借助开放的力量、机制与平台，以大开放、深开放促进和带动全面纵深改革，真正发挥市场决定性配置资源的作用，提高资源配置效率，提高供给质量，提升供给效率，转变发展方式，突破改革困局。

(二) 增加有效供给的开放促改革路径：扩展市场作用，强化政府监管

供给侧结构性改革的关键在于制度，解决制度问题的根本途径，只能是深化改革。通过深化改革增加有效供给的现实路径之一，就是通过全面扩大开放，进一步带动全面深化改革，完善实现有效供给的市场体系和市场制度。因此，必须以大开放促进深改革，以开放升级带动改革升级，扩展开放空间，拓展改革深度，尊重市场规律，遵循市场逻辑，增加有效供给，解决结构问题。

1. 充分借助自贸区开放平台，深化有效供给的制度改革

当前，中国开放步入全方位、多层面、内外联动的开放扩展与拓深阶段。自贸区建设是大开放和深改革的国家战略。从改革的空间布局、时间安排和内容部署来看，自贸区是以大开放促深改革的国家平台，是以开放促改革中国特色改革道路的升级版，是开放度更高、市场化更深的开放改革高地。以国际规则和市场制度为参照，以打造国际化、法治化、市场化、便利化营商环境为目标，以构建充分释放市场活力和社会创造力为出发点，自贸区承担了创新改革思路，试点试错试验改革，积累改革经验，以可复制和可推广方式将改革成果外溢至更广区域和更多层面的战略任务。

自贸区改革是全面深化改革的标杆，也是未来改革的方向。针对有效供给不足的关键问题，自贸区要充分利用试点试验试错改革权，以市场决定性配置资源为改革方向，积极打造有效供给的制度供给体系，[1] 主动适时供给有效制度，[2] 破除供给侧调整的黏性和迟滞困局。[3] 自贸区尤其要率先启动生产要素价格和资源价格市场化改革，尝试建立生产要素和资源

---

[1] 贾康：《"十三五"时期的供给侧改革》，《国家行政学院学报》2015年第6期。
[2] 高尚全：《关于推进供给侧结构性改革的几点思考》，2016年6月6日，中国经济网（www.ce.cn/cysc/newmain/yc/jsxw/201606/06/t20160606_12538283.shtml）。
[3] 王一鸣、陈昌盛、李承健：《正确理解供给侧结构性改革》，《人民日报》2016年3月29日第7版。

的市场化价格体系，矫正土地、资金、劳动力和企业家等生产要素价格扭曲现象，纠正水、电、油、气、矿等资源价格长期偏低问题，理顺比价关系和价格形成机制，扩展市场力量，增强市场功能，完善市场价格体系，打通要素流动和有效配置的通道，更大程度、更广范围、更深层次发挥市场决定性配置资源作用，矫正以前过多依靠行政配置资源带来的要素扭曲及无效供给。通过扩大开放纵深推进市场化改革，建设统一开放、竞争有序的市场体系，形成反映真实供求关系的市场价格体系，完善市场经济制度，发挥市场配置资源的决定性作用，是减少无效供给、增加有效供给和提高资源配置效率的治本举措。因为要参照国际贸易、国际投资和生产要素国际流动的全球规则，自贸区必须改革阻碍生产要素自由流动和有效配置的体制机制，进一步开放新兴市场和新兴产业，降低市场准入门槛，激活市场主体，强化配置资源主体的市场约束，提高投资效率。自贸区必须深化改革生产要素和资源价格制度，形成市场化价格体系，否则不可能发挥自贸区功能并提升供给质量，甚至可能因为要素资源价格扭曲产生新的无效供给。货币是经济发展的第一推动力，资金是经济发展的核心要素，金融是经济运行的心脏，围绕贸易自由化和投资便利化，自贸区尤其要在金融市场改革方面积极探索尝试，在确保风险可控前提下，试点金融市场化改革，消除金融抑制，激活金融生态，形成市场化利率，促进资金优化配置，提高资源配置效率，矫正由于资金价格扭曲导致要素市场价格体系的系统扭曲及相应的资源低效配置问题，使资源从产能过剩产业流动到高需求的新兴产业，促进产业转型升级，强化创新驱动发展，推动发展方式转变。

除了尝试推动生产要素和资源价格市场化改革之外，自贸区还应加大政府改革力度。政府改革的方向，是完善"负面清单"管理，降低准入门槛和便利审批服务，充分激发市场活力和社会活力，促进"补短板"的投资，消除基础设施瓶颈，[①] 引导社会资本加快流向有前景的新兴行业，降低市场运行和社会运转的制度成本，充分发挥市场决定性配置资源

---

① 林毅夫：《供给侧改革的短期冲击与问题研究》，《河南社会科学》2016 年第 1 期。

作用，充分发挥市场机制通过企业重组等方式去"僵尸企业"、去产能、去库存的作用。另外，政府要强化取消审批后的后续监管职责，尤其要加强生态、环境和公共安全规制，提高环境、安全和卫生标准及法律法规执法力度，避免政府失灵导致的社会问题加剧、环境与生态持续恶化、公共安全危机四伏等现象。自贸区管理人员素质较高，建设条件好，发展基础实，在探索科学监管制度的同时，充分借鉴大数据和互联网技术，强化信息平台建设，通过开放力量倒逼技术变革、组织创新、流程优化和制度改革，强化对企业生产外部负效应的内部化矫正，全面、真实反映供给的综合成本，形成经济社会持续协调发展的制度体系和治理机制。

2. 推动自贸区改革经验外溢，提升供给质量

自贸区的战略任务是通过制度改革与制度创新，促进国际贸易自由化、投资便利化，营造国际化、法治化、市场化、便利化的营商环境，扩展开放领域和开放空间，构建开放新格局、新优势，全面纵深推进改革，建设开放的市场体系。在风险能控的自贸区改革平台上，深化体制机制变革，尤其是通过建立完善统一开放、竞争有序的市场体系，尝试推动生产要素价格和资源价格市场化改革，加快市场定价制度改革，完善市场经济制度，为市场决定性配置资源提供制度框架和制度体系，降低市场运行的制度成本。自贸区在政府改革和政府治理方面，也要走在全国前列，通过加快政府职能转变，深入推进"简政放权、放管结合、优化服务"的行政审批制度改革，强化政府监管，降低经济发展的社会成本。

以自贸区为改革平台的纵深改革，在推进生产要素价格市场化改革和完善市场经济制度、强化政府监管制度和规制政策的基础上，要不断总结改革经验，提升改革经验，并争取以可复制、可借鉴、可扩展方式，外溢到区外空间、部门、领域和层次，产生改革由自贸区到区外、内地的改革涟漪效果和辐射带动效应，通过生产要素价格市场化改革和完善市场经济制度，在更广领域、更多行业、更大范围、更深层面发挥市场对资源的决定性配置作用，加快形成公开公正公平的统一大市场，从源头矫正无效供给问题，从根本上解决生产的社会成本问题。

3. 以全球化促市场化，增强全球配置资源能力

我国产业长期处于全球价值链中低端，国际竞争力和国际话语权有待提升。进一步扩大开放是市场导向经济改革的必然要求，要围绕"一带一路"等国家战略部署，更加积极参与全球化进程，加大对外投资力度，融入全球产业分工，嵌入全球价值链和创新链，更加主动"引进来"和"走出去"，用好国内外两种资源，拓展国内外两个市场，将资源配置空间扩展到区域市场乃至国际市场。要把握经济区域化、全球化机遇，掌握国际市场规则，完善市场制度建设，改革不适应市场经济发展的体制机制，以全球化促市场化，以市场化推全球化，进一步盘活现有生产能力和存量资源，提高在全球范围内优化配置资源，提高满足国际需求的供给水平，加快产业转型升级，加大高铁、无人机、通信卫星等走出去步伐。[①]要进一步通过开放扩展的空间和改革激活的能量，增强经济活力，优化资源配置，提升供给质量，通过结构性调整提升分工位势，提高产品和产业竞争力，实现供求高水平平衡和内外均衡。

---

① 高尚全：《关于推进供给侧结构性改革的几点思考》，《经济参考报》，2016年6月6日，中国经济网（www.ce.cn/cysc/newmain/yc/jsxw/201606/06/t20160606_12538283.shtml）。

"十三五"时期广东省中小企业拓展对外贸易的思考

王君豪 柯 健[*]

"十三五"时期是我国推进现代化进程、全面建成小康社会的关键五年,也是决定我国能否成功跨越"中等收入陷阱"的关键五年。从外部因素来看,"逆全球化"思潮和保护主义倾向抬头,主要经济体政策走向及外溢效应变数较大,不稳定不确定因素明显增加。这势必对我国广大外向型中小企业的做大做强、平稳发展带来压力。在此大背景下,广东省作为改革开放的先行者,其探索经验、开放成果将对我国经济可持续发展具有先导性乃至决定性影响。这就要求广东省中小企业拓展对外贸易的思路必须有所转变。

一 "十三五"时期广东省中小企业发展对外贸易的必要性

(一)中小企业对外贸易是广东省经济发展的重要支柱

对外贸易为广东省的经济发展提供了重要支撑,根据广东统计年鉴(2016年)显示,2013年广东省的国民生产总值为62474.79亿元,出

---

[*] 王君豪,广东警官学院本科生;柯健,广东警官学院理论部副教授、副研究员。

口总额 6363.64 亿美元；2014 年国民生产总值为 67809.85 亿元，出口总额 6460.87 亿美元。2015 年国民生产总值为 72812.55 亿元，出口总额 6434.68 亿美元。由此可见，中小企业成为广东省增加就业、推动创新、改善民生的不可替代的重要力量，为广东省的财政税收增加贡献主要力量，也成为广东省经济发展的重要支柱。过去的十几年中，对外贸易发展迅速，贸易顺差逐年扩大，为广东省经济的发展提供了动力。

（二）中小企业对外贸易是维持广东市场有效竞争的重要制衡因素

广东省对外开放程度高，是改革开放的先行者。一些国外大企业为了获得高昂利润，通过相互协议或联合，对一个或几个部门商品的生产、销售和价格进行操纵和控制。一旦资本主义的大企业在多个领域内取得垄断，将严重影响我国的经济安全，贸易顺差的缩小甚至出现贸易逆差。而中小企业具有数量多、覆盖的行业广泛、进入和退出市场的成本低等特点，能在一定程度上抑制垄断。可见，中小企业积极发展对外贸易，是维持广东市场有效竞争的重要制衡因素。

（三）中小企业发展对外贸易可以带动广东区域协调同步发展

国务院副总理汪洋在担任广东省委书记时曾说过："全国最富的地方在广东，最穷的地方也在广东。"根据广东统计年鉴（2016 年）显示：2015 年，广东省区域生产总值最高的为广州，达到 18100.36 亿元，最低的为云浮，只有 664 亿元，相差高达 25.16 倍之多。所以，区域差距大，发展不均衡已成为制约广东省发展的重要因素。"十三五"时期必须打赢脱贫攻坚战。而对于经济欠发达地区的中小企业来说，发展外贸、扩大出口是企业自身做大做强的必经之路；对于经济欠发达地区的政府来说，支持中小企业拓展对外贸易，是拉动当地经济发展的活力源泉，是缩小地区差异、促进共同富裕的重要举措。

二 "十三五"期间广东省中小企业拓展对外贸易的影响因素

(一)政治因素的影响

1. 政府稳定对搞活进出口的影响

发展经济必须要有一个相对安定的环境和一个稳定的政府。如果政府不稳定,各地群体性事件频发,在社会基本安全都无法保障的情况下,进出口贸易必然受阻。我们可以看到,近几年来随着中国的发展,特别是步入"十三五"时期后,部分西方国家将中国视为敌人、对手,以经济为主导进行全方面渗透,企图通过各种方式对我政治走向渐进施加影响。企图搞"颜色革命"。中央和广东各级政府只有最大限度地保持政权稳定和社会稳定,才是维护广东省中小企业扩大对外贸易的根本条件。

2. 政策连续性对外贸易的影响

政策是政府机关经由政治过程所选择和制定的为解决公共问题、达成公共目标、实现公共利益的方案,是国家统治者根据其政治路线制定的具体行动准则。正确、连贯的政策对广东的中小企业拓展对外贸易具有积极的影响,反之则不利于中小企业的发展。例如国家出口退税政策的不稳定性对中小企业的发展有影响,频繁地调整退税政策和退税税率有可能让中小企业无所适从。此外,退税应当及时,因为企业的部分利润和退税密切相关。"十三五"时期,应该继续延续一贯的政策和方针。不能朝令夕改,令中小企业无所适从。

3. 政治改革对扩大开放的影响

这里所指政治改革,主要是指政治领域内的改造和革新,是政府职能的调整与变化,与广东省"三个定位、两个率先"目标的实现有密切关系。政治改革可以使上层建筑更好地适应经济基础,可以使政府根据社会环境等客观因素的变化及时调整。2015年,国务院办公厅《关于促进进出口稳定增长的若干意见》明确指出,各级政府要"进一步推动对外贸易便利化,改善营商环境,为外贸企业减负助力,促进进出口稳定增长"。2017年李克强总理在《政府工作报告》中指出，用改革的办法深入推进"三去一降一补"，要在巩固成果基础上，针对新情况新问题，完善政策措施，努力取得更大成效。同时强调深化重要领域和关键环节改革。要全面深化各领域改革，加快推进基础性、关键性改革，增强内生发展动力。因此，如果广东不通过全面深化改革实现政府职能转变，不改革制约中小企业对外贸易的限制，不进一步在简化手续、减免收费等方面加力增效，用便利和稳定增长的进出口助力经济发展，那么中小企业的活力将难以被激发，难以发挥其应有的作用。

（二）国际形势的影响

当前，英国脱欧、美国退出跨太平洋战略协定（TPP）、中东的难民危机、美国特朗普政府上台对华不友好的经济政策等国际形势，无不为"十三五"期间广东经济社会发展增加了不确定性的外部因素。此外，一旦国际金融危机重演，也会即时影响广东省的进出口贸易。

（三）科技因素的影响

在对外开放的进程中，广东的中小企业对外贸易一直依靠"人口红利"，即通过雇用大量农民工承接外国的订单，代加工一些附加值低、环境污染大、外国淘汰的产业或工序，尤其以珠三角地区为典型。但是当劳动人口数量减少的时候，廉价的劳动力优势因素变弱，广东省中小企业对外贸易的经济发展劣势就显现了出来，如果此时广东省中小企业不进行转型升级，那么就会失去原有的优势，逐渐被市场所淘汰。总体来看，目前广东省中小企业的产品在设计、制造工艺、材料、配件上仍然属于低档层次，不能适应当前国际的需要。而发展高附加值的科技产品能极大限度增加中小企业的竞争优势，为经济持续发展注入不竭动力。

（四）文化因素的影响

长期以来，广东省的人文环境相对务实，文化虚无主义和历史虚无主义在某些广东企业家的思维中较为根深蒂固，认为自己做好代加工就可以，这往往使得代加工产品成为便宜货的代名词。而文化产业作为一种国家的软实力，在经济发展中所起作用不可忽视。特定的文化会根据自身价值观和文化标准，去构建经济或者商业在文化系统中的地位和意义，从而使得经济活动带有浓厚的文化特征。"十三五"时期，随着内地经济的发展，广东省的中小企业特别是劳动力密集型的中小企业一定程度上出现用工荒，而新一代的劳动者所受的教育以及思想文化影响不同，都导致一定状况下广东省的中小企业吸引力下降。广东省中小企业的文化特征发生改变，从而影响经济的发展。

三 "十三五"时期广东省中小企业拓展对外贸易面临的问题

（一）中小企业难以得到政策的倾斜支持

马克思在《资本论》中指出，"对所有货币持有者而言，生产过程只不过是为了赚钱而不可缺少的一个中间连接过程。因此，所有具有资本主义生产模式的国家都会周期性地陷入试图绕过生产过程而赚钱的狂热阶段"。意思就是，纯粹的只为了钱生钱就会导致泡沫，发生金融危机。过去的10年中，大多数省市都把房地产作为拉动投资的重要领域和支柱产业。"十三五"期间，广东的深圳、广州等沿海一线城市的房价已经突破5万元/平方米。连续多年的投资使得房地产的库存积压严重，银行难从房地产开发商处收回贷款，广大中小企业将难从银行得到贷款。在这种情况下，不少中小企业会倒闭，失去工作的员工更加无法购买房产，因而陷入恶性循环，拉低了区域经济发展水平，也拖慢了广东省的经济发展水平。此外，政策对中小企业对外贸易发展的倾斜目前看来还有一定的差距。

（二）中小企业和国有企业之间的博弈

国有企业扮演着国家经济命脉的角色，掌握了大量中小企业所没有的资源和政策优势。对外贸易中往往有很大优势。自从改革开放以来，国有经济取得了巨大的发展,同时也为我国的经济发展做出了贡献。但是,长期以来,国有企业集中在重化工行业,主要面向国内的市场,而战略性新兴产业分布不足,短期来说,一个突出的问题就是产能过剩,不利于广东省经济的转型发展。自国资委成立以来,国有企业的规模不断扩大,2013年,国有及国有控股工商企业户均资产从2003年的2.76亿元上升到18.8亿元。国有企业在部分可以不垄断的行业中也实行垄断,压缩了中小企业生存发展的空间。《中共中央关于制定国民经济和社会发展第十三个五年规划的建议》中提出:"健全国有资本合理流动机制,推动国有资本布局战略性调整,引导国有资本更多投向关系国家安全,国民经济命脉的重要行业和关键领域,坚定不移把国有企业做强做大,更好服务于国家战略目标。"数量广大的中小企业是对外贸易的主体,国有企业在对外贸易中占的地位很低,但是国有企业掌握着大量的优质资源。"十三五"时期,一大批项目都将陆续进入实质阶段。特别是在涉及"一带一路"、亚洲基础设施投资银行所涉及的电力、石油、铁路等领域,国有企业掌握的绝对的话语权。国有企业调整改革迫在眉睫,其中尤其要重点处理好国有企业和中小企业之间的关系,国有企业改革能更好地激发非公有制经济的活力,真正做到权利平等、机会平等、规则平等,进一步放宽非公有制经济市场准入,使小企业铺天盖地、大企业顶天立地,市场活力和社会创造力竞相迸发,为经济发展注入不竭动力。

(三)经济下行压力大,东南亚国家竞争优势加强

从"十二五"后期开始,东南亚的一些经济落后国家的中小企业参与到了对外贸易的市场当中,加剧了竞争。由于东南亚国家劳动力比广东省的劳动力廉价,不少外国的企业纷纷在东南亚投资设厂,外国订单大量减少,广东省的中小企业依靠代加工附加值低、劳动力密集型的产业正逐步失去优势。另外,中小企业资金缺乏、发展乏力,无法掌握目标市场的准确信息,也无法满足消费者需求,售后服务跟不上,用户体验感差。市场经济的自发性决定了商品的生产要以追求利润为核心。同样的商品在东南亚国家能带来更多的利润,资本自然向东南亚国家流入。

(四) 高科技产业不够多，品牌效应不强，融资困难

长期以来，"中国制造"就是便宜货的代名词，假冒伪劣产品层出不穷，不重视知识产权的保护，没有实现"中国制造"向"中国智造"的转变。依靠技术发展起来的具有垄断性的大公司在对外贸易中往往能占据先机和优势，掌握世界市场的主导权。而广东省广大中小企业既缺位于高科技产业，品牌效应也不强，因而没有能力掌握主导权，只能随波逐流，在市场与夹缝中艰难求生。此外，中小企业规模小、实力弱、资本少，导致它们在运行的过程中对资金的需求量比较大，而广东省大部分商业银行不愿意对其放贷，一方面是因为中小企业放贷利润不高，另一方面有可能存在收不回来坏账、烂账的风险。很多中小企业因此难以维系资金链，难逃倒闭破产。

四 "十三五"时期广东省中小企业拓展对外贸易的对策

(一) 开拓销售渠道，选择合适市场

广东省中小企业对外贸易应当通过网络来扩宽销售渠道。运用信息化技术不但可以降低运营成本，也能够提升核心竞争力。这表现在可以降低内部管理的资本，提高效率，同时较为廉价地获取市场的信息，方便即时调整生产计划。另外由于欧美等发达国家对产品要求、保护严格，广东省的中小企业在发展对外贸易时可以将目标锁定在东南亚地区，因为在此区域有独特优势：一是空间距离近，省去了长途运输的成本，二是广东省科技水平相对比东南亚的国家先进，具有相对的优势。此外，要充分利用"一带一路"的政策优势，自"一带一路"倡议提出到现在，对其表示高度认同以及愿意深化合作的国家越来越多。积极参与"一带一路"建设。广东省政府颁布的《实施珠三角规划纲要 2016 年重点工作任务》中提出："支持广州、深圳、珠海等重要支点城市与沿线友好城市共建空港和港口联盟，推进珠海—巴基斯坦瓜达尔港等境外港口合作项目建设。深化与沿线国家经贸投资合作，实施'粤企丝路万里行计划'"，此时广东省的中小企业应当抓住这一历史机遇，积极掌握国际市场，充分享受"一带一路"的合作国家给予中国产品的若干优惠政策，着力开拓原先被忽视的海外市场，而不只是将销售渠道寄托在某个特定的区域。

（二）积极参与自由贸易区项目，向服务业主导型转变

2013年以来，我国已设立了四个自由贸易试验区，广东省就是其中一个。广东省政府颁布的《实施珠三角规划纲要2016年重点工作任务》中提出，"高标准推进广东自贸试验区建设。强化与国际高标准投资贸易规则体系的对接，加快建设市场化国际化法治化发展环境，形成并推广更多改革创新经验"。2015年11月，国家主席习近平在G20峰会讲话中指出："以服务业为重点放宽外资准入领域"，这意味着我国服务业市场开放进入了一个新的阶段。根据国家统计局2015年国民经济和社会发展统计公报、"十三五"中国服务业增加值增长情况预测，服务业支撑经济增长的动力不断增强。有望从2014年的62.8%提高到72%—80%左右。未来几年服务业的增长将成为中国经济发展的重要支撑。为此，未来在自由贸易实验区内，要充分发挥市场在资源配置中的决定性作用。同时，中小企业要积极探索工业主导型向服务业主导型转变，在竞争中抢占先机。此外，还可以在自由贸易区内找到商机，将其当作一个展示平台，不断扩大知名度，扩展新形势下的对外贸易。

（三）不断开展技术创新、高新技术产业主动形成集聚

广东省中小企业的发展壮大离不开科技创新。目前，不少行业由于没有掌握核心技术和自主知识产权，受到跨国公司技术制约，在国际化产业分工体系中处于不利的地位，难以取得主动权。吴敬琏就认为，企业创新必须注意两件事，一要发挥小企业在技术创新中的关键作用，企业是技术创新的主体，小企业更是主体中的主体；二是各级政府如何在技术创新，提高效率上正确地发挥作用。事实的确如此，只有不断开展技术创新，才是中小企业拓展对外贸易中永葆生机的必要保证。虽然珠三角地区近几年

来形成了各种高新技术开发区，但是这些开发区内的中小企业依然具有分散、规模小的特征，企业与企业之间缺乏集群产业或者价值链，没有上下游之间的联系，对于企业的长期发展肯定不利。在这一方面广州生物岛具有示范作用，五大产业格局形成集聚效应。目前，生物岛已形成生物技术、医疗器械、干细胞、基因测序与检测、健康管理五大产业格局，产业集聚效应逐步显现。带动了进驻生物岛一大批中小企业的发展，并在国际竞争中逐步掌握话语权。其他中小企业可以借鉴生物岛的发展模式，以产业集聚推动共同发展。对于部门企业确难以发展创新的，可以积极联系广东省内各高校，构建高校加企业的模式。一方面，高校学生有很多具有实际运用价值的专利，产品研发；另一方面中小企业可以与专利人本人就分红、股权等问题进行协商，将专利更快地应用于生产实践中，转化为经济发展的新动能。

(四) 掌握国际规则、培养规避风险意识

中小企业的对外贸易往往比对内贸易面临着更大的风险。风险通常来自于人民币的汇率、国际市场的需求等方面。李克强总理在2017年《政府工作报告》中指出，今年广义货币M2和社会融资规模余额预期增长均为12%左右。要综合运用货币政策工具，维护流动性基本稳定，合理引导市场利率水平，疏通传导机制，促进金融资源更多流向实体经济。广东省中小企业应当根据国际市场的需求合理正确制定价格策略，增加运用国际规则保护自己的本领。随着越来越多国家允许使用人民币进行结算，人民币也加入了SDR，中小企业要抓住时机掌握各种国际规则的同时，也要熟练掌握外汇保值的方法，合理使用各种商业保险，最大限度地规避风险，避免不必要的损失。

(五) 发展中国智造、弘扬工匠精神

针对"十三五"时期广东省中小企业文化自信不足的问题，要大力弘扬工匠精神，厚植工匠文化，恪尽职业操守，崇尚精益求精，培育众多"中国工匠"，打造更多享誉世界的"中国品牌"，推动中国经济发展进入

质量时代。这是李克强总理在 2017 年《政府工作报告》中对中小企业提出的殷切希望，也是实施《中国制造 2025》方案的重要环节。"十三五"时期，广东省中小企业的管理者应该充分的发挥意识的能动作用。树立信心，转变观念。要在新形势下有放眼全球的眼光，综合考虑，树立民族自豪感与认同感，向世界展示独具特色和魅力的东方文化，以工匠精神的质量取胜。此外还可以从外国文化输出创造大量高附加值的产品中得到启发。而如果没有发挥意识的作用，没有工匠精神的精神支柱，遇到问题时容易错失机会，企业难以做大做强。

实施人才开放战略是广东扩大开放的客观要求

刘　阳[*]

2016年3月，中共中央印发《关于深化人才发展体制机制改革的意见》，着眼于破除束缚人才发展的思想观念和体制机制障碍，解放和增强人才活力，形成具有国际竞争力的人才制度优势，聚天下英才而用之，明确深化改革的指导思想、基本原则和主要目标，从管理体制、工作机制和组织领导等方面提出改革措施，是当前和今后一个时期全国人才工作的重要指导性文件。笔者认为，"聚天下英才而用之"是习近平主席人才思想的精髓。"天下"显然超越了国界的范围，具有不分国内国外，只要是英才，均为我所用的含义。然而，人因国籍不同分为中国人、美国人和欧洲人等，外国人在中国创新创业毕竟受到入境签证、工作许可等各种国人所不曾有的限制。面对人口老龄化以及出生率持续降低等诸多挑战，实施积极的人才开放战略已成为我国继1978年实行改革开放政策之后，提高开放水平，扩大开放程度，吸引外国优秀人才来华，共建创新型国家的客观要求。广东是中国改革开放的排头兵，1978年率先实行经济开放政策；新时期，广东要勇于打破传统制度束缚，率先对外国人才开放，要发挥粤港澳人才合作示范区的在培养、吸引和保留外国人才方面的示范作用，制

---

[*] 刘阳，深圳大学国际交流学院副院长、教授。

定与之配套的法律法规，响应习近平主席的伟大号召，积极营造"聚天下英才而用之"的良好环境。

一 新加坡引入外国人才的经验

孟子曰："君子有三乐，而王天下不与存焉：父母俱存，兄弟无故，一乐也；仰不愧于天，俯不怍于人，二乐也；得天下英才而教育之，三乐也。"其大意是，孟子认为，君子有三种快乐，其中第三种快乐就是得到天下的优秀人才并教育他们。习近平主席将"天下英才"由教育对象变为使用对象，将人才的"培养"和"使用"结合起来，强调在使用中发现和培养人才，是对经济全球化深入发展背景下，世界各国发现和培养人才的先进经验的科学总结。

（一）新加坡引入外国人才的方式

新加坡在"培养"和"使用"人才，尤其是外国人才方面有一些独到之处。早在20世纪50年代，新加坡就提出"人才立国"的战略。2015年，英士国际商学院（INSEAD）等机构联合发布的"全球人才竞争力指数"（Global Talent Competitiveness Index）的报告显示，新加坡在培养、吸引和保留人才方面的竞争力处于全球领先地位，在全球93个国家中位列第二。2015年11月，东盟领导人签署《关于建立东盟共同体的2015吉隆坡宣言》，宣布东盟共同体将于2015年年底正式建成。东盟共同体的建立加速了东盟经济一体化进程，为提升本国经济发展潜力以及与东盟经济共同体接轨，东盟成员亟须提高劳工素质和发展技术水平，为此准备学习借鉴新加坡的人才培养经验。新加坡"培养"和"使用"人才，尤其是外国人才的经验是：（1）制定科学合理又比较宽松的外国人才准入政策；（2）通过提供政府或企业奖学金方式与"未来"人才建立工作契约关系；（3）以优厚待遇吸引和留住外来人才，在新加坡大学中，外国学生约占学生总数的22%，外国学生入学前一般要签署协议，承诺毕业后为新加坡服务5到6年，硕士生、博士生毕业后只要在新加坡找到用人单位就可以获准居留。①

（二）新加坡引入外国优秀留学生提升了本国高等教育机构的国际声誉

新加坡大学招收外国学生的政策不仅有助延揽外国人才，也提升了本地大学的国际知名度。据 QS（Quacquarelli Symonds World University Rankings 是英国发表年度世界大学排名的教育机构，该机构被认为是世界上最权威的世界大学三大排名机构之一）公布的数据显示，日本东京大学以及京都大学近年在国际化领域的得分比较低，若按照满分 100 分计算，东京大学 2013 年在籍外国教职员仅为 24.4 分，留学生人数 69.3 分，此后也没有太大变化，而 2016 年排在 QS 亚洲榜首的新加坡国立大学上述指标几乎是满分，受此影响，曾经声名显赫的东京大学仅列 2016 年 QS 亚洲大学第 13 位。

二 粤港澳人才合作区要在培养、吸引和保留外国人才方面发挥示范作用

（一）粤港澳人才合作示范区要探索培养、吸引和保留外国人才的路径

为培养、吸引和保留人才，广东省人力资源和社会保障厅积极支持地方政府制定并颁布相关法规，2012 年后相继出台了《珠海经济特区人才开发促进条例》《横琴人才开发目录》及《横琴特殊人才奖励办法》《前海高端和紧缺人才认定办法及实施细则》等法规政策文件。2012 年 12 月，中央人才工作协调小组已批复把"广州南沙—深圳前海—珠海横琴粤港澳人才合作示范区"（又称"粤港澳人才合作示范区"）列为"全国人才管理改革试验区"。笔者认为，"粤港澳人才合作示范区"还需进一步探索培养、吸引和保留外国人才的路径并在全国发挥示范作用。笔者建

---

① 杨东献：《新加坡人才战略的主要做法》，《中国人才》2011 年第 4 期。

议：（1）由广东省人力资源和社会保障厅组织专家系统总结新加坡在培养、吸引和保留人才尤其是外国人才方面的成功经验，并试点推广；（2）由广东省人力资源和社会保障厅组织专家收集粤港澳自贸区企业在吸引和保留外国人才方面遇到的困难，并组织专家提出具体的应对方案。

（二）粤港澳自贸区在吸引、培养和保留外国人才方面的建议

按照现行政策，外国人才到粤港澳自贸区工作要办工作签证、外国人工作许可证，外国人居留证等证件并与用人单位签订书面劳动合同。1996年5月施行的《外国人在中国就业管理规定》第5条规定："用人单位聘用外国人须为该外国人申请就业许可，经获准并取得《中华人民共和国就业许可证书》后方可聘用。"根据该规定，外国人在中国就业，必须要办理就业许可证，否则用人单位与外国人之间的关系就会被认定为雇佣关系而非劳动合同关系。外国人到粤港澳自贸区工作不仅手续烦琐，而且在签订劳动合同时因其特殊身份遇到很多困扰。2008年颁布的《广东省高级人民法院、广东省劳动争议仲裁委员会关于适用〈劳动争议调解仲裁法〉、〈劳动合同法〉若干问题的指导意见》（粤高法发〔2008〕13号）第18条规定，外国人、港澳台地区居民在中国内地就业产生的用工关系应按劳动关系处理。基于上述规定，广东司法实践中合法的外国人就业产生的劳动关系适用包括中国《劳动合同法》在内的法律法规。①但实际上，外国人才在广东就业在中国《劳动合同法》的适用上仍存在很多问题。

1. 中国《劳动合同法》与《外国人在中国就业管理规定》的衔接问题

按照中国《就业管理规定》第18条规定，外国人在华就业劳动合同期限最长为5年。《外国人就业证》的期限通常少于5年，例如上海市外国人就业证期限一般不超过一年，北京为两年。如果某外国人与用人单位

---

① 吴文芳：《我国就业的外国人劳动争议案件适用劳动法之难点》，《法学》2013年第6期。

的劳动合同一年一签，第三次签订劳动合同时，该外国人是否可以依据中国《劳动合同法》向公司提出要求签订无固定期限劳动合同？持有外国人就业证，在与中国用人单位履行劳动合同期间外国人的就业证到期，中国用人单位是否有义务为其办理延期？如果中国用人单位没有及时与外国人签订书面劳动合同，该外国人是否可以依据中国《劳动合同法》第82条规定，要求中国的用人单位每月支付二倍的工资等？笔者建议，由广东省人力资源和社会保障厅牵头组织行业专家研究制定《粤港澳自贸区外国人示范性劳动合同》。针对有关中国《劳动合同法》与《外国人在中国就业管理规定》的衔接问题提出解决方案。

2. 简化引入外国人才的办证手续

建议借鉴新加坡政府的管理经验，在粤港澳自贸区试行人才准证制度。新加坡政府规定，外国人可以通过受邀工作的新加坡公司申请：（1）工作准证（Work Permit）；（2）特别准证（special pass，又称 skilled pass）；（3）就业准证（Employment Pass）。其中就业准证，即 EP 是最高级的工作准证，与 WP 和 SP 相比，相对容易申请，EP 又分为几种，其中获得新加坡政府认可的普通高等教育证书（本科）并且每月至少在受聘的新加坡公司领取 3000 新元以上薪资的外国人，可以获得 EP（Q1）工作准证。新加坡现行的就业准证的特点是将外国人才的学历、经验和新加坡用人单位支付外国人的薪资水平结合起来，限制低学历、缺乏工作经验以及月收入低的外国人到新加坡工作。为方便外国人才的引进，可以在粤港澳自贸区试行"外国人就业许可证""外国人就业证"以及"居住证"三证合一的"粤港澳自贸区人才准证"制度。在我国现行制度下，"外国人就业许可证""外国人就业证"以及"外国人与用人单位签订的劳动合同"都是在各省市劳动保障厅（局）办理或接受所在省市劳动保障厅（局）的管理。若获得上级行政部门的许可，粤港澳自贸区劳动管理部门可以试行辖区内外国人的受聘公司向其提交与外国人通过互联网签订的劳动合同。获准后，由粤港澳自贸区劳动管理部门向辖区内申请公司的受聘外国人颁发"粤港澳自贸区人才准证"。为配合这项制度的实施，可以由粤港澳自贸区管理机构定期颁布（或修订）其认可的适用于外国人才准入的高等教育机构名单；同时规定外国人才在粤港澳自贸区的最低薪资标准。

三　广东应制定与人才开放战略相配套的法律法规

（一）学习上海引入外国人才的经验

高校学习、公司实习以及留下工作是密切联系的，给在本国完成学业的外国留学生一定时间的实习机会或工作签证不仅是新加坡人才引进的经验，也是某些西方国家的通例。例如外国学生在美国高校毕业后通常可以获得一年的美国F1学生签证。持F1签证的学生可在签证有效期内为任何美国公司服务，这段时间又称为"选择性实习训练"（Optional Practical Training 缩写为 OPT），美国政府要求持F1签证的外国学生必须从事与专业有关的实习工作。在内地城市中，2015年7月，上海率先发布了《关于深化人才工作体制机制改革促进人才创新创业的实施意见》，在上海地区高校取得硕士及以上学位且到上海自贸试验区、张江国家自主创新示范区就业的外国留学生，经上海自贸试验区、张江高新技术产业开发区管委会出具证明，可直接申请办理外国人就业手续和工作类居留许可。笔者认为，"粤港澳人才合作示范区"可以复制上海市引入外国人才的经验。鼓励符合一定专业及学历条件的，在内地高等学校受过正规教育的外国留学生在粤港澳自贸区实习或工作，其好处：（1）与国际接轨，将培养、吸引和保留外国人才有机结合；（2）不仅可以留住外国人才，而且可以提高内地尤其是广东高校对外国留学生的吸引力，提高广东高校的国际化水平。

（二）结合广东自身特点，创新引入外国人才的方式

广东应在学习上海市引入外国人才经验的基础上，结合广东自身特点，创新引入外国人才的方式。广东尤其是珠江三角洲国际知名企业云集，以笔者工作的深圳为例，华为、中兴、腾讯、中集、比亚迪可谓群星

闪耀，而一些中小企业也展露了良好的发展势头，例如深圳大疆科技有限公司。最近两年，笔者推荐了曾教过的两名外国留学生分别到深圳中集集团和大疆科技公司应聘，因这两位外国留学生出色的个人能力受到公司的欢迎。这两位外国留学生，一位来自非洲，精通英、法、喀麦隆部落语、中文等语种，参与研究，并撰写出版的《南部非洲国际经济法经典判例研究》获得2015年中国商务部颁发的本年度商务发展研究优秀著作奖；另一位来自中亚，在校学习期间，在无人机研制方面有杰出的表现。笔者认为，广东高等教育的国际化应与支持广东本地企业走出去结合起来，要提高广东高等教育国际化水平以及为广东本地企业延揽国际人才，急需打通广东高校与本地企业间的藩篱。笔者建议：

1. 省内高校要放眼世界去发现和挖掘广东企业所需的外国人才

广东省及省辖市政府要支持符合规定条件的广东企业通过广东高校预定符合本企业要求的外国留学生以支持这批本地企业走出去。即由政府提供奖学金方式支付广东企业通过广东高校预定符合本企业要求的外国留学生的学费。广东高校要满足本地企业预定外国人才的要求就必须放眼世界去发现和挖掘企业所需外国人才，改变一直以来的等外国留学生上门的传统招生习惯。

2. 争取广东企业走出去与提升广东高校国际知名度的双赢

广东省及省辖市政府应支持符合规定条件的广东本地企业向全球招募优秀人才，并利用广东省（市）政府在高校设立外国留学生奖励基金进行专业培养及语言训练。广东高校要满足本地企业对外国留学生的教育需求，就必须调整和改革教学内容，改变一本书教几年的传统的外国留学生教育模式。总之，广东吸引、培养和保留优秀外国留学生不仅要调动广东知名企业和当地高校的积极性，而且也要切实提高深圳大运留学基金等国有留学基金的使用效率，使广东知名企业走出去、广东高校赢得更高国际声誉、广东国有留学基金在培养外国人才方面发挥关键性作用三方面有机结合，合力推动广东人才开放战略的健康发展。

国际经济与商贸规则对中国消费经济的影响

——以 TPP 为例

林芝雁[*]

一 TPP 将对中国消费品出口进行封锁

（一）TPP 谈判进展

P4 协议自 2005 年由新西兰、新加坡、文莱和智利四国签署以来，开始吸引美国的关注。2008 年，美国开始同 P4 四国进行谈判，并于 2009 年正式加入 P4 协议更名后的跨太平洋伙伴协议谈判（TPP）。截至 2013 年日本参与 TPP 谈判后，TPP 成员国一共有 12 个，包括美国、日本、澳大利亚、越南、马来西亚、秘鲁、墨西哥、加拿大和最初的 P4 成员国。这 12 个国家的国民生产总值占世界经济比重超过 40%，商品贸易占全球 1/3 左右。而 2015 年 10 月初，TPP 开展部长级会议，美国、日本和澳大利亚等 12 国商贸部长宣布达成 TPP 基本协议。可以预见，在不远的将来，这个新型经济组织将逐渐架空 WTO，从根本上改变国际商品贸易格局，对中国消费品进出口产生深远影响。

---

[*] 林芝雁，深圳大学经济学院当代金融研究所研究员，香港大学经济学硕士。

(二) 美国对中国的封锁意图

美国如此热衷推进 TPP，一方面，在于欲在亚洲谋得更多的经济利益。自 2008 年金融危机以来，面对美国国内不景气的消费市场，亚洲众多新兴经济体发展态势良好，经济增长，内需扩大，美国希望借助 TPP 重回亚太市场，分享亚洲太平洋地区经济增长的红利。另一方面，TPP 的目标不仅包括取消或降低商品的关税，还涵盖安全标准、技术贸易壁垒、动植物卫生检疫、竞争政策、知识产权、政府采购、争端解决，以及有关劳工和环境保护的规定，其标准之高和覆盖领域之广远超一般自贸区协议。毫无疑问，TPP 的高门槛将把中国拦截在外，让中国出口消费品失去庞大的 TPP 协议国消费市场，从而可以对抗来自国际贸易竞争力不断强大的中国的威胁。美国总统奥巴马在 TPP 达成协议后毫不讳言地说："美国 95% 的潜在客户都身处境外，我们不能让中国等国家撰写环球经济的规则。我们应自己订立这些规则，为美国产品开拓新市场之外，设立高标准保障工人和保护环境。"显而易见，TPP 基本协议的达成将对我国消费品进出口贸易进行封锁。

此外，中国受产能过剩的影响，经济形势开始走下坡路。而美国在产业升级上也掌握了先机，页岩油开发减小了美国对石油的依赖，降低了美国的经济成本。美国智能制造已经初见端倪，开始重构制造业体系，降低人工成本，提升效率。供给端，中国虽然在新能源汽车，信息科技，航天科技领域有一些优势，但转型的步伐，还停留在制定大数据、"互联网+"等产业的发展计划上，明显慢于欧美。而传统的制造业，也开始加速流出中国。在供给端无法拉动经济的同时，需求端成了中国经济不可失手的制高地。于是，在制造业上赢了一战的美国，开始攻击中国最后的阵地——需求端。供给和需求都存在"西瓜"效应，需求大的经济体，它的需求将会不断扩大。中国正是在改革开放的过程中，创造了世界上最大的需求、最大的市场，这才促使中国高速发展三十年，这个需求不断地发展，开始挤占其他国家的需求，这也是美国通过 TPP 遏制中国的原因之一。

同时，2008 年金融危机以来，中美贸易差额不断扩大，对美国在国际贸易中的利益造成损害。中美贸易规模当今已经超过 5200 亿美元。据美国商务部统计数据来源显示，2014 年美国与中国双边商品贸易额为 5906.8 亿美元，其中，美国对中国出口额为 1240.2 亿美元，美国自中国进口额为 4666.6 亿美元，美方贸易逆差差额高达 3426.3 亿美元，增长 7.5%。中美贸易差额不断扩大源于中美经济结构的不同，中国是发展中国家，以第二产业，特别是消费品制造业为主，而美国的第三产业更加发达，特别是在金融、互联网等高端服务业。自 2001 年中国加入 WTO 后，中国的人口红利得到释放，以完整的生产链以及低廉的劳动力成本袭击了美国消费市场，使得美国的消费品制造业岌岌可危。在中国商品进入美国市场的同时，美国的第三产业却很难进入中国市场。在金融领域，由于人民币资本项目未实现可自由兑换，境外资金进入国内严格受限。通信领域，中国电信、联通、移动形成行业垄断，美国根本无法进入。与此同时，中国消费品不断进入美国国内市场，对美国制造业造成致命打击，美国推行 TPP 的同时可以遏制这一趋势，并且从另一方面打击中国制造业，危及消费品出口产业的生存，同时进口贸易也对我国国内消费市场产生深远影响。

二　TPP 对我国消费的影响

（一）TPP 对我国消费品行业的影响

TPP 意味着国际贸易规则的升级，其主要作用是通过自由贸易谈判重构全球产业链，因此也会对中国未来在全球产业链中的地位产生不利影响。TPP 的重要目的之一就是建立自由贸易区。而一个自由贸易区的建立，都会导致区内外国家产业链的重构。自贸区建立后，区内贸易的关税会逐步下降，一些商品的贸易会达到零关税。关税下降后，一些企业就会把原来在自贸区外的生产企业转移到自贸区内，而自贸区内的成员国也会将未来投资的重点转向自贸区内。同时，自贸区对从区外国家的进口会采取高关税等多种限制，并采取严格的原产地原则。自贸区内的产品的生产将逐步形成完整链条，对外部依赖将减少。当前的 TPP，由美日做主导，基本配置是美日作为高端制造国，加上三个工业零件生产国、三个矿产能源生产国、一个服务业发达国家和三个农业国，形成一个完整的贸易圈，这将对中国形成典型的贸易转移效应。而中国一旦作为区外国家，进口商品的高关税将对本土消费品出口行业造成严重打击。

1. 服装纺织

在服装领域，TPP 有特殊的贸易协定：一是取消出口到 TPP 国家的纺织品和服装的关税；二是从纱线起步的原产地原则，要求纺织品和服装的制造必须采用来自 TPP 国家内部的纱线才能享受 TPP 关税待遇。TPP 内部零关税原则的原产地条款使得区域外的国家必须在协议国内投资办厂才有资格享受 TPP 零关税的优惠，提高产品的竞争力。这样，原本区域外国家利用转口贸易规避进口配额制度和关税制度将失效，从而导致以向 TPP 会员国出口为目标的企业逐步转移到 TPP 会员国之中。成员国中的越南、秘鲁、墨西哥均为纺织大国，其中越南在美国服装市场的份额已经达到 10%，取消关税会提升这些国家纺纱产业的竞争力。原本中国的服装、纺织产业在国内人工成本逐年上涨的背景下利润逐年压缩，已经开始逐步向越南等劳动力成本低下的国家和地区转移，TPP 正式建立后，中国的服装、纺织等低技术含量、劳动密集型产业的贸易转移效应将更加显著。同时，无法享受 TPP 的零关税待遇将降低中国出口服装的价格竞争优势，影响中国的消费品出口贸易额，而出口贸易额的下降将会导致中国 GDP 增长速度的进一步下滑，且大部分纺织服装出口企业规模不大，抵御国际环境变化引起的风险能力较弱，行业生存困难的同时对国内经济造成打击，这将不利于我国拉动内需。

表1　　2014 年中国对 TPP 成员国纺织品服装出口情况

2014 年中国对 TPP 成员国纺织品服装出口情况					
	合计		纺织品		服装	
	亿美元	占比%	亿美元	占比%	亿美元	占比%
全球出口	3069.58		1191.42		1878.16	
美国	470.43	15.33	134.28	11.27	336.15	17.90

续表

2014 年中国对 TPP 成员国纺织品服装出口情况

	合计		纺织品		服装	
	亿美元	占比%	亿美元	占比%	亿美元	占比%
日本	255.65	8.33	58.14	4.88	197.51	10.52
澳大利亚	56.77	1.85	15.43	1.30	41.34	2.20
加拿大	43.48	1.42	12.33	1.03	31.16	1.66
墨西哥	33.12	1.08	17.81	1.49	15.31	0.82
越南	158.34	5.16	94.78	7.96	63.66	3.39
马来西亚	48.15	1.57	20.49	1.72	27.66	1.47
新加坡	23.65	0.77	7.74	0.65	15.92	0.85
新西兰	9.31	0.30	2.74	0.23	6.57	0.35
秘鲁	8.09	0.26	4.47	0.38	3.62	0.19
智利	34.43	1.12	8.9	0.75	25.53	1.36
文莱	2.29	0.07	0.53	0.04	1.77	0.09
TPP12 国	1143.71	37.26	377.64	31.70	766.2	40.80

资料来源：中国纺织经济信息网，2015 年。

根据中国贸促会数据显示，2014 年我国对 TPP 12 国出口纺织品服装累计共 1143.71 亿美元，占我国纺织品服装出口总额的 37.26%；其中对 TPP 成员国出口纺织品 377.64 亿美元，占纺织品出口总额之 31.70%；对 TPP 成员国出口服装 766.10 亿美元，占服装出口总额之 40.79%。美国、日本、加拿大和墨西哥四国未和我国签订自贸协议，出口规模达到 802.68 亿美元，对我国纺织品服装出口影响最深。而在 2015 年前 8 个月，我国纺织服装行业出口额为 1844 亿美元，出口占比约 30%。其中出口至 TPP 国家里的美国与日本份额最大，对美国出口 236.1 亿美元，对日本出口额为 108 亿美元，在出口国家中占比合计约 24%。这意味着中国无法加入 TPP，依赖出口的纺织服装行业将失去一大块海外市场份额。与此同时，根据国家统计局统计，截至 2014 年 6 月，服装行业规模以上企业 15009 家，纺织服装行业从业人数超过 1290 万，如此庞大的就业市场，如果 TPP 介入中国与其他国家的贸易之间，纺织服装行业将失去 TPP 国家庞大的海外服装消费品市场,并使得我国服装纺织企业向 TPP 成员国中的发展中国家转移,在 TPP 成员国中投资设厂生产服装纺织类消费品,从而使得国内纺织服装行业吸纳的就业减少,从业人员的收入下降,进而减少我国国内的消费需求。

2. 农产品和食品

在农业领域,从当前谈判进程来看,美国在对新西兰的乳制品和牛羊肉、越南渔业产品的关税减让方面困难重重,而日本在加入前就已经准备提出农产品等领域的例外和敏感产品清单。可以看出,TPP 谈判对于我国农业的影响也是不容忽视的。我国对 TPP 国家主要出口加工食品、园艺产品和动物产品等劳动密集型农产品,三类产品出口占对 TPP 国家农业总出口的 97.6%,其中,加工食品出口占 50.0%。我国从 TPP 国家主要进口谷物、植物油籽和棉花等土地密集型农产品。当前,中国仍然具有广大的农业人口,占全国人口总数的 50.32%,部分农业人口还在向城市进行转移。在这个过程中,中国必须保持稳定的就业数量。TPP 的自由贸易条款要求各方农产品市场准入。但在农业问题上,中国为农业提供了高额补贴,并且通过进口配额制、进口关税来控制外国农产品的涌入,保障了中国的粮食安全,而这与自由贸易条款是相冲突的。当今我国是人口大国,对粮食需求量大,是世界上最大的粮食进口国家,一直存在农产品贸易逆差(见图1)。

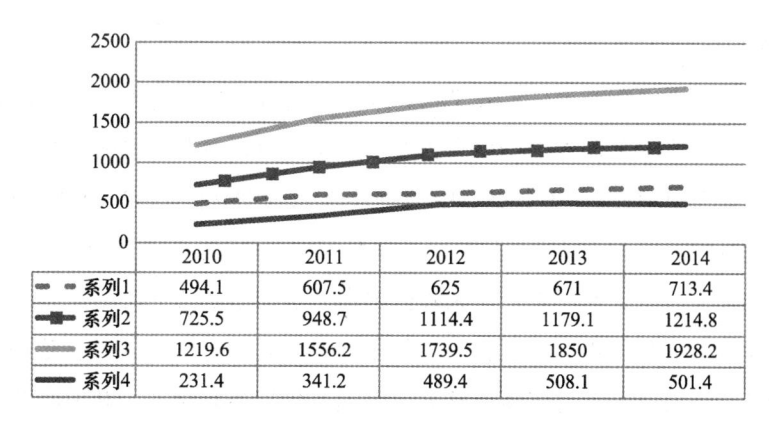

	2010	2011	2012	2013	2014
系列1	494.1	607.5	625	671	713.4
系列2	725.5	948.7	1114.4	1179.1	1214.8
系列3	1219.6	1556.2	1739.5	1850	1928.2
系列4	231.4	341.2	489.4	508.1	501.4

图1 2010—2014 年度中国农产品贸易额度(单位:亿美元)

资料来源:中国国家统计局 2010—2014 年《中国统计年鉴》(电子版)。

2014年，我国农产品进出口额1928.2亿美元。其中，出口713.4亿美元，进口1214.8亿美元，贸易逆差501.4亿美元。在这个时期中，贸易逆差额逐年增加，涨幅超过50%。同时我国农业现代化程度不高，比如花生、油菜、棉花机械化均低于20%，农产品相对于国内产量低，价格高。一旦中国遵循自由贸易条款，下调关税或者增加进口配额，放开农产品市场，则外国廉价农产品的涌入会迅速侵占中国国内的农产品消费市场，冲击国内农业，特别是加工食品等农业部门，如水稻、食糖，同时引发严重的第一产业失业问题，造成国内农民经济收入的下降，进而引发国内农业消费品市场的波动。

对于乳制品、肉类等食品，我国一直以来都是乳制品和肉类进口大国，也是全球最大的乳制品消费市场，其最主要的来源国家包括了TPP成员国中的新西兰和澳大利亚。新西兰与中国于2008年签订了自由贸易协定，承诺在2016年1月1日前取消全部进口产品关税。澳大利亚和中国于2015年正式签署自由贸易协定，在九年内实现零关税，减免牛肉、羊肉等肉类进口消费品的关税。作为占据中国进口乳制品最大份额的两个国家，新西兰和澳大利亚同为TPP成员国，如果它们同时优先提供食品给TPP成员国家，将会减少对我国乳制品、肉类等食品类消费品的供给，改变我国居民的消费结构，引起我国乳制品、肉类等食品消费市场的波动。

3. 汽车

从表2可以看出，TPP协议成员国中，美国和日本均为汽车制造业大国。而中国的汽车消费市场以内需驱动为主，中国海关总署公布的汽车进出口数据方面显示，2014年，中国进出口汽车分别为142万辆和90万辆，中国汽车产量为2372万辆，出口量只占国内汽车产量的4%，主要出口国家为拉美、俄罗斯、中东地区国家，目前已经实现贸易逆差。但与此同时，汽车零部件出口额为688亿元，明显高于整车出口额，并呈增长态势，主要出口国家是美国、日本、韩国、俄罗斯和德国。其中汽车零部件出口美国额度达到184亿美元，增长率为14%。

表 2　　　　　　　2014 年中国汽车零部件出口额情况　　　（单位：亿美元）

出口零件合计	美国	日本	韩国	俄罗斯	德国	墨西哥	英国	加拿大	巴西	澳大利亚	印度
金额 688	184	71	33	25	24	20	20	14	13	13	12
增速 8%	14%	6%	2%	-4%	12%	31%	7%	6%	-7%	-3%	12%

资料来源：中国海关总署网，2015 年。

一旦 TPP 在内部成员国内实施零税率政策，由于中国汽车对外出口国主要为非 TPP 国家，所以影响有限，而对于汽车零部件，该政策会挤压其出口量及出口额，失去美国、日本等国家的市场份额。同时，TPP 将会带来贸易转移效应，由于零关税政策中的原产地原则，我国部分汽车零部件生产企业会将生产线转移至东南亚 TPP 成员国，一是东南亚原材料价格有优势，如天然橡胶资源丰富，可以压低轮胎制造成本；二是东南亚劳动力成本较国内偏低，并且能享受 TPP 成员国之间的零关税政策，成本优势得到进一步发挥。我国本土汽车零部件制造企业主要依靠价格形成出口优势，以低附加值的劳动密集型的零部件生产为主，比如轮胎制造企业，中国轮胎产量的 40% 将会出口，其中美国和日本接近占据了三成份额。推行 TPP 之后，对中国零部件出口额的下降会引起汽车零部件生产厂商的难以为继，从而导致就业率的下降和该行业员工的收入下降，降低我国的消费需求。

4. 电子产品

家电和其他电子制造产品出口占我国出口份额的相当份额，是中国出口到 TPP 国家最主要的产品。2015 年上半年度，我国家电行业出口额度高达 289 亿美元。我国的电子产品低技术要素，主要通过低劳动力成本和强大制造能力完整配套的产业链赢得出口竞争优势。TPP 成员国中，新加坡、马来西亚同为重要的低技术要素电子产品出口国，由图 2 可以看出，这两个国家和中国电子产品在世界市场的出口相似度高，并且逐年上升。TPP 零关税政策的推行将会使得中国的出口电子产品失去价格优势，加强新加坡、马来西亚两个 TPP 成员国对中国电子产品出口的贸易替代效应。

此外，TPP 对知识产权的保护会给我国存在专利问题的低端出口电子产品设置壁垒。而我国的家电行业当前面临严重的产能过剩问题，在出口遭受阻力的情况下，国内消费市场无法消化过剩的产能，将会导致家电行业面临大量企业倒闭的问题，造成国内就业压力，更加不利于国内市场对过剩产能的消化，形成恶性循环。

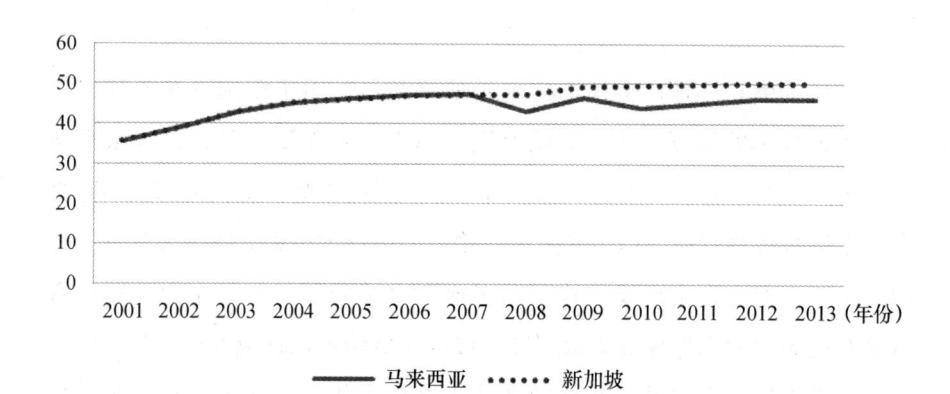

图 2　2001—2013 年中国与马来西亚、新加坡机电产品在世界市场的出口相似度

资料来源：《跨太平洋伙伴关系协议（TPP）及其对中国进出口贸易的影响》，中国商贸网，2014 年。

（二）TPP 对我国居民消费的影响

TPP 除了对我国出口消费品行业造成不利影响之外，也不利于我国与非 TPP 国家之间的进口贸易。如果我国被 TPP 排斥在外，我国将无法享受 TPP 协议成员国之间零关税原则下的进口贸易带来的福利，特别是来自美国、日本的高端消费品。通过增加高端消费品进口，可以丰富我国国内消费市场上产品的种类，促进国内消费品质量的改进和档次的提升，提高居民生活水平，增加消费者福利，进而改变居民的消费选择和行为，对提高国内消费水平产生积极的作用。在传统的理论思想里，习惯把进口定义为国内对于国外商品的消费，是一种利益的漏出行为，为国内社会总需求的减项，因此进口消费品的作用可能被低估，所以还应考虑消费品进口对国内消费水平派生出来的作用。事实上，消费不单单是由收入来决定，如果消费者偏好发生改变，那么其消费选择行为必然会发生改变。消费品进口恰恰增加了可供消费者选择的消费品总类，会改变消费者的选择行为，进而对国内居民消费水平产生出派生的效应。消费品进口每增加1%，会促使国内消费水平上升0.669%。因此，国外消费品的进口，特别是来自TPP协议成员国美国、日本的高端消费品，如汽车、数码产品、化妆品、高端药品等，会产生新的消费热点，进而带动我国的内需市场，优化居民的消费结构，增加居民的消费。如果中国无法加入TPP，将会失去进口消费品带来的潜在消费热点，不利于内需市场的扩张，进而使得居民消费失去一个增长点。

此外，TPP使得中国进退两难。中国不加入TPP，将使得中国出口被限制，这将给我国依赖出口的企业造成生存压力，如果出口型企业失去TPP协议成员国庞大的消费市场，它们很可能将面临倒闭而引起失业的大量增加，连锁影响到我国经济的发展减速，居民收入的下降，居民消费减少，消费品市场的萧条。如果中国为了满足TPP各项高门槛的原则，如满足国企与私企平等竞争，国企失去优惠的待遇，同时推动国企私有化、降低GDP能耗、环境保护体系，将有大量企业因为环保标准不达标等关闭，同样造成大量的失业和收入的下降，而这将无法释放出居民购买力，不利于促进我国居民的消费水平的提高。

三 我国对TPP的应对

（一）TPP协议下我国面临的机遇和挑战

美国目前推行的TPP被称为ABC（Anyone But China）举措，目的是给中国参与国际贸易设置重重阻碍。对比其他贸易协定，TPP是一个开放性的高规格高标准的区域经济协定，从长期来看，这将给中国与TPP协议成员国的贸易往来带来艰难的挑战。除了贸易转移效应和消费效应之外，劳工权益、农业、国企私有化、知识产权、环保和技术性贸易壁垒等标准奉行中国例外原则，针对中国的量身打造，使得我国的出口消费品进入TPP成员国的国内消费市场的门槛抬高，消费品价格优势削弱，TPP内部成员国会挤占掉中国原有的很大一部分出口份额，中国面临的贸易形势不容乐观。同时，TPP会加速我国低技术含量的劳动密集型产业向东南亚，主要是越南地区转移，这对中国转型成第三产业为主的消费型经济增加了压力，如果中国不能在贸易转移完成前实现国内产业转型，那么我国的劳动密集型产业将在与TPP成员国之间的贸易中失去竞争优势，从而对这些行业造成重挫，这将会造成失业的骤增，对我国经济造成打击，进而使国内的消费市场更加低迷。

但同时，挑战也是机遇，我们应该积极面对由美国推行的TPP带来的挑战，以适应新的竞争环境。我国需要有明晰的认识，不应该与TPP对立起来，而是以TPP的标准倒逼国内经济体制改革。TPP条款中看似为中国量身打造的原则恰恰是中国经济体制改革中亟待解决的问题。因此，无论加入与否，中国国内经济体制改革深化势在必行，尽管加入WTO之后中国在国际贸易中扮演着重要的角色，但是对比的设定标准诸如环境和劳工标准、知识产权等方面确实存在不足。相比于国际劳工标准，在作为"世界工厂"的中国，工人的基本权益得不到保障，超时工作、压低劳动力成本、工人工资水平偏低，工人的合法权益未得到尊重，同时劳工的消费能力得不到释放。而以知识产权为例，国内保护原创力度不够、山寨产品泛滥，使得国外进口高端消费品在国内消费市场上难以生存，不利于促进国内消费品质量改进与创新，进而影响居民的消费选择和行为。TPP对知识产权的保护也可以激励我国加快改革，通过坚持自主创新、自主知识产权、自主品牌的"三自"战略，促进中国从全球价值链低端参与型迈向自主主导型转变，增加消费者福利。因此，我们不妨将所设置的相关标准作为改革所力求达到的"标杆"，将其看作改革的一种动力和机遇。改革中出现的问题如果能够有效解决，长远看是于我国有利的。毕竟，中国现在应对外部冲击的能力远远高于当初加入WTO的时候。只是让中国发展过程中出现的问题暴露的"更加明显"而已，这也是将国内发展出现的问题置于国际主流标准的大背景下的必然结果。因此应当把TPP的挑战视为中国的机遇，TPP产生的倒逼效应可以改善我国经济体制问题。否则从长期看，这些体制内弊端会限制中国在国际贸易上的发展空间，不利于我国经济增长与居民消费。此外，中国本身具有全世界最大的最具潜力的消费市场，应该立足于自身消费市场，用政策引导消费，开拓内部消费市场，降低对外贸易依存度，从而抵御 TPP 对我国的冲击。

（二）我国的态度以及应对措施

2015 年 10 月初举行的部长级会议上，TPP 谈判已经取得了突破性进展。现阶段，中国基本已经被 TPP 排除在外，主要原因有二：第一，当前中国无法达到 TPP 条款的标准，错失了加入 TPP 谈判的机会；第二，美国将中国排除在外有其政治意图，美国通过推行 TPP 架空 APEC，同时削弱中国在亚太经济组织中的话语权，巩固其世界经济霸主地位。但中国对 TPP 应该争取，不断跟进 TPP 谈判进展，掌握 TPP 谈判的最新动态，利用好 TPP 落地到实现期间的这段缓冲期，深化体制改革，同时提高国内劳工和环境等标准使其更加贴近国际规则，做好在恰当的时点加入 TPP 的准备，争取得到 TPP 谈判及规则制定的话语权，削弱 TPP 对我国消费的影响。

同时，我国应当采取相应措施应对 TPP 谈判，主要从以下两个方面：在国内，除了加速推动国内经济体制改革以适应国际规则，还应该加速产业转型升级，同时加速中国向消费推动转型，比如加速新型城镇化，推动"互联网+"融入社会居民消费生活，直接刺激我国内需消费，降低对外贸易依存度，维持长期的持续性的经济发展平衡。并积极推进"上海自贸区""深圳前海自贸区"等试点建设，建立同国际规则和标准接轨的体系，形成逐步与国际接轨的外商投资管理制度，研究中国进一步对外开放和经济发展的新途径，创造经济增长的新动力。

国外，中国应当加速一带一路的推进，"一带一路"倡议主要向西发展，涵盖 65 个国家和地区，形成由中国发起的国际贸易区，中国在此区域贸易规则的制定上拥有主动权，可以充分利用先发优势，建立以中国为中心的贸易圈。此外，我国应积极与周边其他国家建立双边或多边自由贸易协定。目前，TPP 协议成员国中只有美国、加拿大、墨西哥和日本尚未跟中国签订自由贸易协定。我国应同这些国家进行自由贸易谈判，通过与这些国家设定的自贸协定争取没有加入 TPP 也可应对 TPP 的冲击。内地学术界引述《TPP 和亚太自由贸易区的经济效应及中国的对策》的研究测算，中国通过 FTA 来应对 TPP，对中国的负面影响为 0.14%。而在 2008 年，中国已经单独和新加坡签订双边自由贸易协定（FTA），2015 年又跟澳大利亚和韩国也签订了双边贸易协定，在未来中国应争取同更多国家签订 FTA 来抵御 TPP 的不利影响。此外，中国应积极推动东盟"10 + X"建设，支持 RCEP 倡议，避免中国在区域经济合作中陷入孤立，同时推动中日韩 FTA 的建立，与日本形成经济互补，继续深化和发展同日韩两国之间的经贸关系，借助日韩的合作促进国内产业结构和消费结构的调整，由此应对 TPP 的负面影响，并对国内产业和消费进行改革，使中国未来经济发展更加平衡稳定。

城市再生的可行路径：文化的嵌入机制与策略分析

李丹舟[*]

一 导论：从"大拆大建"到以文化为导向的再生

随着 21 世纪以来中国城市化进程的加速,[①] 城市再生逐渐成为从以经济增长为唯一衡量标准的粗放式扩张转向重视质量、民生和可持续发展的内涵式发展道路时所必须关注的一大理论热点。[②] 有别于"城市再生"在西方发达国家出现的历史语境，中文语境下"城市再生"概念

---

[*] 李丹舟，深圳大学创新型城市建设与治理研究中心助理教授。

[①] 理论界将"城市化"作为一个学术问题而提出肇始于 20 世纪 70 年代末和 80 年代初的改革开放初期，南京大学的吴友仁于 1979 年发表的论文《关于中国社会主义城市化问题》标志着理论界开始打破计划经济时代将城市化视作资本主义特有规律的意识形态束缚。随着改革开放的深化以及计划经济向市场经济的转轨，中国的城市化理论进一步经历了以下三个发展阶段：80 年代末以费孝通"小城镇论"为代表的植根于中国本土的理论，大量西方城市化理论在 20 世纪 90 年代的迅速本土化，21 世纪以来城市化作为推进现代化的重要战略而越来越引起国家和各级政府的重视。何念如、吴煜：《中国当代城市化理论研究》，上海人民出版社，2007 年，第 2—5 页。

[②] 阙如黄鹤：《文化政策主导下的城市更新——西方城市运用文化资源促进城市发展的相关经验和启示》，《国外城市规划》2006 年第 1 期，第 34—39 页。张伟：《西方城市更新推动下的文化产业发展研究——兼论对中国相关实践的启示》，博士学位论文，山东大学，2013 年，第 2 页。

的提出一般被认为是对传统意义上"城市改造"和"城市更新"的改良。

经历了新中国成立后至 20 世纪 80 年代计划经济时期以中央政府的集中调控为主导的危房改造、市政基础设施建设和单位职工住房修建,[①] 以"大拆大建""推倒重来""拆一建多""推土机式"的彻底拆除等侧重于城市空间形体规划的城市改造模式通过先试点、总结经验后逐渐在全国推广,并进一步在 20 世纪 90 年代通过土地改革、住房制度改革和"分税制"等大规模的制度性改革而迈向以房地产开发为主导的土地利用和城市改造模式。[②] 尽管大量城市的物理空间得到美化、居民的居住品质得到改善业已证明过去三十年来中国城市改造和城市更新的成功经验,但是此种过于偏重技术解决、缺乏对城市更新改造过程中社会和文化因素介入的城市规划模式却日益暴露出个中弊病:一方面,缺乏对于城市"自我再生机制"的思考和建构,城市改造过程中形象工程泛滥而历史文脉和城市肌理却遭到破坏;[③] 另一方面,存在着行政管理机构"条块分割"、重复设置,城市改造的相关法律法规不健全等一系列问题,其结果就是造成规划主体单一、公众意见难以在城市规划过程中产生实质影响、公众在拆迁过程中利益受损等社会矛盾。[④] 基于中国的城市规划不可避免地夹裹在经济体制的转型过程之中,体现为快速城市化与城市改造、城市更新相互交织的现实情况,[⑤] 近年来在中国多个城市的棚户改造、旧城更新和老旧

[①] 翟斌庆、竺剡瑶、许楗:《历史城市的"再生"实践及关键问题:以西安市为例》,《华中建筑》2014 年第 12 期;张纯:《城市社区形态与再生》,东南大学出版社 2014 年版,第 33—34 页。

[②] 张平宇:《城市再生:我国新型城市化的理论与实践问题》,《城市规划》2004 年第 4 期。

[③] 杨继梅:《城市再生的文化催化研究》,博士学位论文,同济大学,2008 年,第 5 页。

[④] 张晓峰:《论我国城市更新的问题及优化》,硕士学位论文,山东大学,2012 年,第 1 页。

[⑤] 中国城市化的现状亦被界定为"总体上具有'滞后城市化'(under-urbanization)的特征,显性的'超前城市化'(over-urbanization)与隐性的'城市中空化'(counter-urbanization)并存"。王正安、邓小鹏、李启明、杨松、袁竞峰:《PPP 模式在城市更新中的应用研究》,《建筑经济》2008 年第 9 期。

工业区活化的过程中出现了大量将创意文化元素纳入城市规划的实践案例。[①] 尽管文化在城市再生中的策略性功能和重要价值业已成为中西方学界的共识，但针对城市再生的历史脉络、"文化"的学理界定及其在城市再生中所发挥的功能效用尚缺乏系统的讨论。

因此，通过追溯"城市再生"在西方都市史上的阶段性地位，厘清"城市再生"提出之时西方城市衰落的历史语境，文章认为，较之于粗放式的土地扩张和空间改造，20世纪下半叶兴起于部分欧美发达国家、强调渐进式改造和改良式治理的"城市再生"理念，既主张统筹和协调政府的政策意见、规划师的专业指导、房地产企业的资金注入，亦将社区参与和公众表达、甚至包括文化艺术活动的介入和开展全方位地纳入城市改造的整体性框架，符合中国城镇化进程"高起点、跳跃式发展的后发优势"[②]——有助于规避欧美国家在城市化与工业化发展道路中出现的弊病，探索一条符合中国国情、追求"人"的全面城镇化的均衡式发展道路。而在后工业化背景之下出现的以文化为导向的再生策略，一方面，主张通过涵盖从文化生产到文化消费的经济发展模式来刺激本土经济、推动内城和街区更新、适应知识经济和创意城市的发展方向；另一方面，作为调和国家政策、政府部门、私有企业、本土社区、第三方机构和志愿者团体之间相互作用的治理创新方式，文化规划提供了一种将自下而上式管理与自下而上式参与有机结合的文化行政视角，在探讨本土空间的自我再生机制和有效驱动公共服务层面上承担着日趋重要的角色。

二 作为"西风东渐"之舶来品的城市再生

从字面意义上理解，"城市再生"（Urban Regeneration）是一个关联

[①] 相关个案为数众多。阙如方丹青、陈可石、崔莹莹《基于多主体伙伴模式的文化导向型城中村再生策略——以深圳大芬村改造为例》，《城市发展研究》2015年第1期；翟斌庆、竺剡瑶：《中国历史城市的再生实践及启示——以西安鼓楼回民区为例》，《西安建筑科技大学学报》（社会科学版）2014年第4期。

[②] 陈则明：《城市更新理念的演变和我国城市更新的需求》，《城市问题》2000年第1期。

着重生、复活和重建,故而充满宗教救赎希望的术语。[①] 与生物学层面上意味着失去或损坏的组织重新生长、系统恢复到初始阶段的"再生"(regeneration)相类似,"城市再生"理念的提出亦强调经济活动的再生长、失能的社会功能再复原、被拒斥和分化的社会阶层再融合、被破坏的环境质量和生态平衡再复原。[②] 回溯"城市再生"的提出背景,后工业时代都市形式的历史演进、石油危机所导致的制造业衰落和城市衰退,分别从宏观和微观两个层面说明再生策略如何在部分西方国家出现,进而在过去的二三十年内通过全球新自由主义,以企业化的城市管理方式而传播到亚非拉的一些国家和地区,并结合这些地方的实际情况迅速实现本土化。

(一) 西方都市史脉络之下的形式嬗变

现代城市在欧洲的出现始于18世纪,彼时的经济基础正面临着从农业向工业的转型,直接导致了人口的重新分配,为城市的诞生奠定了坚实基础。至19世纪中期,更多的人口住在城镇而非乡村,当时交通技术的发展也有助于人口在城市中心的集中化。随着工业革命和工业化进程而出现的非管制性工业城市的急剧扩张,致使19世纪末期的欧洲城市出现了大量都市贫民窟,随即产生的环境破坏、市政腐败、道德危机和工人阶级暴动等潜在隐患皆成为政府需攻克的难题。从那时起,正式的规划体系开始出现在城市领域,主张通过房屋和市政设施的建设、卫生条件的改善以及法律法规的制定来重点解决都市贫民的物质生存条件。然而,这一时期政府的都市介入仅仅涉及城市规划而非城市再生,意即城市社会领域的改革未能跟上城市物理空间和物质条件的改

---

① Furbey, R., "Urban 'Regeneration': Reflections on a Metaphor", *Critical Social Policy A Journal of Theony & Practlce in Social*, Vol. 19, No. 4, 1999, pp. 419 – 445. Lees, L., "Policy (Re) Turns: Gentrification Research and Urban Policy-urban Policy and Gentrification Research", *Environment and Planning*, Vol. 35, No. 4, 2003, pp. 571 – 574.

② Couch Chris & Fraser Charles, *Urban Regeneration in Europe*, Oxford: Blackwell Science, 2003, p. 2.

变节奏。①

"城市再生"在真正意义上成为现实需要则肇始于第二次世界大战对城市基础设施造成的严重破坏——1945年后发起的战后重建项目可谓"城市再生"理念的前身。有学者统计发现，截至20世纪60年代末期，大多数欧洲城市通过贫民窟清拆和重建来处理废弃住宅的问题，包括英国、德国、法国、荷兰、比利时、西班牙、意大利等国家在内皆经历过住房翻新和区域改造的项目。②尽管城市空间的翻新改造和当时主导的凯恩斯主义极大地刺激了经济的增长，但与此同时出现的都市贫穷和种族骚乱却逐渐演变为新的区域问题——1958年的诺丁汉骚乱即是贫穷移民在内城发生的一起暴动事件。由此，如何在空间设计和制度完善的层面令社会底层有效地参与到决策制定的过程、共享就业和物质资源、整合进入主流文化进而解决社会隔离与阶层分化，成为当时都市政策的决策者所必须引起重视的问题。

部分学者对20世纪50—90年代欧美内城改造的特征和属性进行了细分，③普遍认为较之于50年代"战后重建"（Urban Reconstruction）论和60年代"内城振兴"（Urban Revitalization/Rehabilitation）论强调物质环境的优先地位，70年代的"城市更新"（Urban Renewal）论、80年代

---

① 伴随着以清拆、重建和管制为主要物质手段的都市干预，20世纪也出现了为数众多的城市规划理论学派，围绕着空间形式的设计而展开了一系列的学术讨论。其中包括 Burgess 所主张的以中心商业区作为城市中心的同心圆模式、Harris 和 Ullman 所主张的渐进式整合城市空间多核心模式、Hoyt 所主张的扇形模式、Mann 所主张的典型英国城市模式、Kearsley 所主张的改良版同心圆模式、Vance 所主张的城市地域模式、White 所主张的21世纪城市模式等。这些学术观点主要针对人口和资本在城市中心的集中化抑或城市中心外移至边缘的"郊区化"这二者之间的矛盾展开讨论，因为自20世纪初期开始，大量私家汽车的出现和公共交通设施的兴建使得城市化与反城市化的争论一直贯穿在城市规划的理论演绎进程之中。Tallon, Andrew, *Urban Regeneration in the UK*, London and New York: Routledge, 2010, p. 9 - 11.

② 尽管各国经历了相似的历史阶段，但空间改造所遇到的具体情况有所不同。例如，英国在1969年通过了《房屋法令》进行立法规范，荷兰面临着地方政府和本土社区之间的冲突，德国在内城改造中对租赁产权进行调整，法国则通过立法来适应小规模的区域改善。Chris Couch & Charles Fraser, *Urban Regeneration in Europe*, Oxford: Blackwell Science, 2003, p. 1 - 6, 13 - 16.

③ 佘高红、朱晨：《欧美城市再生理论与实践的演变及启示》，《建筑师》2009年第4期。

的"城市再开发"（Urban Redevelopment）论和 90 年代的"城市再生"（Urban Regeneration）论则一步步将本土社区、公众参与、公私伙伴关系、社会团体、社会资本、文化遗产保存等议题逐一纳入内城规划议程之中，这也意味着从政府主导的物质更新走向以公私合营为主要模式的经济与社会的协调发展。[①]

（二）城市衰退语境之下的政策应对

作为西方发达国家都市政策的重要组成部分，城市再生概念的提出则必须置于 20 世纪 70 年代以来西欧国家因制造业的衰落和全球竞争的加剧而持续导致的城市衰退语境之下进行考察。随着第二次世界大战后大规模的城市重建，西欧国家经历了长时期的经济增长和财富积累，因制造业保持着较高的就业率，所以居民的居住环境和住房条件得到改善，消费水平逐步提高，城市的公共服务也随着政府税收的增加而得以持续改进。然而这一持续增长的时代却随着 1973 年的阿拉伯石油战争而被终止，能源危机导致油价上升，经济增速开始飘忽不定，晚期资本主义的一系列经济、社会、物质、环境和财政问题开始在欧洲城市逐一出现：一方面，出于制造业向亚非拉地区的转移，本地失业率升高，废旧工厂弃置和传统产业萎缩的情况屡见不鲜，城市经济基础面临着激烈重组，逐渐转向服务业和以消费为主导的第三产业；另一方面，经济形势的下滑和劳工失业率成本的上升给国家和地方政府施加了极大的财政压力，不仅造成公共收支和服务的缩减，许多城市的物质基础设施变得破旧不堪而亟待重建，持续的城市贫困和传统社区的凋敝亦导致了大量社会问题的出现，其中包括种族冲

[①] 张平宇对这五个阶段进行了详细说明，认为 50 年代的"城市重建"指的是置换内城土地、改善居住条件、进行绿化和景观维护、郊区开发；60 年代的"城市振兴"开始注意到私有部门的功能、社会福利水平的提高以及郊区化；70 年代的"城市更新"着重于解决内城衰退的问题，尤其强调邻里社区的更新、社区参与和公众发声、解决社区就业问题、改善城市环境；80 年代的"城市开发"发现旗舰项目和地标工程的作用、政府与私有部分建立合作伙伴关系、自助式开发社区；90 年代的"城市再生"进一步复杂化政府的介入和私部门、第三方机构、志愿者团体之间的参与机制，强调发挥社区的自主功能，进一步形成综合的整体性对策。张平宇：《城市再生：我国新型城市化的理论与实践问题》，《城市规划》2004 年第 4 期。

突、社会隔离、犯罪率攀升、婚姻崩坏和精神疾病等，同时持续的经济竞赛所导致的环境恶化也对都市环境造成了严重影响。[1] 正是出于国内外形势的急剧变化，部分西欧国家以"城市再生"作为公共政策来应对一系列复杂的经济、社会、物质、环境和财政问题，旨在合理利用废弃的土地和建筑物，创造新形式的就业，同时减少环境污染，改善生态环境，处理社会矛盾。

作为最早经历经济结构重组和社会领域变革的西欧国家之一，英国的劳工党政府早在1968年便针对糟糕的工业竞争力、破败的基础设施和内城的社会骚乱而制定了相关的都市政策。1977年颁布的《内城白皮书》(*The White Paper: Policy for The Inner Cities*) 标志着英国政府立足于对区域、国家和国际形势的深入剖析而提出的城市衰退问题的综合解决方案，其中包括针对经济发展而提出的中央和地方协同治理、公部门和私部门以及志愿者团体之间的合作参与等政策谏言。[2]

作为一套囊括社会包容、财富创造、可持续发展、都市治理、卫生福利、预防犯罪、教育机会、迁徙自由、环境质量等一系列议题在内，寻求区域经济、社会和环境条件的持续改善的整合性框架，"城市再生"一方面在界定上区别于"城市更新"（Urban Renewal）。较之于后者侧重于城市空间形态改善的物理策略，"再生"更为强调一种全盘性、整体性的政策回应，其理论内涵植根于第二次世界大战后以凯恩斯主义为代表的社会民主左翼所标榜的强调普遍主义与社会正义的欧洲启蒙传统——追求好的生活质量、全民福利供给、低限度的能源消耗和健康的生态环境。[3] 与80年代对一些衰败的内城区域进行物理空间和经济基础层面的更新有所不同，社会的可持续发展越来越得到政府的重视，尤其是自20世纪90年代以来重点关注那些关联着经济复苏和环境改善的更为广义的社会文化要

---

[1] Chris Couch & Charles Fraser, *Urban Regeneration in Europe*, Oxford: Blackwell Science, 2003, p. 1 – 2.

[2] 张平宇：《英国城市再生政策与实践》，《国外城市规划》2002年第3期。

[3] Leary E. Michael & McCarthy John eds., *The Routledge Companion to Urban Regeneration*, London and New York: Routledge, 2013. p. 7.

素。在英国的城市再生经验中,"社区"是都市可持续发展的基本单元和关注焦点。正是立足于"一个有着经济活力、较高雇佣率、较高教育水平、健康福利、社会和区域融合、和平与安全的环境保护以及尊重文化多样性"的"可持续的社区",[1] 英国政府在城市再生机制上探索出在经济、社会、文化和环境层面进行全方位邻里参与的整合治理策略,以及强调公部门与私部门协作合营的"公—私伙伴关系"(Public Private Partnerships,简称 PPPS)。PPPS 模式的提出是基于社区协作、志愿者团体和第三方机构在城市再生中日渐增长的重要性,进而主张关注社会资本在城市再生中的角色及其潜在的社会效应。而作为具有全球高度发达的 PPP 市场的国家,英国在深化城市再生的市场化过程中进一步探索出了一条金融机构与商业组织能够兼顾投资回报和社会可持续性议题的折中道路——所谓"社会责任的投资"(Socially Responsible Investment)[2],这也是从实践的角度试图调和经济发展与"幸福""快乐"或"归属感"等一些更为柔性且难以估量的概念之间的关系。另一方面,英国的"城市再生"理念随着全球新自由主义的扩张而在全世界范围内得到传播和普及,这一减少政府干预、倡导市场机制的理论转向尤其以企业主义(Entrepreneurialism)对管理主义(Managerialism)模式的取代为其显著特征,[3] 这恰恰适应了后工业时代城市空间的"后现代"特点——财富的分散化、社会两极化、生活方式多样化,其转变的基础体现为以消费、信息和服务为主导的新经济的崛起。

三 作为再生策略的文化:文化经济与文化规划

"城市再生"本质上可以视作针对经济转型而进行的都市政策调整,

---

[1] Colantonio Andrea & Dixon Tim, *Urban Regeneration & Social Sustainability: Best Practice from European Cities*, UK: Wiley-Blackwell, 2011. p. 5.

[2] Ibid., p. 15.

[3] Harvey, David, "From Managerialism to Entrepreneurialism: The Transformation in Urban Governance in Late Capitalism", *Geografiska Annaler* Vol. 96, No. 4, 2002, pp. 36 – 53.

通过公、私、非营利组织之间建立的伙伴关系来导向经济结构的重组和缓解经济衰退,但在转向商业主义和地产开发为主导的发展过程之中必须兼顾公共性——这里的公共性不仅意味着政府部门对再生项目的财政资助,而且必须维持公共部门对社会需求的敏感性、对公众职责和公共利益的长远视角,此种策略性的政策视野和框架结构亦是评估城市再生项目成功与否的重要指标。其中,文化恰恰发挥了协调经济转型和社会治理的双重角色。

诚如英国伯明翰学派代表人物雷蒙·威廉斯所言:"文化可能是英语中两到三个最为复杂的词语之一。"[1] "文化"一般被认为是具有多重语义的术语并被不同的使用者进行差异化的意义实践,[2] 但随着1964年英国伯明翰大学当代文化研究中心的建立以及"文化研究"作为一门学科建制的形成,学界对"文化"的解释更接近于语言学的概念,主张将"文化"视作一个"表意系统"——基于不同符号单元之间的相互运作,"社会系统得以沟通、再生产、经验和探索"。[3] 正是因为对"文化"的理解

---

[1] Jackson, Peter, *Maps of Meaning: An Introduction to Cultural Geography*, London: Unwin Hyman, 1989. p. 76. Price Marie & Lewis Martin, "The Reinvention of Cultural Geography", *Annals of the Association of American Geographers* Vol. 83, No. 1, 2015, pp. 1–17.

[2] 多位学者指出"文化"意义的不确定性(Herder,转引自 Williams, 1976)、多义性(Milner, 1994; Hall, 1996; Hebdige, 1997)、语境化而非同质化(约翰·菲斯克,2004)、"复调的"或"多声部的"(约翰·斯道雷,2007)等。不同学科的使用者对"文化"的界定有着显著差异。例如,东方学家萨义德(Edward W. Said)认为"文化"包括以美学和娱乐为主要特征的艺文活动、意识形态冲突的场域;人类学家泰勒(Edward Tylor)认为"文化"指向的是一个民族或社会的物质与精神的整体;文化研究的先驱人物威廉斯在不同阶段进一步细分"文化"的分类范畴:首先,他将心理学层面的"心灵的普遍状态或者习惯"与社会学层面的"作为一个整体的社会的智识发展的普遍状态"统一为"18世纪以来思想、精神与美学的一般过程";其次,文学、美学层面的"总体的艺术"进一步用来说明"关于知性的作品与活动,尤其是艺术方面的……[如]音乐、文学、绘画与雕塑、戏剧与电影";最后,受到人类学的影响,"文化"被泛化为"一种整体的生活方式"——这一定义随即被大量文化理论家所挪用,主张文化是一种"实践"(praxis,可见 Zygmunt Bauman, 1973)、文化是"一个持续地生产关于与来自社会实践的意义过程"或"一个活生生的、主动的过程"(John Fiske, 1997、1996)、文化是"一门改革家的科学"(Tony Bennet, 1998),根据徐德林的论著而整理,徐德林:《重返伯明翰:英国文化研究的系谱学考察》,北京大学出版社2014年版,第21—25页。

[3] Williams, Raymond, *Culture*, London: Fontana, 1981, p. 13.

是一个动态的开放系统,[1] 在经历了 20 世纪 20 年代作为英美城市中新移民社区的历史独特性和族群多样性并以此开发都市旅游之后,文化作为经济发展的内生要素在 70 年代末逐渐被政治右翼和私有企业所接受,并将其重新纳入到城市再生的政策制定和制度设计之中。文化的角色首先是作为经济复苏的驱动者而出现——通常称其为"经济文化政策"(Economistic Cultural Policy),[2] 主张经济的发展优先于美学的和社会的考量,城市再生中出现的后现代景观、文化园区和产业集群、都市节庆和嘉年华、文化遗产和都市旅游、体育产业、创意产业和创意城市等理论及相关的实践皆是文化商品化的集中体现。随后的"文化规划"(Cultural Planning)[3] 则注意到文化的社会性——较之于经济和物质层面的再生,作为社会福利机制和公共空间策略的文化同样发挥着提供艺术文化设施的便利服务、形塑文化公民权、打造地方形象和提升城市竞争力的整合规划功能,尤其是基于社区的、多元主体参与的开放式协商模式指向的是城市治理的创新。[4]

(一) 经济的"文化化"

作为再生策略的"文化"首当其冲是一个经济问题。随着 70 年代以来主张大规模生产的福特主义迅速衰落,资本积累转向更为灵活的专业化生产制度,大量工厂开始从成本较高的西方国家和城市撤出,转移至亚非

---

[1] 这一界定便拆解了将"文化"视为美学的、精英的、静态的固有概念,取而代之的是一个人类学的、协商的、动态的场域。文化进而被概念化为"社会、经济和政治力量及发展进程的主谋,而不仅仅是这些力量和进程的单纯反映"。Dikovitskaya, Margaret, *Visual Culture: the Study of the Visual after the Cultural Turn*, Cambridge, Mass.: MIT Press, 2005, p.48.

[2] McGuigan, Jim, *Culture and the Public Sphere*, London and New York: Routledge, 1996, p.107.

[3] Graeme, Evans, *Cultural Planning: An Urban Renaissance?* London and New York: Routledge, 2001, p.3.

[4] 也有学者将以文化为导向的再生细分为三种模式:一是大型文化旗舰项目的兴建;二是创意阶级与文化创意产业;三是社区活化与公众参与。郑憩、吕斌、谭肖红:《国际旧城再生的文化模式及其启示》,《国际城市规划》2013 年第 1 期,第 63 页。本文将第一类和第二类合并为经济的"文化化"予以讨论,第三类则以"文化规划"作为理论切入点。

拉等拥有较便宜的劳工市场的国家和地区。较之于大批量、标准化的消费，随着信息技术的广泛普及和劳工成本的下降，商品形式的差异化与个性化越来越得到提倡。正是基于晚期资本主义将象征商品视作利基市场（niche market），作为新观念、新产品、新工作甚至新财富的艺术文化蕴含巨大的商机，有利于本土市场的复兴和国际旅游贸易的开拓。具体在城市再生的领域，文化经济集中表现为都市休闲经济，其要素包括餐厅、快餐连锁、咖啡馆、酒吧、夜店、俱乐部、博物馆、美术馆、戏院、音乐厅、节庆和其他文化活动、体育馆、健身中心、健康俱乐部、博彩店、宾馆、旅店、短租店等。都市休闲经济鼓励人们在下班之后走出家门，在城市闲逛，追求休闲和娱乐的个性化体验。始于20世纪70年代，诸如"咖啡文化""24小时城市""遗产旅游""都市嘉年华"等概念的涌现皆说明了都市休闲经济正随着人们消费方式的转变以及体育和文化事件的大量增长而迅速改变旧有的空间形态。由此，城市空间被建构为游客消费的场所，而文化则被进一步整合为生产、消费以及"地方制造"（place-making）的复合策略，全方位作用于城市的空间设计、土地使用、交通设施建设和娱乐休闲活动的开展之上，城市风格也趋于"朝向后现代主义的文化—美学趋势"。[①]

根据Graeme的界定，文化的综合作用机制具体包括三方面：第一，城市品牌的定位和打造，主要体现为文化地标和旗舰建筑物的美学风格，比如西班牙毕尔巴鄂的古根海姆美术馆以其强烈的解构主义建筑风格聚合了政治、经济、社会及文化等各方面的力量，对游客具有独特的吸引力。第二，文化设施及相关服务的提供，主要体现为博物馆、剧院、美术馆、演艺中心、公园、公共艺术空间、文化园区的兴建和艺文活动的举办，这就瓦解了传统的集体文化参与形式，转而朝向24小时的夜间经济或基于家庭的新媒体、自媒体文化消费。第三，文化产品的生产与消费，以及艺术教育的推广，主要体现为文化园区和文化空间的

[①] Harvey, David, "From Managerialism to Entrepreneurialism: The Transformation in Urban Governance in Late Capitalism", *Geografiska Annaler* Vol. 96, No. 4, 2002, pp. 36 – 53.

大量出现。① 以文化为驱动的城市再生恰恰涵盖了囊括品牌建设、文化设施和服务、创意产业等以"文化"为主轴的多样化介入体系（见表1）。

表1　　　　　　　　以文化经济为驱动策略的城市再生体系

文化经济的类别	历史沿革	风格特色	主要案例
文化园区	始于20世纪80年代的美国，后普及至西欧	夜晚经济和小公司经济；多元化、高质量的建筑空间；设计美学；高密度集群；文化生产和艺术消费	纽约的苏活区和东区；巴黎的左岸；都柏林的庙吧等
都市节庆和嘉年华	源于特定历史事件的庆祝或宗教事件	改善城市形象；推广旅游和地方特色；呈现本土社群的文化；创造工作岗位	英国的爱丁堡节；英格兰西南部小镇的照明嘉年华；伦敦诺丁山嘉年华等
夜晚经济	追溯至曼彻斯特1993年提出的"更多日间小时"，"24小时城市"概念在20世纪90年代迅速扩张，直至2003年执照法对营业时间的解禁	城市中心的多功能化和活化；提供就业机会；但弊病是噪音扰民、青年酗酒、垃圾污染	英国的酒吧和夜店文化
都市旅游与都市遗产	20世纪末期出现	推广与文体事件相关的商业旅游；活化工业遗产；地方营销；创造工作岗位	"伦敦眼"；"伦敦塔"；坎特伯雷大教堂
体育产业	20世纪90年代初期竞争大型赛事主办权成为全球化现象	修建体育场馆；举办大规模体育事件；吸引游客；提高城市竞争力	奥运会

资料来源：作者根据 Andrew Tallon 的 *Urban Regeneration in the UK* 第十二章《休闲与文化再生》而整理。

---

① Graeme, Evans, *Cultural Planning：An Urban Renaissance?* London and New York：Routledge, 2001, pp. 1 - 4.

在休闲文化经济的再生策略驱动之下，城市的变化一方面反映为对本土经济的极大刺激——有学者以鹿特丹为研究对象发现，通过投资艺术家、表演场地、美术馆和博物馆，不仅有效地改善了建成环境，而且在充分评估本地劳工市场、交通条件和住房供应的基础上参与到城市营销的过程之中，提供就业岗位，带动了旅游、餐饮、酒店、休闲娱乐等相关产业获得"难以估量的间接经济效益"[1]。另一方面，不少城市通过以文化为主导的城市再生而重新定位城市形象和品牌，成功实现城市转型，例如英国的格拉斯哥通过20世纪80年代早期的"Glasgow's Miles Better"运动而逐渐发展成为20世纪90年代著名的文化欧洲城市。除了单一国家的城市通过文化再生获得经济复苏和品牌定位，1985年由欧盟发起的"文化项目的欧洲资源"进一步促成"欧洲项目"的集体品牌打造和城市营销，旨在推动欧洲一系列工业城市通过文化策略来实现后现代转向。有数字统计，2003年至2008年期间获得"文化欧洲资源"项目2亿英镑投资的利物浦，通过发展旅游、体育、文化遗产和创意产业而解决了近14000个就业岗位，吸引年均两百万游客观光消费，创造了超过5000万英镑的收益。[2]

21世纪以来，以文化经济为主导的再生模式通过全球新自由主义传播至中国。理论界除了介绍发达国家和地区再生经验中文化经济和文化政策之外，[3] 部分中国建筑学者开始意识到以古根海姆博物馆为代表的文化建筑在城市复兴和形象塑造中的作用。[4] 更多涉及城市规划、区域经济学、工程社会学等交叉学科的城市研究则发现文化创意产业空间集群对城

---

[1] 也有研究认为文化并不是解决经济衰退的灵丹妙药，列举西欧城市的案例来说明通过文化投资来获得直接经济收益、创造财富的有效性方面存在着证据不足的情况。尤其是以服务和消费为主导的第三产业偏重于年轻的专业从业者，可能对传统工人阶级、城市边缘群体甚至降低失业率的作用不明显。Jim McGuigan, *Culture and the Public Sphere*, London and New York: Routledge, 1996, pp. 106 – 107.

[2] Tallon, Andrew, *Urban Regeneration in the UK*, London and New York: Routledge, 2010, p. 226.

[3] 董奇、戴晓玲：《英国"文化引导"型城市更新政策的实践和反思》，《国外规划研究》2007年第4期。

[4] 窦强：《毕堡效应——一个建筑带动一个城市的复兴》，《建筑创作》2003年第7期。

市空间资源配置、区域城市更新、新兴产业布局、创意新城打造、产业结构转型、城市复兴与区域经济增长、城市治理制度创新的巨大影响,[1] 城市创意竞争力、知识经济与国际竞争力之间的关系,[2] 创意经济作为老工业城市的再生路径,[3] 工业遗产与新经济、空间再造相结合,[4] "城市创意创新生态系统"的建构。[5] 此外,在上海等城市出现了艺术家、建筑师、设计师自发地将一些廉价的弃置工业遗产空间转型为新兴文化园区和休闲空间集群,在保护历史建成环境之余也在实现本土社区的文化自治和社会记忆形塑。[6]

(二) 基于日常生活和多元主体参与的文化规划

城市再生中另一种文化的嵌入方式被称为"文化规划"[7],这一概念的植入很大程度上仰赖于后工业时代创意产业和知识经济的兴起。如前一章分析,经济的"文化化"本质上是一个经济学命题,但同时兼具社会层面的批判性,特别是提出发展人的潜力和自信,创造普遍的认同和兴趣,培育社会关联的网络,建立社群之间的积极关联,最终通过艺术和创

---

[1] 李康化:《文化产业与城市再造——基于产业创新与城市更新的考量》,《江西社会科学》2007 年第 11 期,第 240—246 页。

[2] 丛海彬:《城市创意竞争力形成机理与评价研究》,博士学位论文,东华大学,2013 年。

[3] 李顺成、胡畔:《创意城市:老工业城市的再生之路——以淄博市东部化工区搬迁改造工程为例》,《现代城市研究》2010 年第 4 期。

[4] 周蜀秦、徐琴:《全球化的创意产业与城市空间再造》,《世界经济与政治论坛》2007 年第 2 期。

[5] 于良楠:《文化创意产业促进城市转型发展的作用、机理研究》,硕士学位论文,云南大学,2014 年。

[6] Sheng Zhong, "The Neo-liberal Turn: 'Culture'-led Urban Regeneration in Shanghai", in Leary E. Michael & McCarthy John eds, *The Routledge Companion to Urban Regeneration*, London and New York: Routledge, 2013, pp. 495 – 504.

[7] 任珺追溯了"文化规划"的发展轨迹,认为这一术语早期用于社区的文化资源开发和社会认同建构,之后逐渐应用于城市规划和公共政策,强调文化作为战略目标和管理方式的综合运用。相关学者和著作包括 Harvey Perloff 的《用艺术提升城市生活》、Craig Dreeszen、Charles Landry 的《创意城市:如何打造都市创意生活圈》、Colin Mercer 以及 Gramae Evans 的《文化规划:城市的文艺复兴》等。任珺:《文化治理在当代城市再生中的发展》,《文化产业研究》2014 年第 1 期。

意活动服务于社会的进步。创意产业以个体的创造力、技能和天赋作为开发知识产权和创造财富的潜在源头,具有高度依赖创意活动、非正式的社会网络和商业协作、混合技能的多样性和产品的差异性等特点。部分西方城市的地方政府自 20 世纪 90 年代中期开始鼓励创意产业集群并以文化园区的模式来实现地方营销,但基于创意活动受个人幻想、热情等感性化的经验所驱动,在推行的过程中呈现出两种独特的模式——一是"工程师模式",立足于职业化和组织化的视角,制订长期的计划来管理文化资源和传达对于创意机构的支持;二是"本土模式",侧重于自下而上式、非正式的社会交往,体现出文化艺术的自身规律且迎合了创意实践的交互性与流动性。[①] 因此,以创新理念作为附加值、以社群作为基础的创意产业有助于发挥文化的潜力来锻造共享的认同和社会共识。"文化规划"的概念即是在这一背景之下诞生的,不仅用于指导经济和物质层面的城市再生,也作为更广义的城市规划和公共政策的策略而在后工业时代被广泛采纳。

"文化规划"首先指向的是公共政策中围绕着文化而展开的策略性介入机制。这一理念的提出可视作公共政策对可持续发展的理论回应,相对于以经济发展为唯一目标的文化行政,文化规划强调"城市文化软环境建设的规划,包括城市的归属意识、社会关系网、社会活动主体的感受、社会活动的自由性、地方的文化传统、文化氛围、市民的生活方式、文化体验以及日常活动等",[②] 重视"自上而下"与"自下而上"两种路径的互通。[③] 较之文化设施或文化场所等硬件基础的建设,文化规划主张以"人"为软实力,充分调动人的想象力、创造力和能动性,寻求城市问题的柔性治理以及社会矛盾的人性化调和。简言之,"以城市社会动能为重

[①] Tallon, Andrew, *Urban Regeneration in the UK*, London and New York: Routledge, 2010, p. 244.

[②] 赵敬:《文化规划与城市的可持续发展》,《中国社会科学院研究生院学报》2013 年第 4 期。

[③] 周蜀秦、李程骅:《文化创意产业驱动城市转型的作用机制》,《社会科学》2014 年第 2 期。

心，使城市更人性化、更宜居、更生机勃勃"。①

除了充分尊重本土特色和历史文脉，文化规划的核心要义一方面突破了文化是"高雅文化""精英文化"或"少数人的文化"的片面理解，转而发现庶民百姓在柴米油盐酱醋茶的日常生活中点滴形成的文化；另一方面则突破了文化商品化的单一倾向，转而发掘"一定地域、人群的特殊性的生活方式"，② 探索不同群体的生活方式及其产生的社会关联，进一步发现"所有可以体现或反映不同地方或人群特质的事物——诸如有形的建筑空间或无形的方言习俗、高雅的文学巨著或民间的通俗神话、大型的文化活动或社区的文化生活——都是城市发展可予利用的战略资源"。③ 体现在规划的制度设计中，则是在重视公众参与的基础之上打造一套"城市共同体文化治理模式"，④ 旨在通过统筹和协调政府决策者、建设规划部门、文化事业单位（包括新闻出版机构、艺文工作团体、公共图书馆、美术馆、博物馆、会展中心、旅游部门、体育产业、文化遗产机构、教育机构等）、社会团体、志愿者团体、相关企业和广大市民等不同部门和利益主体之间的关系，以沟通协商的方式对地方文化资源进行深耕，综合考虑国家政策、区域定位及相关政经文体方面的规划，一并纳入城市发展的总体战略架构之中。

正是意识到规划方案的制定过程中市民参与和公众意见的相对缺失这一短板，⑤ 当前的中国城市再生在理论探索上广泛吸取发达国家和地区进行文化规划的先进经验，其中包括德国"基于多方参与协调的城市空间管治策略"在20世纪90年代政府职能创新中的作用；⑥ 日本自1970年

---

① 任珺：《文化治理在当代城市再生中的发展》，《文化产业研究》2014年第1期。
② 卜雪旸：《当代西方城市可持续发展空间理论研究热点和争论》，《城市规划学刊》2006年第4期。
③ 李炜、吴义士、王红扬：《从"文化政策"到"文化规划"——西方文化规划进展与编制方法研究》，《国际城市规划》2007年第5期。
④ 任珺：《文化治理在当代城市再生中的发展》，《文化产业研究》2014年第1期。
⑤ 吕斌：《转型期中国城市空间可持续再生的课题与途径》，《资源与产业》2005年第6期。
⑥ 董楠楠：《联邦德国城市复兴中的开放空间临时使用策略》，《国际城市规划》2011年第5期。

末以来推行"行政的文化化",并以生活文化的角度来革新行政管治手段;① 中国台湾地区"自下而上"的社区改造,将政府主导之下专家的技术支持、设计师的活化再利用方案和艺术家的进驻搭建为多元主体参与体系,以点带面的区域经验分享,活化传统文化遗产并转化为文化创意产业,由此带动地方产业转型和经济复苏。② 通过回溯西方城市更新从重视物理空间改造的"形体主义"向重视区域经济发展、社区环境改善和公众参与之下的社区邻里自建三者协调发展的"人本主义"的转变历程,③ 部分学者积极探索旧城再生中"多主体伙伴治理"及服务型政府的制度建设和实现机制④、公众参与理论与新时期城市更新工程项目管理之间的关系。⑤ 另一部分学者则透过"调配社会多元主体利益分配的社会实践过程"来践行可持续的城市再生模式——以北京南锣鼓巷历史街区的再生规划实践为例,通过政府主导之下住宅、商户、媒体、专家等多元主体的介入,这一"参与式设计"与"开放式的公众参与"的规划设计有效地实现了老旧设施修复、社区环境改善、地方文史保存和文化创意及旅游产业植入。⑥

四　结语:朝向创意城市的规划实践

如果说具有"人文关怀的城市发展与创新"⑦ 建立在经济与社会协同

---

① 赵敬:《文化规划与城市的可持续发展》,《中国社会科学院研究生院学报》2013年第4期。
② 陈晨、刘治国、白鹏:《文化遗产再利用途径下的城市转型发展——以台北市都市再生前进基地为例》,《规划师》2014年第1期。
③ 董玛力、陈田、王丽艳:《西方城市更新发展历程和政策演变》,《人文地理》2009年第5期。
④ 廖玉娟:《多主体伙伴治理的旧城再生研究》,博士学位论文,重庆大学,2013年。
⑤ 杨帆:《旧城住区更新工程的公众参与研究》,博士学位论文,华中科技大学,2008年。
⑥ 吕斌、王春:《历史街区可持续再生城市设计绩效的社会评估》,《城市规划》2013年第3期,第32页。相关案例还包括基于loft概念的北京大山子文化艺术区、基于后工业景观思想的广东中山岐江(船厂)公园、注重生态与可持续发展的唐山南湖公园等。这些老旧工业区的再生实践引入了"混合利用"的概念,不仅强调区域性、生态和可持续更新,同时注重对工业遗产的活化与再利用,以此来使用我国区域经济"退二进三"战略、产业结构所面临的工业化与后工业化的双重夹裹以及城市化与郊区化的双重挑战。参见周陶洪《旧工业区城市更新策略研究——以北京为例》,硕士学位论文,清华大学,2005年,第27、29~31页。
⑦ 屠启宇、林兰:《文化规划:城市规划思维的新辨识》,《社会科学》2012年第11期。

创新的基础之上,那么城市再生则为创意城市①的建设提供了来自规划专业的整合视角。这一理念不仅符合《中国 21 世纪人口、环境与发展白皮书》所提出的可持续发展、科学发展观与和谐社会的发展思路,同时也回应了联合国将"人人有适当的住房"和"城市化进程中人类住区的可持续发展"拟定为 21 世纪全人类为之奋斗的两大目标。

更进一步分析,文化在城市再生过程中的嵌入机制具有统筹经济与社会协调发展的"画龙点睛"效果:一方面,注意到以文化园区、都市节庆、文化遗产旅游、体育产业等为代表的文化创意产业作为经济发展的内生因素,能够适应"新常态"定义下产业结构的调整、第三产业消费需求的增加,践行保护式开发,并通过创意阶级来实现创新驱动;另一方面则发挥文化在公共政策和城市治理层面的介入作用,除了提供文化场馆等硬件设施,以"人"的能动性为软性资源的文化规划则通过多样化的社区改造而实践多元利益主体的参与模式,对地方文史进行深度挖掘,进而服务于创意城市的整体发展战略。

总之,针对转型期中国城市在更新改造过程中暴露出来的"重形体、轻人文"等各种弊病,重视文化、善用文化和活用文化对于平衡过度商业开发与历史文化传承、"大拆大建"与保护式改造、地方文史资源深耕与文化创意产业发展、多元主体参与与可持续再生之间的关系有着不可忽视的指导意义。

---

① Tallon 将流动性(flexibility)、多变性(variation)、去中心化的输出(decentralised output)、迅速的变化(rapid change)、基于知识(knowledge-based)和富于创造力(creative)视为后福特主义城市(或称创意城市)的主要特征,这与强调大批量、标准化生产和严苛的劳动分工的福特主义城市形成鲜明对比。Tallon, Andrew, *Urban Regeneration in the UK*, London and New York: Routledge, 2010, p. 241.

学习新加坡经验，推进深圳市法治文化建设

辉 明[*]

2015年，深圳市提出"努力建成现代化国际化创新型城市"的目标。法治文化建设是实现这一目标的基本保障。所谓法治文化是以追求民主、自由和权利保障为目标，在一定的治国理念和与此相适应的制度模式确立过程中，形成的一种社会文化形态和社会生活方式。[①] 由于我国缺乏法治传统，深圳市必须从中国国情出发，借鉴吸收其他国家合理的法治文化建设的经验，推进法治文化建设。在这方面，新加坡以法治国与独具特色的法治文化建设的经验，值得我们学习和借鉴。

一 新加坡法治文化建设的特点

法治文化可以分为制度和理念两个层面。制度层面的法治文化即由各种法律规范、法律制度和组织机构所构成的文化，这也是最能为社会公众所了解和认知的法律制度。理念层面的法治文化即法治精神，包含了法律学说、法律价值观、法律意识、法律习惯等方面的内容，反映了人们对于

---

[*] 辉明，深圳大学社会科学学院讲师。
[①] 蒋传光：《法治文化的内涵及其特点》，《人民法院报》2012年9月21日第5版。

法治国家建设实现的一系列理想和价值追求，它对整个法治文化起到前提性的影响作用。但是理念上法治文化的实现必须通过具体的制度性的法治文化来达成。

（一）建立完备的法律制度

早在人民行动党执政之初，就把建立适合新加坡国情的法治作为治国的基本方式。李光耀阐述了他的治国观点："有严密的法律才能产生井然的社会秩序。"[①] 强调，"在制定新加坡的法律、法规时，要尽量详尽、具体"[②]。因此，新加坡十分注重法制建设，对英国留下的法律制度进行改革，形成了有新加坡特色的完整的法律体系。现行法律有数百种，法律调整范围渗透到各个方面，从政府权力、司法责任到民族宗教；从商事行为、城市管理直到公民生活的各个方面几乎无所不包，[③] 以至于人们的言谈举止、衣食住行皆有章可循、有法可依。

新加坡虽然立法众多，但在是与非、罪与非罪的问题上界限清楚；在某一违法犯罪该适用何种法律、给予什么样处罚的问题上一目了然。例如，法律规定，只要拥有15克以上海洛因，一经查获，即自动视为贩毒，判处绞刑，不再过问动机如何。正是有严密的法律制度才能产生井然的社会秩序和幽雅洁净的生活环境。

新加坡法律制度的另一个特点是有法必依，执法突出一个"严"字。新加坡强调以法律为依据，采取赏罚分明的制度，已成为新加坡法治的重要支柱。例如，新加坡罚款之严表现为罚得多，即任何地方都能看到罚款的警告，而且所禁明白、所罚清楚，任何不良行为都可能招致罚款的处罚。在公园，可以看到"不准钓鱼""不准乱抛垃圾""不准骑自行车"；在影剧院，可以看到"不准吸烟"；在马路旁边，可以看到"不准乱过马路"；在电梯里，可以看到"严禁吸烟"；在厕所里，有"便后冲水"的

[①] 凌翔、陈轩：《李光耀传》，东方出版社1998年版，第282页。
[②] 同上书，第288页。
[③] 杨建学：《新加坡法治模式初探》，《东南亚纵横》2009年第6期。

告示牌，等等，并都标有违禁罚款的数额。

新加坡的从严执法原则让每一个公民都对本身的行为负责，以法律的威力来维护群体利益，震慑个别犯罪分子，使整个社会都感到安全和不受干扰，而不是一味迁就违法公民的要求，丝毫不给嫌疑犯或犯罪分子特殊权利和地位，"法律至上"已成为新加坡执法的指导原则。

（二）培育崇尚法治的公民精神

新加坡从严执法是世界上有名的，人们认为新加坡实行的是"严刑峻法"，虽不无道理但却是片面的。"法治是一种观念，一种意识，一种视法为社会最高权威的理念和文化。"[①] 法治的最大危险不在于宪法或法律的不完备，而在于公民法治观念的缺乏。如果在现代法治中，普遍存在着公民对法治漠不关心，法律的遵守只是出于国家强制力的威慑作用，那么，这个社会绝不可能真正实现法治。只有当社会中的公民普遍愿意遵守法律，不仅仅是遵守法律，而且使法律能够内化为人们头脑中一种内在的观念，使守法变成一种自觉的行为，这样，法治才真正得以实现。新加坡社会的良好秩序并不仅仅依靠严刑峻法，如果国民没有崇尚法治的精神，那么再严厉的法律也是难以推行。因此，新加坡领导人非常重视培养民众崇尚法治的公民精神。李光耀提出了"依法治国，以德育人"的宗旨，认为："真正的人才必须具有正直的性格和品德，必须对国家对工作有高度的责任感和自发性。"[②] 政府从各个方面，引导人民遵循具体的法律条规和行为规范，培养他们遵守法律和纪律的国民意识，促使人们从内心深处自觉地认同和接受法律，用法律规范自己的行为。

1. 将公平公正，法律面前人人平等作为新加坡法治文化的核心理念

李光耀曾说："法律精神除严格外还有公平，如果真正做到了法律面前人人平等，那么法律的尊严就树立起来了。法律之外没有特权，公平、

[①] 刘作翔：《实现法治：我们的理想和追求》，《政治与法律》1996年第5期。
[②] 凌翔、陈轩：《李光耀传》，东方出版社1998年版，第324页。

公正是法治的灵魂,也是管理能否实现的关键所在。"①

在新加坡,法律是社会最高的规则,具有凌驾一切的地位。任何人,包括管治机构、立法者与执行者都必须遵守,即使是执政党也必须在法律框架内活动,没有任何人或机构可以超越法律。本国公民一旦犯罪,毫无私情可徇,不管是职位显赫的高官,还是普普通通的平民百姓,一样受到惩罚。任何刑事被告面对法律的制裁,不能也无法用金钱买通受害人以达致庭外和解。因为新加坡认为这会破坏司法制度的公正和法院的权威:富人不能用钱打发穷人,以逃避法律责任。因此,新加坡法院的判例中有判处内阁部长及商业事务局局长贪污与欺骗而坐牢的,也有判处美国青年涂鸦私人财产而被施以鞭刑的,以及判菲律宾女佣谋杀罪名成立被处绞刑的。被证明涉及贪污事件的外国公司,则列入黑名单,不得参加建设工程的投标活动。尽管上述这些被定罪的人曾是建国元勋及有政治背景,或外国总统代为求情,法院也是依法公事公办。

正是通过公平、公正、严明的执法,新加坡确立了法制的神圣地位,在人民之中培育起崇尚法治精神:法律面前人人平等,法律之内人人自由,法律之外没有民主,法律之上没有权威,从而营造了良好的法治环境。李光耀承认,新加坡的法律在开始时人们难以接受,"但是,我们做到了人人平等,因此,我们很快成为法律社会的典型"。②

2. 建立遵守社会纪律,维护公共秩序的社会共识

李光耀认为,在西方,"随心所欲的个人权利大为扩张,已到了以破坏社会秩序为代价的地步";相反,"在东方,主要的目标是拥有一个秩序良好的社会,这样每个人都能够最大限度地享受其自由。这种自由只能存在于一个有秩序的社会,而不会出现在相互冲突和无政府的自然状态中"。③ 在他看来,法治社会中,秩序是第一位的,"因为没有秩序,法律根本就不可能执行。秩序已经建立,在一个基础稳固的社会中,法令也就

---

① 谢永亮:《智谋大师李光耀》,中国农民出版社1997年版,第1页。
② 同上书,第1页。
③ [美]法里德·扎卡里亚:《文化决定命运——李光耀访谈录》,载刘军宁等编《经济民主与经济自由》,生活·读书·新知三联书店1997年版,第193页。

有了强制性,唯有在这种情形下,依照既定的法律处理人民与人民及国家与人民之间的关系,才能成为可能"。① 新加坡政府高度重视强调社会纪律,培养国民守法护法维护公共秩序的观念,一方面借助法律将社会生活的主要方面纳入法治的轨道,并规范、引导人们的行为;另一方面开展公民法制教育。教育人民要树立良好的生活习惯和行为规范,要表现出新加坡人的"气质",即应守法、重秩序、尊重他人权益、有社会公德,养成人人讲道德、守纪律的社会风尚。

经过长期的教化,新加坡人民已经形成了普遍的认识,要建设一个稳定的社会,必须事事有规有矩,人与人之间应该是父子有亲,夫妇有别,长幼有序,朋友有信的关系。尤其当社会遇到问题与困难的时候,更应该加强纪律与秩序。在日常生活中对不自觉的人,就要用纪律和法则去约束。因此,在全国上下自觉自尊的严格要求下,新加坡成为一个有秩序、犯罪率低的社会,而且是世界公认的公民最有道德素养的国家,社会治安特别好。这和新加坡借助法律和教育的手段,促进公民形成较好的法治观念和自律意识是分不开的。于此须强调的是,新加坡人的守法和自律绝不是迫于严刑峻法的威慑力而形成的,而是他们普遍感受到秩序的可靠、社会稳定的珍贵,因而从内心信仰法治,使遵守法律变成一种自觉的行为。

(三)倡导和构建国家共同价值观,作为法治文化的价值观基础

新加坡是一个多元种族、多元文化的社会,要把统一的、一元的法治与多元的社会融为一体,就必须建构共同的价值观,并把它作为法治的文化和思想基础。从20世纪80年代开始,新加坡政府致力于倡导亚洲价值观,作为国家的共同价值观。1988年1月,黄金辉总统在国会演讲中,概括了共同价值观的主要内容:社会为先;家庭为根,社会为本;求同存异,协商共识;种族和谐,宗教宽容。1991年1月,政府发表《白皮书》,提出新加坡的共同价值观:国家至上、社会为先;家庭为根,社会

---

① [美]阿列克斯·乔西:《勇往直前的李光耀》,台湾新生报社出版部1970年版,第71页。

为本；关怀扶持，同舟共济；求同存异，协商共识；种族和谐，宗教宽容。① 以"国家至上"为核心的共同价值观在本质上是以儒家文化为基础，同时又吸收了西方文化的一些积极内容，构成了新加坡整个社会"国民意识"的基石，对树立新加坡的法治文化发挥了至关重要的作用。

新加坡人认为，法律的内容与要求的具体反映是社会秩序与纪律，对法律的认同实际上是对经过秩序所表现的社会共同价值观的认同。② 新加坡法治文化以共同价值观作为其思想基础，实现了法治价值与共同价值的融合，为新加坡人所公认和推崇，影响和制约着新加坡人的日常生活，使人与社会处于和谐的关系中。共同价值观的倡导和构建促进了人们法律信仰的形成。

（四）建设廉政文化，营造廉洁环境

李光耀早在1967年就指出，必须通过"法律的革新"才能有效地治理腐败。③ 他意识到"为了生存，必须廉政；为了发展，必须反贪"。④ 因此，新加坡建立了严密、完整的法律法规制度，把反贪腐纳入法制轨道，使反贪腐工作有法可依、有规可循，惩处严厉，使法律对腐败者产生极高威慑力。同时，李光耀始终以廉政作为人民行动党的执政理念，要求领导人以身作则，率先垂范，廉洁自律。他坚信："高层的政治领袖如果以身作则，树立榜样，贪污之风就可以铲除。"⑤ 领导人的以身作则不仅赢得广大人民的信任和支持，更是在客观上形成了一种社会示范效应，树立了"为政以廉"的领导文化。

新加坡不仅注重反贪法律和制度的建设，更重视塑造遵纪守法、廉洁奉公的社会文化氛围，以形成一种贪污腐败者难以在社会中立足的廉洁文

---

① 参见 While paper, "Share Values", Singapore, 1991。
② 邹平学：《新加坡法治的制度、理念和特色》，《法学评论》2002年第5期。
③ CPIB, "Swift and Sure Action: Four Decades of Anti-Corruption Work", Singapore: CPIB, 2003, p. 70.
④ 赵增颜：《新加坡如何反腐倡廉》，《理论导刊》2006年第5期。
⑤ 李光耀：《李光耀四十年政论选》，现代出版社1994年版，第353页。

化。新加坡前贪污调查局局长蔡子益说:"有个好的制度非常重要,但许多时候要靠制度是不够的,要取得成功,需要有个利于运作的整体风气。"① 因此,新加坡一再强调要重视东方传统文化,特别是儒家文化的德治在廉政建设中的作用。李光耀把儒家"忠孝、仁爱、礼义、廉耻"归纳为"八德",作为新加坡的具体行动准则——赋予新的含义。"八德"和"共同价值观"构成了新加坡国民的共同思想基础,是新加坡加强廉政建设的重要文化基础,为创造良好的社会氛围起了重要作用。

为了在全社会形成"廉是立国之本、清为廉政之根"的共识,新加坡政府不仅对公务人员进行廉政教育和培训,而且对公民从青少年时期就开始进行廉政意识教育,开设多种多样的廉政教育课,使青少年认识到,贪污和贿赂都是严重的犯罪行为。针对社会不同行业和不同阶层,则有针对性地采取举办讲座、展览和通过报纸、电视等多种媒体进行反腐倡廉的宣传和教育。② 通过以上的举措,新加坡已经形成共同的廉政文化意识,有效地促进了新加坡的廉政建设,使新加坡成为世界上最廉洁高效的政府之一,也成就了新加坡的发展奇迹。

二 新加坡廉政文化建设对深圳市的启示

新加坡法治文化建设的成功实践,为深圳市推进法治文化建设提供了良好的示范效应。我们应当吸取新加坡的经验,根据国情,不仅要加强法治制度的建设,更要重视培育以法治精神为内核的法治理念,打造具有深圳特色的与社会主义法律体系相适应的法治文化环境,推动法治价值成为全社会的核心价值和主流文化,为把深圳市建成现代化国际化创新型城市提供基本的保障。

(一)建立完备的法律体系,切实做到有法可依

不可否认,近年来深圳市立法工作取得了很大成绩,初步形成与深圳

---

① 田芸:《新加坡廉政文化建设及其启示》,《经济研究导刊》2014年第32期。
② 孙晓莉:《国外廉政文化概略》,中国方正出版社2007年版,第257页。

发展实际相适应，与国家法律体系相配套，与国际惯例相接轨的法制体系，但这些与新加坡完备的法律制度相比，还有很大差距，尚需进一步完善法律体系。尤其近些年来，腐败犯罪行为呈现多样化、复杂化的趋势。立法不严、无法可依的现象还时有发生，这样就导致犯罪分子有空子可钻。当前，我们要借鉴新加坡立法的经验，充分发挥特区立法所具有的创新性、先行性、试验性和变通性的特点，结合深圳经济社会不断发展的新需求，特别是适应化解社会矛盾、推进社会管理创新的需要开展立法工作，提高立法质量，为建设廉洁法治城市提供比较完备的法规制度，进一步夯实法治基础。这不仅需要适应社会发展制定新的法律，还要顺应时代清理、修改、废止和解释已有的法律，以确保法律体系的科学统一。同时，我们在立法中要充分考虑守法、执法、追究违法行为的需要，提高立法的操作性，尽可能具体细化，防止模棱两可或弹性空间过大，导致难以操作或执法不一。

（二）强化全社会的法治意识，培养市民守法护法的精神

新加坡的经验表明，法治观念的形成对于法治的实现有着至关重要的作用。现阶段，深圳市法治建设在"制度"层面逐渐完善，但在"精神"层面仍然任重而道远。因种种因素影响，市民整个法治意识并不让人乐观，不按程序办事、权大于法、情大于法仍然在某种程度上较为突出。比如，有些人对法律没有信任度和依赖感，遇到问题靠上访、靠找门路、靠托关系，甚至采取一些非制度化的极端的方式，突出表现了法治精神的缺失。深圳要建设廉洁法治城市，就必须在全民中强调社会纪律，培养市民守法、护法观念，人人自律，奉公守法，自觉抵制违法行为，形成良好的法治社会氛围。在这方面，新加坡给我们提供了很好的经验，人民行动党不仅非常重视在人民群众中培养守法、护法精神，经常在全国开展各种形式的法治宣传教育活动，而且大力倡导共同的价值观，把它作为法治文化建设的思想基础。近年来，深圳市开展了各种形式的普法活动，成效也很明显。但是，普法活动的手段主要依靠法制宣传、法律咨询、法制讲座、法制文艺汇演等传统方式，缺乏系统性和完整性；宣传内容也比较单一，

主要是法律法规知识的宣传，忽视了道德的教化作用，这在一定程度上制约了法治文化建设的深入开展。我们应该借鉴新加坡的经验，认识到对群众进行集中式全民普法活动，或单纯通过书本、讲座、教学等方式进行接受式法治教育，并不是法治文化建设的全部内容。我们要高度重视社会主义核心价值观和中华传统美德在法治文化建设中的作用，把核心价值与法治价值融为一体，融入市民的日常工作和生活，并融入立法、司法、执法等全过程和各环节，把一些基本道德规范转化为法律规范，使法律更多体现道德理念和人文关怀，以法治彰显道德约束、以道德滋养法治精神。只有法治意识成为人们的一种内在修养、一种自觉约束、一种生活方式，形成全社会的基本共识，才能牢固地培育起市民守法护法的精神，造就守法光荣、违法可耻的社会氛围，使社会主义法治文化得以形成和发展。

（三）严格执法，真正落实法律面前人人平等的原则

法律面前人人平等指法律应确认和保护公民在享受权利和承担义务上处于平等的地位，不允许任何人有超越于法律之上的特权。坚持严格执法，不允许任何组织和个人有超越宪法和法律的特权。首先，要抓住领导干部这个"关键少数"，提高他们的法治文化素养。习近平总书记提出："各级领导干部在推进依法治国方面肩负着重要责任，全面依法治国必须抓住领导干部这个'关键少数'。"[1] 党的十八届四中全会指出："各级领导干部要对法律怀有敬畏之心，牢记法律红线不可逾越、法律底线不可触碰，带头遵守法律，带头依法办事。"[2] 因此，领导干部应以身作则、躬身示范，牢固树立宪法法律至上、法律面前人人平等、权由法定、权依法使等基本法治理念，要运用法律武器来管理国家事务，将法治精神灌注到行政行为中，清理行政文化中一切忽视法治、违背法治的因素，确保行政行为法治化，从而适应深入推进依法行政，加快建设法治政府的需要。其

---

[1] 《依法治国必须抓住领导干部这个"关键少数"》，2015年2月3日，新华网（http://news.xinhuanet.com/mrdx/2015-02/03/c_133965997.htm）。

[2] 《中共中央关于全面推进依法治国若干重大问题的决定》，2015年11月14日，新华网（http://news.xinhuanet.com/ziliao/2014-10/30/c_127159908_7.htm）。

次，必须破除特权思想，加大对违法人员的惩处力度。对那些不严格按照法律办事的执法人员和以权压法、徇私枉法的领导干部，经过批评教育又不改正的，必须坚决依法予以撤职、罢免，涉嫌犯罪的必须依法治罪。再次，倡导以公平正义为核心的法治价值观。习近平总书记曾引用英国哲学家培根的一段话："一次不公正的审判，其恶果甚至超过十次犯罪。因为犯罪虽是无视法律——好比污染了水流，而不公正的审判则毁坏法律——好比污染了水源。"① 这形象地说明：公正是法治的生命线，推进法治文化建设必须紧紧围绕保障和促进社会公平正义来进行。深圳市某种程度上还存在执法不公、执法方法不恰当、司法程序不透明、量刑偏轻偏重，以及执行政策法律有误差或者不及时、不到位等现象，损害了执法机关的形象和公信力。只有法律扮演伸张正义角色，执法、司法的公正不受质疑，市民才会自觉遵守和依赖法律，形成与社会主义法律体系相适应的法治文化环境。

（四）加强廉政文化建设

自从深圳市提出建设廉洁城市的构想以来，其在廉政制度建设方面取得了有目共睹的成绩。但是，我们也要看到要实现党风、政风和社会风气的根本好转还是一项艰巨的任务，腐败案件仍时有发生。又如，近年来深圳市的廉政账户上缴金额呈上升的趋势。"廉政账户进账多，一喜一忧。喜的方面是公务员有廉洁自律的意识。忧的是，官场还是不太正常。"② 这也表明，"以权易钱、以钱买权"的社会风气尚未得到根本的扭转，一部分人存在"官员办事收钱正常、不收反而不正常"的观念。其中一个重要原因是深圳市的廉政建设重制度建设，而廉政文化建设相对滞后，反腐倡廉制度、措施有效运行所必需的文化基础和社会环境尚未完全形成，这种倾向亟待改变。

---

① 《习近平眼中的"法治中国"》，2014 年 10 月 22 日，新华网（http://news.xinhua-net.com/politics/2014-10/22/c_1112936158.htm）。

② 林燕德、王成波：《深圳廉政账户设立 13 年 官员存入约 3700 万元受贿款》，《南方都市报》2014 年 10 月 20 日。

廉政文化以崇尚廉洁、鄙弃贪腐为价值取向，融价值理念、行为规范和社会风尚为一体，反映人们对廉洁政治和廉洁社会的总体认识、基本理念和精神追求，是社会主义先进文化的重要组成部分。加强廉政文化建设，应以党政机关和领导干部为重点，把廉政教育贯穿党员干部教育特别是领导干部教育的全过程，与理想信念教育，党的优良传统和作风教育，法律法规教育紧密结合起来，提高领导干部的从政道德素质，进一步促进领导干部廉洁自律。此外，打造廉洁的社会风气是廉政文化建设的重要环节，因此必须改变那种廉政只与党政机关和领导干部有关而与普通民众无关、廉政教育的对象只是权力"掌握"者而不是人民大众的错误倾向。廉政教育应面向全体社会成员，挖掘和利用中国优秀传统文化，把廉政教育与社会公德教育、家庭美德教育、职业道德教育结合起来，重视人民群众廉洁意识的灌输和良好的价值观念的培养，充分调动和利用文化的引导功能，形成以廉洁为荣的浓厚社会氛围，给腐败行为以抨击和批判，并给其造成巨大的社会舆论和社会心理压力，从而有效地遏制和惩治腐败现象，达到建设廉洁城市的目标。

马兴瑞书记在深圳市第六次党代会的报告中提出了努力建成现代化国际化创新型城市的奋斗目标，并强调率先落实全面依法治国各项任务、加快建成公平公正安定有序的一流法治城市。指明了法治城市建设，是建设现代化国际化城市的需要！法治是现代化国际化城市的重要标志，一个城市法治水平的高低，直接决定着其现代化、国际化水平的高低。现代国家发展的经验证明，法治文化是法治的灵魂，法治的建立必须以法治文化作为支柱。深圳市应当学习新加坡的经验，不仅要重视法治制度建设，也要大力推进社会主义法治文化建设，在全社会形成良好的秩序和法治文化氛围，让一流的法治成为建设现代化国际化创新型城市的坚强保障。这是一个既具有前瞻性，又具有时代性的重要课题。

启示与创新：论自贸区金融消费者权益保护机制构建之路

——以域外金融法相关规定与实例为视角

李世寅[*]

随着我国自贸区的发展，金融创新的层出不穷，发展互联网金融服务、跨境金融服务在内的金融发展已成为自贸区重要业务之一。而在同时，由于法律缺失，监管机构力量不足，监管机制设计不合理，导致侵犯金融消费者权益的事件时有发生，由此引发对消费者权益保护问题的关注。美国及澳大利亚作为发达资本主义国家，其对于金融消费者权益的保护有较为成熟的制度规定及操作经验。有鉴于此，面对我国自贸区金融消费者面临的法律适用困境，适当借鉴域外金融消费者立法与实务经验，从中找寻促进金融创新与完善消费者权益保护制度的双优方案，不失为一条可行路径。

创新是金融业永恒的主题，截至2016年3月，前海蛇口、南沙、横琴新区片区已分别集聚了各类金融机构和创新型金融企业39197家、1090家及2557家，总计42844家。广东自贸区入驻金融企业数量在全国所有自贸区中位居第一。随着互联网技术发展、金融创新速度与方式明显加

---

[*] 李世寅，中山市第二人民法院研究室主任。

快,支付宝指纹支付、二维码支付、微信支付等快速推出并迅速发展,线上支付方式的变革使信用卡账户趋向后台支撑账户;同时,基于微信、手机 APP 等移动互联网的发展革新,银行卡的发卡模式、营销宣传、增值服务提供等都发生较大变化,电商平台也纷纷试水虚拟信用卡业务,如京东推出京东白条,支付宝推出"花呗""借呗"服务,使银行卡产业的参与主体更加多样化,后台业务流程更为复杂,随着网银用户的不断增多,自贸区消费者权益保护面临更大的挑战。

一 现状观察:自贸区消费者权益保护面临的困境表现

随着网络支付的发展及网银的流行,金融消费者权益保护所面临的困境也越来越多。据统计,2014 年至今,仅人民银行全系统金融消费权益保护部门受理的网络支付类投诉占互联网金融类投诉的 95.06%。2015 年 1 月,某支付机构泄露了上千万张银行卡信息,涉及全国 16 家银行,截至 7 月 31 日由于伪卡形成的损失已达 3900 多万元。

由于金融创新力度加大,产品更新速度加快,自贸区金融消费者权益保护面临的风险不断加大,其法律困境主要表现在:

(一)法律体系不完备

《消费者权益保护法》第 2 条规定,"消费者为生活消费需要购买、使用商品或接受服务,其权益受本法保护"。由该条款可以看出,金融消费并未被纳入《消费者权益保护法》范围,目前规范我国网上支付的法律制度主要呈现在层级低、规定分散、操作性不强、不适应最新形势发展上。如 2001 年中国人民银行发布的《网上银行业务管理暂行办法》及 2005 年 4 月 1 日实施的《电子签名法》,2005 年 10 月 26 日实施的《电子支付指引》第一号,2006 年中国银行业监督管理委员会发布的《电子银行业务管理办法》等,上述规定效力级别较低,权威性不够,而且对支付机构并无约束力。一些新推出的法规如 2015 年 7 月中国人民银行等十部门联合印发了《关于促进互联网金融健康发展的指导意见》（银发〔2015〕221号）及2016年7月1日实施的《银行支付机构网络支付业务管理办法》，上述规定虽然在客户资金安全、信息安全、自主选择权、知情权等方面提出了一系列管理规定，但对于金融消费者权益概念、责任承担、先行赔付方面仍存在规定不明确之处，不利于实务操作。由于金融消费者权益保护立法滞后，导致消费者与金融及支付机构产生的网上支付纠纷如果诉至法院，其合法权益很难得到有效保障。

（二）金融创新导致责任主体复杂化

第三方支付机构出现，导致网银支付模式下，银行与支付机构的责任无法明晰。如消费者在网上消费并使用快捷支付，只要通过手机获取第三方支付发送到手机上的动态口令，无须银行卡的任何信息，即可完成支付功能。如何接受支付指令，对客户身份进行验证，及时识别及防控风险，合理划分责任，在法律规定缺失的情形下，容易造成金融机构与支付机构及其他延伸服务方的相互推脱责任，造成消费者权益难以得到有效救济。

（三）格式合同条款免责现象更突出

由于金融产品的复杂性、专业性强，金融机构及支付机构出台的格式合同条款严密，免除自己责任现象增多，导致消费者难以在短时间内对选择的金融消费方式或产品进行全面了解，进一步削弱了消费者与机构之间的不对等关系，导致消费者合法权益受侵害后无法通过金融机构或支付机构得到相应的赔偿。

（四）金融消费者知情权保护制度的缺失

消费者的知情权是其权益保护中最重要的权利。消费者对于网银服务功能模式、服务内容、产生费用、相关风险、防范措施，尤其是线上支付及快捷支付的支付时间、安全保障措施、支付交易条件、救济途径等内容均了解不多，造成很大的安全隐患。

（五）消费者个人信息权保护制度的缺失

保护个人信息权是我国 2013 年《消费者权益保护法》修订中新增加的制度内容，而司法实践中，由于消费者个人信息泄露导致其合法权益被侵犯的事件屡屡发生，却缺乏有效的法律规制与保护。此外，在大数据时代，金融机构及支付机构还会对消费者个人交易信息进行收集、筛查、商业化分析、储存，由于缺乏法律规定及监管措施，既危及消费者名誉隐私及财产权益安全，又危及金融管理秩序甚至国家金融安全。

（六）风险控制机制不完善

当前，部分金融机构及支付机构风险意识薄弱，客户资金和信息保护机制缺失，存在较多安全漏洞，使消费者财产安全更容易受到威胁。大量诉讼案例显示，自贸区金融消费者在使用网银业务时，由于技术的便捷性与安全保障义务的不足，其账户或密码、个人身份信息因被盗等原因出现的未授权支付的情况，导致财产权益的受损，且消费者缺乏有效的投诉途径与维权机构，通过诉讼维权，又缺乏举证能力。

二 金融消费者权益保护机制的域外经验介绍

（一）美国金融消费者权益保护机制

美国在金融消费者权益保护机制方面起步较早。在社会需求与政府推动下，美国出台了一系列金融消费者保护法律，并授权美联储、货币监理署、联邦存款保险公司等机构具体落实。与其他国家相比，美国金融消费者权益保护法律体系比较完备。主要有《贷款诚实法》（1968）、《公平信贷报告法》（1970）、《公平信贷结账法》（1974）、《公平债务催收法》（1977）、《财务隐私法》（1978）、《房屋贷款人保护法》（1988）、《储蓄诚实法》（1991）、《金融服务现代化法案》（1999）、《公平和准确信用交易法》（2003），并将执行这些法律的职责指派给相应的监管机构来履行。

(二) 澳大利亚金融消费者权益保护机制

澳大利亚的 FOS（Financial Ombudsman Service，金融督察员）是受到"双峰"理论和英国 FOS 的影响下建立起来的。双峰理论是由英国经济学家 Taylor 在 20 世纪 90 年代提出的，Taylor 认为，金融监管的主要目标就是防范金融行业的系统性风险与金融机构的投机行为。在"双峰"理论的影响下，在 20 世纪末的澳大利亚金融改革中，将消费者权益保护这一块事务交由证券和投资委员会处理，后来相继成立了银行和金融服务督察机构（banking financial services ombudsman，以下简称 BFSO）、金融行业投诉服务机构（financial industry complaints service，以下简称 FICS）和保险督察服务机构（insurance ombudsman service，以下简称 IOS）等。受到英国整合金融行业督察服务机构的影响，澳大利亚政府在 2008 年将 BFSO、FICS 和 IOS 合并成为澳大利亚的 FOS。

金融督察服务机构（FOS），独立运行争议解决程序，处理涵盖存款、贷款、理财、投资、股票、基金、信托等金融服务领域里的消费者投诉。如果金融消费者和金融机构之间发生纠纷，金融消费者可以使用金融督察服务机构提供的免费、独立的解决纠纷服务，而无须诉诸法庭来解决争议。此外澳大利亚还制定了《交易行为法》《价格监督法》等一系列保护金融消费者权益的法律。

由上可见，澳大利亚在维护金融消费者权益方面，具有法律完备、公开透明、监管有效、机制合理、覆盖周全、对消费者进行倾斜保护、可操作性强等诸多特点，值得我们学习借鉴。

三 路径探究：自贸区金融消费者权益特别保护机制构建思路

众所周知，我国金融发展时间较短，但发展速度及创新速度却远远领先于许多资本主义国家，从世界金融发展趋势来看，美国金融危机后，对于金融消费者权益保护已经提升为金融监管的重要内容，而金融消费者权益保护力度已成为金融市场创新与繁荣的前提。域外国家对金融消费者权益保护工作的立法设计、监管流程与实务做法，对于我们目前强化金融机构社会责任，强化对金融创新产品的监管，注重加强对金融消费者权益的保护，具有一定的启示和借鉴作用。"他山之石，可以攻玉"，目前，我国亟须建立完善一套符合中国国情的自贸区金融消费者权益保护法律体系，可从立法、监管、纠纷解决等层面加以完善。

(一) 立法方面，应当尽快建立金融消费者权益保护法制体系

根据我国金融业务创新发展速度，可以考虑修订《消费者权益保护法》及修改完善新增相关法律法规，达到逐步健全金融消费者权益保护法律制度体系。主要有：

1. 适时修改《消费者权益保护法》

目前，我国《消费者权益保护法》主要规范生活消费行为，对于金融消费尚未能进行调整。应当进行立法修改，建立以自贸区金融消费者为核心及遵循倾斜性保护原则，增加金融消费者保护的专门规定，对金融消费者概念、范围及保护原则、权利义务、救济途径进行专门规定。如详细规定金融消费者的知情权、受教育权、自由选择权、隐私权、受服务权、受益权、财产安全权、投诉权、获得赔偿权九大权益。此外，鉴于金融消费者的弱势诉讼地位，须建立区别于一般民事诉讼程序的自贸区金融消费者特别诉讼制度；建立金融消费者公益诉讼制度；赋予消费者保护组织起诉资格；确立金融消费者诉讼对同类产品的普遍约束力等规定。

2. 修改现行的金融监管法规

如整合修改中国人民银行、中国银监会等发布的监管法规、行政规章等。修改《中国人民银行法》《银行业监督管理法》等法律法规，明确金融机构及支付机构在网银金融消费者在内的金融消费者权益保护责任，确立快捷支付模式下消费者资金被盗取先行赔付、主动举证原则。加强对金融机构及支付机构创新业务的监管。要求对创新产品项目予以事前报备，建立风险评估及风险防控机制。出台单独的《金融消费权益保护条例》

及《金融消费者权益保护实施细则》，明确金融机构及支付机构关于诚信、保密、风险揭示和信息披露等义务，将物理卡与虚拟卡、线上支付线下支付的各种支付模式统一纳入监管体系，以弥补我国对网上支付及第三方支付规制的立法缺位。

3. 健全网上支付服务信息披露制度

虽然《消费者权益保护法》第 28 条规定已明确指出，提供证券、保险、银行等金融服务的经营者，应当向消费者提供经营地址、联系方式、商品或者服务的质量，价款或者费用，履行期限和方式，安全注意事项和风险警示，售后服务、民事责任等信息，但上述条款规定过于原则、简单。建议出台《金融机构网银支付服务信息披露管理办法》，通过建立网上支付信息定期披露制度；规范披露方法；要求金融机构及支付机构对于涉及金融消费者网上支付的账户信息、相关风险、操作流程、服务设施及收费、投诉路径、救济形式进行清晰全面的告知，使消费者对于网上支付的利弊风险能全面了解，并进行理性选择，从而减少损失，降低纠纷发生比率。

4. 完善网上支付消费者信息权保护制度

应专门出台自贸区金融消费者信息安全保护法：明确金融消费者个人信息的保护范围。建立金融消费风险发布平台，及时发布金融消费风险信息，提示公众注意购买、后续服务、投诉及争议解决等各环节的注意事项，引导金融消费者合理预期，将合适的金融产品和服务提供给适当的金融消费者。同时，金融管理部门要督促金融机构在官方网站显著位置公布金融产品条款和服务承诺信息，以清晰和通俗的语言，向金融消费者说明金融产品和服务，并对免责条款做出足以引起金融消费者注意的提示和明确说明。明确规定金融机构及支付机构包括其股东、高级管理人员，内部工作人员不得泄露客户的电话号码、家庭住址和银行卡号、健康信息、理财倾向等信息，要求上述机构在技术层面建立规范的网络认证标准体系，加快数据安全保障关键技术的推广及定期升级，以降低信息泄露的潜在风险。

（二）监管方面，应当尽快建立健全金融机构及支付平台对消费者权益的保护机制

金融机构及支付平台作为网银交易重要平台，应当依据消费者权益保护法及金融监管法规要求，建立健全网银消费者权益保护的内部工作机制。

1. 构建网银客户权益特别保护机制

金融创新业务的发展，有赖于消费者积极选择，保障消费者的权益不被侵犯，是首要任务。因此，排除消费者的故意或者恶意行为，我国应当设定由金融机构承担客户账户被盗案件资金损失机制，银行承担责任后可通过一定途径来转移或分散风险；在证明客户存在过失的情况下，可设定客户分摊有限责任机制以提高客户的谨慎注意义务。通过对客户权益给予特别保护，促进网银安全技术的进步，也同时促进更多客户放心使用网银服务。

2. 以技术手段确保消费者权益得到保障

应由自贸区监管部门建议金融机构和支付机构尽量使用那些安全性与便捷性有机统一的网银产品，如中国银联联合多家商业银行推出的"云闪付"、虹膜技术、掌纹技术等，以高科技防范金融风险的发生。

3. 设立专门的金融消费者保护机构，畅通金融维权渠道

金融消费者权益保护程度是金融业稳定的核心环节，目前，我国一行三会下已各自增设新的金融消费者保护机构，但仍缺乏统一强有力的协调核心。我国应参照美国消费者金融保护局、澳大利亚FOS等独立机构设置，在自贸区等地试点建立专门独立、高级别的金融消费者保护机构（如自贸区金融消费者保护局），以整合监管资源，并贯通各金融服务领域监管平台，共享数据与信息。可授予其相对独立的监管权，负责监督各行业的金融消费者权益保护问题；代表金融消费者权益参与相关政策制定；构筑政府、金融机构和金融消费者间的沟通交流；受理金融消费者投诉，以行政处理方式中立地解决纠纷；在诉讼程序中，协助金融消费者进行诉讼，为其提供相关信息和公益支持。

（三）纠纷解决方面，应当尽快建立健全金融机构及支付平台对消费者权益的保护机制

1. 完善多元化、多层次金融消费纠纷处理机制，强化消费者争议处理机制

针对自贸区网银业务具有快捷、广域、发生频度高、数据化、处理相对复杂的特点，要着力构建在线争议解决、现场接待受理、监管部门受理投诉、第三方调解，以及仲裁、诉讼无缝对接的立体化、全方位、多元化纠纷解决机制；在多元机制打造上，充分运用互联网思维，鼓励建设线上仲裁、线上调解等机构，可仿效澳大利亚 FOS 机制，该机制吸收了调解与仲裁的优点，可以在网上做出快速高效解决，并赋予了 FOS 效力的非对称性，即在当场督察员做出裁定之后，金融机构必须接受，而且消费者可以再起诉。我国的线上纠纷解决机制应充分运用现代传媒手段及互联网技术，把面对面与网络对话、及时化解等方式有机结合，并采取电视调解、视频调解等方式，通过接受相关申请、远程审查和确认、快捷专业服务渠道、电子督促、电子送达等方式方便消费者参与多元化解工作。加大对多元化解机制的监管支持力度。消费者申请采用多元化解机制解决纠纷的，金融机构及支付机构应当积极配合进行调解，对于无正当理由拒不进行调解或拒绝履行调解、和解协议内容的金融机构及支付机构，金融监管部门应对其行为进行核查登记，发现违法违规行为应当及时查处，并计入金融机构诚信数据库，累积到一定分值，应对其经营行为予以限制或禁止。

2. 建立健全金融审判机构体系

鉴于金融交易、服务的高度复杂性和专业性，组建高素质专门化的金融审判庭甚至金融审判法院都是必然选项。以中国上海为例，上海已成为全国唯一设立三级金融审判庭的省级行政单位，涵盖高、中院及浦东、黄浦等法院，其余 14 家基层法院也已建立专门的金融审判合议庭，上海部分法院金融纠纷已占经济案件的近 80%。一些法院建立了集团案件快审机制、金融专项审判机制和审判延伸交流机制，实现了案件及时准确的审

理判决。考虑到网银等新类型金融纠纷具有专业性强、社会关注度高的特点，法院系统可以在自贸区设立金融审判法庭或金融审判法院，结合涉及自贸区金融案件的类型和特点，建立金融审判等专业化的审判团队和专业法官会议；选拔和培育精通国内外法律、熟悉国际金融规则和惯例，具有国际视野、具有丰富审判经验和较强审判能力的专家型、复合型法官，辅之以金融专家陪审员参审、金融专家咨询库等机制，提升纠纷化解的快捷性、专业性；建立"自贸区金融审判研究中心"等法律智库，学习借鉴和吸引国际先进的司法理念和审判经验，全面提升金融法官的理论水平和审判能力，确保满足自贸区金融案件审判的专业化要求。

3. 完善金融消费者权益司法解释：统一各类案件裁判标准，构建公平保护各方当事人的裁判机制

自贸区法院应尽快出台金融消费者权益类纠纷案件审判的指导意见，明确侵犯金融消费者权益案件的举证责任分配规则，适当增加支付机构监管、信息报告等规定，并规定消费者重大过失情形的证据认定规则。

有观点认为，未来自贸区金融改革创新的风险主要体现在跨境、跨业、跨市场风险，以及影子银行和主要满足投机套利需求的金融产品上。完善的金融消费者权益保护机制是促进金融业健康快速发展的重要前提。在自贸区先行先试，尽快建立起与国际接轨的现代化金融监管及消费者权益保护机制，通过对金融消费者权益的特别保护，建立稳定的责任承担机制，可以大量减少诉讼，节约社会成本，亦可提升金融创新速度，希望本文能为完善自贸区金融法治建设有所裨益。